"十三五"职业教育国家规划教材修订版

运输管理实务

（第 2 版）

主 编 杨国荣
副主编 傅 俊 高 翔 黄继磊

北京理工大学出版社
BEIJING INSTITUTE OF TECHNOLOGY PRESS

版权专有　侵权必究

图书在版编目（CIP）数据

运输管理实务 / 杨国荣主编. —2版. --北京：北京理工大学出版社，2022.1
　　ISBN 978-7-5763-0959-1

Ⅰ. ①运… Ⅱ. ①杨… Ⅲ. ①物流-货物运输-管理-高等学校-教材 Ⅳ. ①F252

中国版本图书馆CIP数据核字（2022）第027743号

出版发行 / 北京理工大学出版社有限责任公司
社　　址 / 北京市海淀区中关村南大街5号
邮　　编 / 100081
电　　话 / (010) 68914775（总编室）
　　　　　(010) 82562903（教材售后服务热线）
　　　　　(010) 68944723（其他图书服务热线）
网　　址 / http://www.bitpress.com.cn
经　　销 / 全国各地新华书店
印　　刷 / 北京广达印刷有限公司
开　　本 / 787毫米×1092毫米　1/15
印　　张 / 16　　　　　　　　　　　　　　　　　责任编辑 / 李玉昌
字　　数 / 442千字　　　　　　　　　　　　　　文案编辑 / 李玉昌
版　　次 / 2022年1月第2版　2022年1月第1次印刷　责任校对 / 周瑞红
定　　价 / 49.00元　　　　　　　　　　　　　　责任印制 / 施胜娟

图书出现印装质量问题，请拨打售后服务热线，本社负责调换

再版前言

全书以"模块—学习情境—实训场景—实例任务"为主线，经过学校、企业、行业协会的合作，三元开发"课、岗、赛、训"一体化教材，编写安排分为四大模块，前三模块的每一模块下有四到五个学习情境，每个学习情境由学习目标、引例、若干个实训场景、小结、主要概念、技能训练题、案例分析题组成。其中学习目标由素质目标、知识目标、技能目标与拓展目标来共同阐述培养的初衷；实训场景由知识点、关键技能点、若干个实例任务及其对应的知识窗来突显实训环节培养的重要性；技能训练由5个单选、5个多选与5个简答题组成的基础知识题来考核学习的效果，在3个模块后各有一篇运输历史的知识来拓展阅读视野。

"模块四 运输管理实训工作页"，突出以任务引领、项目驱动为课程的开发向导，突出实践环节，强调工作岗位的实际性，本教材主编人员结合在上市物流公司15年的工作感悟、多年指导全省与全国物流大赛的体验、德国"三元制"教育法的实地认知，多次深入到物流企业调研，经反复论证并试运行三个周期后，将"实训工作页"融入教材中；由于运输管理课程的实践教学环境大多需设备支持，学校很难全部拥有这些设备，故而利用"实训工作页"的模式，加深对学生技能的培养，突出实践技能，培养学生动手能力。

全书的编写是结合教育部对高等院校应用型人才的培养目标，落实全国职业教育工作会议"要坚持手脑并用、做学合一的教学原则，突出学生的动手能力和职业技能训练"的讲话精神，体现了以基本理论为纲，突出实训环节，强调工作岗位的实际性与作业流程，注重实际运用与操作技能的培养，脉络清晰，针对性强。本书既可作为高职高专物流及相关专业的教材，也可作为应用型本科和物流从业人员的学习用书和参考资料。

参与本书编写的有江西旅游商贸职业学院杨国荣、傅俊、高翔，江西应用科技学院黄继磊。全书由杨国荣负责编写体例、大纲与分工、统稿，具体编写分工：模块一由杨国荣、傅俊完成；模块二由杨国荣、黄继磊完成；模块三与模块四由杨国荣完成；高翔负责全书14个"思政"内容的编写。江西省交通运输与物流协会副会长杨楠、江西京东物流有限公司高级经理饶泽记对本书给予指导，并对部分案例提供了支持。

本书编写过程中参考了大量的相关书籍和网站，并引用了其中的有关概念和论点，在此对所引用书籍和论文的作者表示衷心的感谢！或许在编写过程中有遗漏及出处未写明等情况，在此恳请海涵！本书的编写得到了学校、学院领导的关心与同事的支持，并感谢北京理工大学出版社的无私帮助。由于编者学识水平所限以及成稿时间紧迫，如书中有不当之处，敬请专家与读者斧正为感！

编 者

目 录

模块一　运输基础知识

学习情境 1　我国运输发展概况 ……………………………………………………（001）
学习情境 2　运输货物学 ……………………………………………………………（014）
学习情境 3　集装箱 …………………………………………………………………（032）
学习情境 4　托　盘 …………………………………………………………………（046）

模块二　基本运输方式

学习情境 1　公路运输 ………………………………………………………………（061）
学习情境 2　铁路运输 ………………………………………………………………（077）
学习情境 3　水路运输 ………………………………………………………………（096）
学习情境 4　航空运输 ………………………………………………………………（115）
学习情境 5　管道运输 ………………………………………………………………（133）

模块三　运输作业管理

学习情境 1　整车运输 ………………………………………………………………（142）
学习情境 2　零担运输 ………………………………………………………………（155）
学习情境 3　特种运输 ………………………………………………………………（175）
学习情境 4　集装箱运输 ……………………………………………………………（189）
学习情境 5　联合运输 ………………………………………………………………（207）

模块四　运输管理实训工作页

学习情境 1　公路运输实训工作页 …………………………………………………（223）
学习情境 2　水路运输实训工作页 …………………………………………………（227）
学习情境 3　铁路运输实训工作页 …………………………………………………（229）
学习情境 4　航空运输实训工作页 …………………………………………………（230）
学习情境 5　综合运输实训工作页 …………………………………………………（232）

参考文献 ………………………………………………………………………………（245）

模块一　运输基础知识

学习情境 1
我国运输发展概况

【学习目标】

　　素质目标：掌握港口八大运输系统、高速公路规划、铁路干线与枢纽
　　知识目标：熟悉铁路枢纽、认知港口的作用
　　技能目标：掌握高速公路网、熟悉中国主要港口与重要机场
　　拓展目标：了解我国交通概况

【引例】

　　引例文章

欧盟新运输政策中的铁路运输

　　欧盟及其各成员国都对交通运输问题非常重视，与此同时更为关注运输问题的轻重缓急解决思路，体现出"以人为本"的更多关注。

1. 铁路在新运输政策的地位

　　在欧盟，市场在各种运输方式发展中发挥着基础性作用。同时，欧盟国家对市场的干预行为也比较多，但在各种因素的影响下，政府调节所产生的作用并不突出。欧盟认为，目前的运输结构不符合可持续发展要求，应当努力实现各种运输方式平衡和发展多式联运，其中铁路在欧盟运输政策中具有非常重要的地位。以提高铁路的市场竞争力为基础实现可持续运输，是欧盟实现新运输政策的基础。在《欧洲面向2010年运输政策白皮书》中指出："铁路运输是战略性部门，它是运输结构调整能否完成的基础，尤其是货运领域。"为此，在白皮书提出的主要措施中，第一项就是"恢复铁路的活力"。

2. 提升铁路地位的政策措施

　　在《欧洲面向2010年运输政策白皮书》中，出台了与铁路运输地位相对应的政策措施，包括：

　　在铁路运输管理上方面：不仅要开放国际货物运输市场，还要开放国内市场（以避免空车行驶）以及国际客运市场，实行监管下的竞争。到2008年，铁路将完全开放欧盟货运市场，逐步开放欧盟客运业务。对铁路公司进行重组，在可能的情况下，尽量打破铁路运输业进入的技

和监管壁垒，引入新的铁路运营商，提高铁路运输业自身的竞争活力。

资金方面：对泛欧路网中需要跨越自然屏障的过境铁路提供的资金可以达到总投资额的20%，而其他项目资助比例一般不超过总投资的10%。铁路项目将可能获得一些新的融资方式，在项目完工之前就取得一定的"收入"，这种"收入"来自竞争路线的收费、燃油税等。

铁路的安全方面：进一步提高铁路的安全水平。技术上，为铁路运输的各系统制定统一的标准；管理上，明确各相关方面的职责，并考虑建立一个负责安全的共同结构，以便对所有安全措施进行技术协调。

铁路运输服务质量方面：为保证铁路用户的权利，将提出对晚点或未能按合同履行运输服务的赔偿规定，同时将提高服务质量、服务信息等方面的透明度。

分析提示：

通过对欧洲铁路交通运输发展规划和经验的学习，得到以下几点启示：

1. 根据欧洲交通运输发展的经验和教训，在竞争性领域，如具体的建设和运营中，如何应当引进竞争机制，充分发挥市场的作用？
2. 如何来弥补铁路建设资金来源的短缺问题？
3. 怎样合理安排运输业投资结构的构成？

【正文】

实训场景1：中国高速公路规划

知识点：高速公路网

关键技能点：首都的放射线、南北纵线、东西横线

实例任务1：掌握国家高速公路网

采用放射线与纵横网格相结合布局方案，由7条首都放射线、11条南北纵线和18条东西横线组成，简称为"71118"网，规划总里程为11.8万千米。

思政：塑造正确的世界观、人生观、价值观

实例任务2：掌握首都的放射线公路布局

7条：北京—上海、北京—台北、北京—港澳、北京—昆明、北京—拉萨、北京—乌鲁木齐、北京—哈尔滨。

实例任务3：掌握南北纵线公路情况

11条：鹤岗—大连、沈阳—海口、长春—深圳、济南—广州、大庆—广州、二连浩特—广州、包头—茂名、呼和浩特—北海、银川—百色、兰州—海口、重庆—昆明。

实例任务4：掌握东西横线公路情况

18条：绥芬河—满洲里、珲春—乌兰浩特、丹东—锡林浩特、荣成—乌海、青岛—银川、青岛—兰州、连云港—霍尔果斯、南京—洛阳、上海—西安、上海—成都、上海—重庆、杭州—瑞丽、上海—昆明、福州—银川、泉州—南宁、厦门—成都、汕头—昆明、广州—昆明。

实例任务 5：熟悉国家高速公路网的补充公路

包括辽中环线、成渝环线、海南环线、珠三角环线、杭州湾环线等共 5 条地区环线，2 段并行线和 37 段联络线。

实训场景 2：中国铁路干线与枢纽

知识点：铁路干线、铁路枢纽
关键技能点：纵贯南北的铁路干线、横贯东西的铁路干线、铁路枢纽

实例任务 1：掌握纵贯南北的铁路干线

1. 京哈线

起于北京，经天津、河北、辽宁、吉林、黑龙江等省市，终点在东北北部最大城市哈尔滨，全长 1 388 千米，是东北通往首都和全国各地的一条铁路干线。

2. 京沪线

京沪铁路北起北京，经天津、德州、济南、兖州、徐州、蚌埠、南京、无锡、苏州，南达上海，纵贯北京、天津、河北、山东、安徽、江苏和上海七省市，跨越海河、黄河、淮河和长江四大水系，全长 1 462 千米，是我国东部沿海地区的南北交通大动脉。京沪线在天津交汇了京沈线，衔接天津港；在德州交汇了石德线，与京广线相连通；在济南交汇了胶济线，可达青岛港和烟台港；在兖州交汇了焦石线，接通石臼所港；在徐州交汇了陇海线；在南京交汇了宁芜线，进而与皖赣线相连通；在上海交汇了沪杭线。

3. 京广线

京广线北起北京，南至广州，横贯我国中部，经过河北、河南、湖北、湖南、广东等省，跨越海河、黄河、淮河、长江、珠江五大流域，连接华北平原、长江中下游平原、珠江三角洲，全长 2 324 千米。京广线是我国关内地区主要的南北向铁路，为我国铁路网的中轴。在北端北京交汇了京秦、京包、京原、京通、京承、京沈等铁路线，在南端广州交汇了京九线、广茂线和广梅汕线，可达香港、茂名和汕头。

4. 京九线

京九线北起北京，经天津、河北、山东、河南、安徽、湖北、江西、广东，南至香港九龙，跨越 9 省市，全长 2 364 千米。京九线是我国铁路建设史上规模最大、投资最多、一次建成里程最长的铁路干线，它的建设对完善我国铁路布局，缓和南北运输紧张状况，带动沿线地方资源开发，推动革命老区经济发展，加快老区人民脱贫致富，促进港澳地区稳定繁荣，具有十分重要的意义。

5. 北同蒲—太焦—焦柳线

同蒲线横贯山西的南北，从山西的大同到陕西的孟塬，北接京包线，南连陇海线。北同蒲线是指大同到太原这一段铁路。太焦线从太原经长治到焦作。焦柳线自焦作经襄樊、枝城、怀化到柳州。北同蒲—太焦—焦柳线北起大同，南到柳州，是一条与京广线平行的南北向的交通大动脉，全长 2 395 千米。

6. 津沪线

北起天津，过河北、山东、江苏、安徽等省市，南达上海，是我国东部南北交通的大动脉，所经地区人口稠密、工农业发达，人员和物资交流频繁。

7. 宝成线

起于陕西宝鸡，穿秦岭山地，达"天府之国"成都。是联系关中与川内西北与西南的重要

干线。

8. 成昆线

北起成都,南至"春城"昆明,是我国西南的又一重要干线。

实例任务2：掌握横贯东西的铁路干线

1. 京秦—京包—包兰—兰青—青藏线

这是我国北部地区一条重要的东西向铁路干线。东起秦皇岛,经丰润到北京的铁路线为京秦线;从北京向西经张家口、大同、集宁、呼和浩特到达包头的铁路线为京包线;从包头向西经银川到兰州的铁路为包兰线;自兰州到西宁的铁路线为兰青线;从西宁经格尔木到拉萨的铁路为青藏线。

2. 陇海—兰新线

陇海线东起黄海之滨的连云港,西至黄土高原的兰州,全长1 754千米,连通江苏、安徽、河南、陕西、甘肃五省,沿线经过徐州、商丘、开封、郑州、洛阳、孟塬、西安、咸阳、宝鸡、天水等重要城市。兰新线起自兰州,向西经张掖、酒泉、嘉峪关、吐鲁番、乌鲁木齐、昌吉、石河子、乌苏、博乐至阿拉山口,全长2 459千米。陇海—兰新线横贯我国中部地带,把经济发达的东部沿海地区与西北边疆地区连接起来,是一条具有重要经济、政治、国防意义的铁路干线。

3. 沪杭线—浙赣线—湘黔线—贵昆线

沪杭线—浙赣线—湘黔线—贵昆线组成了一条横贯我国江南地区的东西向交通大动脉。它东起东海之滨的上海,西到云贵高原的昆明,全长2 598.5千米,贯通上海、浙江、江西、湖南、贵州和云南五省一市。这条铁路线对加强华东、中南和西南地区的经济联系具有重要的作用。

实例任务3：熟悉铁路枢纽

1. 铁路枢纽

是指在两条或两条以上的铁路线交汇处,由若干个车站、线路及一系列设备组成的运输生产综合体,铁路枢纽的任务是办理各线间大量客货列车的解体、编组、转线等业务。铁路网就是由众多的大大小小性质不同的铁路枢纽和铁路线组成的。我国的铁路枢纽,基本上都分布在运网发达、干线相交、运量集中的省、区政治、经济中心、工业基地和水陆联运中心。

2. 主要的铁路枢纽

我国最大的铁路中心、6条铁路干线相交汇的北京枢纽;北方最大的水陆交通中心天津枢纽;东北区南、北部的铁路中心沈阳和哈尔滨枢纽;居于全国铁路网的中心、京广、陇海两大中轴线交汇的郑州枢纽;京广、汉丹两线及长江交汇的武汉枢纽;京广铁路的南部端点、我国南方最大的水陆综合交通中心广州枢纽;陇海、兰新、包兰、兰青四线交汇的兰州枢纽;成渝、川黔、襄渝三线交汇的重庆枢纽;成昆、贵昆、昆河三线交汇的昆明枢纽;川黔、湘黔、黔桂、贵昆四线交汇的贵阳枢纽等,都是全国铁路网中重要的铁路枢纽。由于所处的地位不同,还有20多个不同层次、不同水平的次一级铁路枢纽,共同结成了我国庞大的铁路运输网络。

实训场景3：水运港口

知识点：港口
关键技能点：全国沿海港口布局、港口八大运输系统、中国主要港口

实例任务1：认知沿海港口的作用

我国现有沿海港口150余个（含长江南京及以下港口）,沿海港口坚持统筹规划、远近结

合、深水深用、合理开发的原则，整体上已初步形成了布局合理、层次清晰、功能明确的港口布局形态和围绕煤炭、石油、矿石和集装箱四大货类的专业化运输系统，对满足国家能源、原材料等大宗物资运输、支持国家外贸快速稳定发展、保障国家参与国际经济合作和竞争起到了重要作用。

实例任务 2：了解全国沿海港口布局

根据不同地区的经济发展状况及特点、区域内港口现状及港口间运输关系和主要货类运输的经济合理性，将全国沿海港口划分为环渤海、长江三角洲、东南沿海、珠江三角洲和西南沿海 5 个港口群体，强化群体内综合性、大型港口的主体作用，形成煤炭、石油、铁矿石、集装箱、粮食、商品汽车、陆岛滚装和旅客运输等 8 个运输系统的布局。

全国沿海港口布局规划实施后，在区域分布上将形成环渤海、长江三角洲、东南沿海、珠江三角洲、西南沿海 5 个规模化、集约化、现代化的港口群体。港口群内起重要作用的综合性、大型港口的主体地位更加突出，增强为腹地经济服务的能力。港口群内部和港口群之间港口分工合理、优势互补、相互协作、竞争有序。

实例任务 3：掌握港口八大运输系统

1. 煤炭运输系统

由北方沿海的秦皇岛港、唐山港（含曹妃甸港区）、天津港、黄骅港、青岛港、日照港、连云港港等 7 大装船港，华东、华南等沿海地区电力企业的专用卸船码头和公用卸船设施组成的煤炭运输系统。

2. 石油运输系统

依托石化企业布点，专业化的、以 20 万～30 万吨级为主导的石油卸船码头和中、小型油气中转码头相匹配的石油运输系统。

3. 铁矿石运输系统

临近钢铁企业布点，专业化的、以 20 万～30 万吨级为主导的铁矿石卸船泊位和二程接卸、中转设施匹配的铁矿石运输系统。

4. 集装箱运输系统

以大连、天津、青岛、上海、宁波、苏州、厦门、深圳、广州等 9 大干线港为主，相应发展沿海支线和供给港的集装箱运输系统。

5. 粮食运输系统

与国家粮食流通、储备、物流通道配套的，专业化运营、集约化的粮食运输系统。

6. 商品汽车运输及物流系统

依托汽车产业布局和内、外贸汽车进、出口口岸，专业化、便捷的商品汽车运输及物流系统。

7. 陆岛滚装运输系统

在满足岛屿出行要求的前提下，适应沿海岛屿社会经济发展要求的陆岛滚装运输系统。

8. 旅客运输系统

以人为本，安全、舒适、便捷的旅客运输系统。

实例任务 4：熟悉中国主要港口

中国主要港口见表 1-1。

表 1-1　中国主要港口

序号	区域	港口中文名称	港口英文名称
1	东北沿海港口	丹东港	PORT OF DANDONG
		大连港	PORT OF DALIAN
		营口港	PORT OF YINGKOU
		锦州港	PORT OF JINZHOU
2	华北沿海港口	秦皇岛港	PORT OF QINHUANGDAO
		唐山港	PORT OF TANGSHAN
		天津港	PORT OF TIANJIN
		黄骅港	PORT OF HUANGHUA
3	山东沿海港口	龙口港	PORT OF LONGKOU
		烟台港	PORT OF YANTAI
		威海港	PORT OF WEIHAI
		石岛港	PORT OF SHIDAO
		张家埠港	PORT OF ZHANGJIABU
		青岛港	PORT OF QINGDAO
		日照港	PORT OF RIZHAO
		岚山港	PORT OF LANSHAN
4	苏、浙、沪沿海港口	连云港港	PORT OF LIANYUNGANG
		南通港	PORT OF NANTONG
		张家港港	PORT OF ZHANGJIAGANG
		镇江港	PORT OF ZHENJIANG
		南京港	PORT OF NANJING
		上海港	PORT OF SHANGHAI
		乍浦港	PORT OF ZHAPU
		宁波港	PORT OF NINGBO
		舟山港	PORT OF ZHOUSHAN
		石浦港	PORT OF SHIPU
		海门港	PORT OF HAIMEN
		温州港	PORT OF WENZHOU
5	福建沿海港口	赛岐港	PORT OF SAIQI
		福州港	PORT OF FUZHOU
		湄州湾港	PORT OF MEIZHOUWAN
		泉州港	PORT OF QUANZHOU
		厦门港	PORT OF XIAMEN
		东山港	PORT OF DONGSHAN

续表

序号	区域	港口中文名称	港口英文名称
6	粤桂沿海港口	汕头港	PORT OF SHANTOU
		西堤港	PORT OF XIDI
		汕尾港	PORT OF SHANWEI
		深圳港	PORT OF SHENZHEN
		广州港	PORT OF GUANGZHOU
		中山港	PORT OF ZHONGSHAN
		珠海港	PORT OF ZHUHAI
		江门港	PORT OF JIANGMEN
		阳江港	PORT OF YANGJIANG
		水东港	PORT OF SHUIDONG
		湛江港	PORT OF ZHANJIANG
		霞海港	PORT OF XIAHAI
		海安港	PORT OF HAIAN
		北海港	PORT OF BEIHAI
		防城港	PORT OF FANGCHENG
		钦州港	PORT OF QINZHOU
7	海南沿海港口	海口港	PORT OF HAIKOU
		三亚港	PORT OF SANYA
		八所港	PORT OF BASUO
		洋浦港	PORT OF YANGPU
		马村港	PORT OF MACUN
8	台湾省及港、澳地区沿海港口	高雄港	PORT OF GAOXIONG
		花莲港	PORT OF HUALIAN
		台中港	PORT OF TAIZHONG
		基隆港	PORT OF JILONG
		香港港	PORT OF HONGKONG
		澳门港	PORT OF MACAO

实训场景4：中国十大航空港

知识点：机场

关键技能点：十大航空港

实例任务1：熟悉北京机场

北京首都国际机场，简称首都机场，为中华人民共和国首都北京市的主要的国际机场，并且是目前中国最繁忙的民用机场，同时也是中国国际航空公司的基地机场。作为欧洲、亚洲及北美洲的核心节点，北京首都国际机场凭借得天独厚的地理位置、方便快捷的中转流程、紧密高效的协同合作，成为连接亚、欧、美三大航空市场最为便捷的航空枢纽。

北京大兴国际机场工程建设难度世界少有，其航站楼是世界最大的减隔震建筑，建设了世界最大单块混凝土板。北京大兴国际机场创造了 40 余项国际、国内第一，技术专利 103 项，新工法 65 项，国产化率达 98% 以上；北京大兴国际机场航站楼是世界首个实现高铁下穿的航站楼，双层出发车道边世界首创，有效保证了旅客进出机场效率。机场跑道在国内首次采用"全向型"布局，在航空器地面引导、低能见度条件运行等多方面运用世界领先航行新技术，确保了运行效率和品质；机场在全球枢纽机场中首次实现了场内通用车辆 100% 新能源，是中国国内可再生能源利用率最高的机场。

实例任务 2：熟悉香港机场

香港新国际机场作为香港唯一的机场于 1998 年 7 月 6 日投入营运。它构成香港壮观的门户，巨大、轻盈、飘逸的形象令人印象深刻，同时它又是友好而亲切的。尽管它是世界上最大的空港，其尺度并没有给人一种恐惧或震撼感。设计师赋予了它易于理解、易于接近的特质：庄严而非势不可挡。

新机场延续发展了福斯特在 1991 年建成伦敦第三大机场——斯坦斯特机场中首创的设计理念。其特征包括：轻型屋面、解放设备空间、广泛应用自然光，将环境气候控制设备与行李处理及运输设施统一布置于中央大厅之下，使建筑中的流线与运动尽可能自由。

新机场周围的自然景色是壮观的，旅客在空港内任何一处均可享受外部的景色，玻璃面的最小高度均大于 4 米，并清除视觉范围内各种障碍以减少景观遮挡。设计强调利用周围环境导向远远超过空港建筑本身导向：旅客可看到大地、海面，放眼远处的道路、桥梁和近处的飞机起降。这种考虑与许多空港采用封闭的"盒子"或通道的做法大相径庭，使旅行变为一种愉悦的过程。

实例任务 3：熟悉上海浦东机场

上海浦东国际机场位于上海浦东长江入海口南岸的滨海地带，占地 40 多平方千米，距上海市中心约 30 千米，距虹桥机场约 40 千米。

浦东机场一期工程 1997 年 10 月全面开工，1999 年 9 月建成通航。一期建有一条 4 000 米长、60 米宽的 4E 级南北向跑道，两条平行滑行道，80 万平方米的机坪，共有 76 个机位，货运库面积达 5 万平方米，同时，装备有导航、通信、监视、气象和后勤保障等系统，能提供 24 小时全天候服务。

浦东航站楼由主楼和候机长廊两大部分组成，均为三层结构，由两条通道连接，面积达 28 万平方米，到港行李输送带 13 条，登机桥 28 座；候机楼内的商业餐饮设施和其他出租服务设施面积达 6 万平方米。

实例任务 4：熟悉广州白云机场

广州作为华南地区最大的贸易港，珠江三角洲的中心城市和广东省经济、文化、政治中心，以其独特的地缘优势而成为华南地区乃至东南亚地区大型的航空客流和物流中心。随着新机场建成运营后，老机场将关闭停止使用；新机场区域作为广州市规划在北部地区的航空运输中心将与广州市南部南沙港、广州市东部开发区成为广州实现"北优、南拓、西联、东进"城市发展战略的重要依托。

广州新白云国际机场位于广州市北部，白云区人和镇和花都区新华镇交界处，距广州市中心海珠广场的直线距离约 28 千米。

实例任务 5：熟悉上海虹桥机场

上海虹桥机场位于上海市西郊，距市中心仅 13 千米，多少年来，它一直是上海空港的代名词。虹桥机场自 1996 年以来屡获中国民航业组织的"旅客话民航"活动、旅客吞吐量 800 万人次以上机场组第一名。

虹桥机场拥有跑道和滑行道各一条，跑道3 400米长、57.6 米宽，停机坪约 48.6 万平方米，共有 66 个机位，其先进的基础设施和各种导航、通讯、保障系统，均符合目前世界上各类飞机的起降要求。在上海机场顺利实现航班东移后，虹桥机场在起降国内航班的同时继续保留国际航班的备降功能。

机场候机楼面积为 8.2 万平方米，拥有 15 个候机大厅、18 个贵宾室和 15 条行李传输系统。

虹桥机场候机楼由 A、B 两座候机楼紧密相连。作为一个重要的服务窗口，主要承担国内出发、到达旅客及备降航班的运输任务，同时为机场安全生产、航班正点、提供地面服务保障。

实例任务 6：熟悉深圳机场

深圳宝安国际机场位于珠江口东岸的一片滨海平原上，地理坐标为东经113°49′、北纬22°36′，距离深圳市区 32 千米，场地辽阔，净空条件优良，可供大型客货机起降，符合大型国际机场运行标准，深圳宝安国际机场实行 24 小时运行服务。

深圳宝安国际机场是中国境内第一个实现海、陆、空联运的现代化国际空港，也是中国境内第一个采用过境运输方式的国际机场，陆路有广深高速公路、机荷高速公路和 107 国道连接香港、澳门、广州、东莞、惠州、中山和珠海，机场拥有千吨级泊位的客货运码头，海路通过水翼船和香港、澳门、珠海连接，空中有直升机连接香港、澳门，集疏运条件十分优越，往来于香港和世界各地之间的航空器可以采用最简便的方式在这里起降和进行客货运作，机场对客货的运作管理采用国际通行做法，提供中国境内最为快速和便利的服务。深圳宝安国际机场以中国经济发展最迅速的三大中心地带之一的珠江三角洲区域为依托，有着丰富的航空客货资源以及一流的硬件和软件，是任何一家航空公司飞往中国的良好选择。

深圳宝安国际机场是民航总局规划的全国四大航空货运中心之一，拥有 37 个国家的国际航权，现有 20 多家国内外航空公司使用深圳机场。目前深圳宝安国际机场已开通国际国内航线 120 多条，通达国内外 90 多个城市（其中境外城市有澳门、新加坡、首尔、吉隆坡、安克雷奇、芝加哥、列日、大阪、东京、曼谷、迪拜、槟城、阿姆斯特丹等），另外，深圳机场和香港机场之间的海上航班也于 2003 年 9 月通航，实现了中转旅客的对接。

实例任务 7：熟悉成都机场

成都双流国际机场位于川西平原中部，距中国四川省成都市中心西南约 16 千米，地理位置为东经 103°57′、北纬 30°34′，是我国西南地区重要的航空枢纽港和客货集散地。现有民航西南管理局、中国国际航空公司西南公司、四川航空股份有限公司等 20 多个民航和口岸单位驻扎。有高速公路与市区相通。

该机场原名双桂寺机场，1938 年修建，道面为泥面，供小型双翼飞机起降；1944 年扩建，跑道长1 400米，用石灰、卵石拌和碾压，可供 15 吨以下飞机使用。

1956 年 12 月 12 日，中央军委总参谋部批准将双桂寺机场划归民航使用，随即正式列为民航机场序列，并更名为"成都双流机场"。

1959 年至 1960 年机场第一次扩建，跑道长2 200米，可供伊尔 18 机型、全重 100 吨以下的飞机起降，新建的候机楼面积8 500平方米，采用薄壳多拱结构，与高层指挥调度楼相连接的不对称形式，受到各方好评。1967 年又将跑道由2 200米延长至2 600米，仍只能供 100 吨以下的飞机起降。

1983 年、1991 年机场先后两次扩建，使候机楼的面积增至17 400平方米，有储、供油万吨以上设施，航行管制、通信导航、气象预报、运输服务等设施都较西南各个机场完备。

1994年至2001年，机场先后对飞行区和航站区进行了大规模扩建，总投资达28亿元人民币，使飞行区等级指标达到4E，跑道延长至3 600米，可起降世界上包括波音747-400在内的各型飞机，并安装了二类精密进近灯光系统；新建候机楼8.2万平方米，设计采用平行三指廊布局，实行进出港分流、国内外旅客分流，高峰小时旅客容量3 500人；新建停车场7.4万平方米，站坪车道4.4万平方米。

2003年，机场投资3.8亿元人民币，开始新建3.9万平方米的国际候机楼，2004年9月28日竣工使用。一个西部地区规模最大、设施完善、功能齐备的现代化机场呈现在世人面前。

21世纪，成都双流国际机场大力加强机场作为西南地区枢纽机场的功能和地位，以其更加优美的环境、更加完善周到的服务、更加现代化的设施迎接八方来客，成为中国西部面向世界的重要空中门户。

实例任务8：熟悉昆明机场

云南昆明巫家坝国际机场位于昆明东南部，是中国最重要的国际口岸机场和全国起降最繁忙的国际航空港之一，是中国西南地区门户枢纽机场。

云南昆明机场始建于1923年，曾于1958年、1993年、1998年进行过3次大的改扩建，占地总面积4 297.12亩①。目前，机场属国家一类机场，飞行区等级为4E，跑道长3 600米，有ILS、VOR/DME、NDB等通信导航设施，可供波音747、空客A340等机型起降。站坪和停机坪面积25万平方米，停机位34个。机场航站楼总面积7.69万平方米，共有候机厅17个。机场航站楼的旅客吞吐量的设计为1 037万人次/年，服务功能完善，设有百事特商务贵宾厅、空港花卉超市、中西餐厅等，是一座现代化的航空港。

实例任务9：熟悉西安机场

西安咸阳机场是国家一级机场，可以起降各种大中型飞机。西安航空港咸阳机场是西北最大的空中交通枢纽，目前机场的改扩建工程已经动工。现开通国内外航线119条，与国内51个城市通航。

西安咸阳国际机场是我国重要的国内干线机场、国际定期航班机场和区域性中心机场。目前，机场与国内外26家航空公司建立了业务往来，国内通航城市68个、国际11个，已形成以西安为中心，沟通祖国各地的航空运输网，并有通往日本、韩国、泰国等国的国际航线和香港、澳门的地区航线以及新加坡、阿塞拜疆的包机航线。

实例任务10：熟悉杭州机场

浙江杭州萧山国际机场是国内重要干线机场、重要旅游城市机场和国际定期航班机场，也是上海浦东国际机场的主备降机场。

杭州萧山国际机场位于钱塘江南岸，距杭州市中心27千米。机场工程按照"一次规划、分期建设"的原则，分近、中、远三期实施建设。1997年7月，机场工程正式动工。2000年12月30日，新机场建成通航运营。2003年9月，国务院批复同意杭州航空口岸扩大对外国籍飞机开放。2004年3月，杭州航空口岸通过国家验收正式扩大对外国籍飞机开放。

【小结】

详细介绍了中国高速公路规划、中国纵贯南北与横贯东西的铁路干线、铁路枢纽。

认知港口的作用，了解全国沿海港口布局，掌握港口八大运输系统，熟悉中国主要港口与中

---

① 1亩＝666.67平方米。

国十大航空港。

【主要概念】

中国高速公路规划　中国铁路干线与铁路枢纽　港口的作用　全国沿海港口布局　港口八大运输系统　中国主要港口　中国十大航空港

【技能训练题】

一、单选题

1. 北京大兴国际机场创造了技术专利_____项。
   A. 40　　　　　　　B. 65　　　　　　　C. 93　　　　　　　D. 103
   答案：D

2. 国家高速公路网采用放射线与纵横网格相结合布局方案，由放射线、南北纵线和东西横线组成，简称为"_____"网。
   A. 8197　　　　　　B. 79813　　　　　　C. 71892　　　　　　D. 71118
   答案：D

3. 铁路干线的_____是一条具有重要经济、政治、国防意义的铁路干线。
   A. 京秦—京包—包兰—兰青—青藏线
   B. 成昆线
   C. 陇海—兰新线
   D. 沪杭线—浙赣线—湘黔线—贵昆线
   答案：C

4. 北京首都国际机场已成为全球第_____大最繁忙的机场。
   A. 一　　　　　　　B. 二　　　　　　　C. 三　　　　　　　D. 四
   答案：B

二、多选题

1. 北京大兴国际机场工程_____。
   A. 建设了世界最大单块混凝土板　　　B. 航站楼是世界最大的减隔震建筑
   C. 是世界首个实现高铁下穿的航站楼　D. 创造了50余项国际、国内第一
   E. 创造了新工法55项
   答案：ABC

2. 铁路京广线北起北京，南止广州，横贯我国中部，经过河北、河南、湖北、湖南、广东等省，跨越_____流域。
   A. 黄河　　　　　B. 淮河　　　　　C. 珠江　　　　　D. 湘江　　　　　E. 海河
   答案：ABCE

3. 我国整体上已初步形成了布局合理、层次清晰、功能明确的港口布局形态和围绕_____的专业化运输系统，对保障国家参与国际经济合作和竞争起到了重要作用。
   A. 石油　　　　　B. 天然气　　　　　C. 集装箱　　　　　D. 矿石
   E. 煤炭
   答案：ACDE

4. 香港新国际机场的特点有_____。
   A. 航线覆盖73个国际（地区）城市、62个国内城市
   B. 新机场周围的玻璃面的最小高度均大于4米
   C. 是世界上最大的空港

D. 作为香港唯一的机场于1998年7月6日投入营运
E. 延续了伦敦第三大机场的设计理论

答案：BCDE

三、简答题

1. 2016年全国港口吞吐量是什么状况？
2. 国家高速公路网的首都放射线是哪几条？
3. 我国的铁路枢纽有哪些？
4. 港口八大运输系统分别指的是什么？
5. 请列举中国十大航空港。

【案例分析题】

题例

安徽省交通运输厅厅长梅劲谈安徽省交通运输发展

新中国成立之初，安徽省42个县不通公路。而今，全省公路总里程达148 827千米，是1949年的71倍；营运车辆达37.5万辆，比中华人民共和国成立初增长930倍；营运船舶载重总计1 420万吨，是1949年的36倍。高速公路流光溢彩，国省干线纵横交错，县乡道路四通八达，内河航道舟行如梭。

新中国成立60年来，安徽交通取得了令人瞩目的成就。交通运输是经济运行的命脉，是对外联系的纽带，也是提高区域竞争力的重要因素。安徽交通人掀起一轮又一轮大规模的交通建设热潮，其力度、速度和布局密度令人惊叹。"金戈铁马"大建设的背后，展现的是安徽经济东向借力、承东启西的壮阔发展图景。在此承上启下的新时期，安徽省交通厅厅长梅劲向记者谈起了安徽交通运输发展60年来的风雨历程。

安徽交通60年的历史轮廓

安徽自古就是水陆交通之要津。它是我国东南沿海地区与内陆腹地的过渡带，也是沟通京、沪、宁的南北重要通道。早在4 000多年前，就有水路交通与中原相通；秦朝曾大规模修筑驰道，汉唐以后，陆上驿运已相当发达。

安徽近代交通始于20世纪初叶。交通建设，离不开国力支撑，离不开强力的政府主导和一定的产业基础。旧中国国力衰微，政治腐败、产业凋零，交通建设举步维艰。

新中国成立前，安徽仅有公路2 088千米，全省42个县不通公路，11个县虽有公路，但是晴通雨阻，全省没有一条等级路；当时，全省只有民用汽车403辆，广大群众延续着千百年车马舟船的传统出行方式。地跨淮河、长江、新安江三大水系的安徽，有着丰富的水资源，但解放初期，航道处于原始自然状态，江河上以木帆船为主，全省轮驳船仅有152艘，港埠设施也极为简陋。可以说，新中国成立之初，安徽交通建设的起点是一穷二白。

中华人民共和国成立后，在党和政府的坚强领导下，交通战线广大干部职工，用愚公移山的壮志豪情，在一张白纸上画最美最新的画图。人民交通与人民共和国一道快速成长；而改革开放，打开了新时期交通大发展的闸门。思想、理念的突破，带来体制、机制的解放，催生了交通建设管理的新跨越。解放思想、与时俱进、科学发展，引领安徽交通运输加速升级。

介绍完新中国成立前的状况后，梅厅长向记者讲述了60年来安徽交通发展情况，感慨着交通事业发展之快。"到2008年年底，全省公路总里程达到148 827千米，是1949年的71倍，公路密度达到106.8千米/百平方千米，居全国第七位。国省干线中二级及以上公路占89%，居全国第六位。路网的规模、结构和布局有了质的飞跃。全省通车高速公路里程突破2 500千米，居全国第九位。基本实现安徽高速公路东西向3小时过境、南北向6小时过境，合肥至16个省辖市当日往返。高速路网织出安徽前所未有的区域沟通新时空。"

梅厅长说，中华人民共和国成立前，全省没有一条跨长江、跨淮河大桥。到2008年，全省有长江大桥3座、淮河大桥12座，在建长江、淮河大桥各1座，全省共有桥梁27 362座，总长108.86万延米；隧道87道，52 701延米。在新中国党和政府的领导下，通过安徽交通人的勤劳奋战，数千年来天堑变通途的梦想，化为璀璨现实。

到2008年年底，全省营运车辆达到37.5万辆，比建国初期增长930倍。营运船舶由1949年的39.4万载重吨，发展到2008年的1 420万载重吨，增长36倍；全省港口吞吐量达到2.7亿吨，列全国内河水运第三位、中部六省第一位；民用航空从无到有，合肥、黄山机场共完成年旅客、货邮吞吐量275.3万人次和3.87万吨。陆、水、空立体交通，为安徽经济社会腾飞提供了充足的运力支持。

案例分析：
1. 通过安徽交通的发展，你认为我国的交通事业有何历史烙印？
2. 安徽交通运输业发展的宝贵经验有哪些？
3. 通过安徽交通的发展，你认为我国的交通事业应着重朝什么方向发展？

学习情境 2

运输货物学

【学习目标】

　　素质目标：货物的性质、货物的自然损耗、运输包装按包装形式和包装材质分类
　　知识目标：货物的包装、影响运输质量的货物特性、标志的分类
　　技能目标：标志的分类、货物忌装表、货物吸湿能力取决因素
　　拓展目标：危险货物标记、各种包装形式及适装货物、货物自然损耗的类型

【引例】

引例文章

货物混载运输

　　2007年7月，日本东京昭和海运株式会社经营的"光荣斯倍加"轮承运了一笔运输业务，货主其中有大连第三橡胶厂与大连国际信托投资公司，发现从日本进口的12 093条轮胎严重变形，部分烧毁。经查，"光荣斯倍加"轮装载的两申请人从日本购进的旧轮胎分别为68 900条和2 000条；该轮同行次载运的货物还有钢管、树油脂等；几种货物混积，并且部分旧轮胎靠近机舱，部分积载在深舱。

分析提示：

1. 货损的原因是什么？
2. 如何避免货损的发生？

【正文】

实训场景 1：货物的包装

　　知识点：货物运输包装设计、货物包装对于安全运输的重要作用
　　关键技能点：货物运输包装的设计原则、货物的运输包装的类型、熟悉各种包装形式及适装货物

实例任务 1：了解货物运输包装设计的意义

思政：培养学生诚信服务的职业素养

　　由于货物运输包装的质量对保证货物安全运输和确保货运质量有着重大的影响，而且这种影响的程度因运输条件不同而不同。所以，运输包装的设计和制造应充分考虑运输条件对货物包装的具体要求。

实例任务 2：掌握货物运输包装的设计原则

　　货物运输包装设计应符合以下原则：
　　(1) 保证货物在运输中品质完整良好。包装应选用符合货物性质的材料，并结合货物形态、

特性以及运输条件决定包装形式和强度。

（2）便于运送、装卸和保管。包括选定单件形式、尺寸、重量等内容。

（3）经济上的合理性。包括两个方面的内容，即尽可能合理地使用包装材料，如就地取材、使包装能多次使用，以及减少单件包装用材等，以节省包装费用；减少包装重量和减少包装所占用空间，以提高运输工具的利用率和节省货物运费支出。

（4）遵守国家有关规定和适应国际上的有关规定。包括：国家对包装材料选用上的限制、对包装的技术要求；国际性规则对包装形式、规格、性能的具体要求；某些国家对包装材料的特殊限制等。此外，应充分注意各国在运费计算和海关税收方面的有关规定，以使货物加以包装后不致过多地支付运费和关税。

实例任务3：了解货物包装对于安全运输的重要作用

首先，有利于全面掌握货物运输包装的实际状态，以便在装卸、搬运、堆装和保管过程中有效地利用运输工具、库场和作业的机械，同时能安全地处置各类不同性质、状态的货物。其次，根据运输实践，针对存在的缺陷，可以不断改进货物的运输包装，以不断提高货运安全质量。

实例任务4：熟悉货物的运输包装的类型

货物的运输包装有单一型和复合型两种。单一型包装指仅用一种材料所构成的包装；复合型包装指主要包装的内、外层和其他辅助材料的包装。在复合型包装中，主要包装称为外包装，其内部用以防潮、防震、隔绝气体的内衬物、充填物及密封罐、袋等称为内包装，主要包装外层的构件对所包装的货物通常没有保护作用，它仅用于保护包装主件，称为包装护套（如：在盛装茶叶的木制板箱外所另加有的麻布套层）。

实例任务5：掌握运输包装按包装形式和包装材质分类的知识

货物的运输包装可按包装形式和包装材质分为以下几种：

（1）箱状包装：这是一种六面体形状的包装，由天然木板或胶合板或瓦楞纸板等材料所构成。箱状包装是最常用的一种包装。箱状包装中，纸板箱坚实程度较差，仅适用于包装较轻的货物；木板箱较为坚实，适用于包装各种较重的货物（甚至大型的机械设备）。

（2）捆包状包装：这是一种直接贴附在货物外表的包装，通常使用棉、麻等织物作为包装，类似护套，要加以捆扎。它适用于纤维及其织品的包装，可以起到防止包内货物松散和沾染污物的作用。

（3）袋状包装：这种包装可由多层牛皮纸、麻织料、布料、塑料、化纤织料和人造革等各种材料制成，袋状包装是适用极为广泛的一种包装，适用于盛装粉状、结晶状和颗粒状的货物。不同材料的包装袋都能满足防止货物撒漏的要求，同时具有不同程度的防湿能力和坚韧强度。

（4）桶状包装：这是一种圆柱形密封式包装，属于这种包装的有钢制桶、胶合板桶、纸板桶、塑料桶和鼓形木桶等。它们分别适合于装载块状或粉状固体、糊状固体、液体，以及浸泡于液体中的固体物质。桶状包装的顶部有移动式和非移动式两种，其中后者在桶顶部或桶腰部有一定口径的开孔。

（5）其他形状包装：这是指上述四种基本包装以外的其他形式的包装，又可分为捆扎状、卷筒状、编筐状、坛瓮罐瓶状等多种。

（6）裸状包装：通常将不加包装而成件的货物称为裸装货，但实际上有相当数量的裸装货须有必要的简单捆扎。如：将一定数量的钢管或钢条捆扎成一体等。

（7）成组包装：这是指按货物成组的标准所构成的包装。这种包装通常附有成组设备（货板、网络等），并符合一定的重量和尺寸要求。

实例任务 6：熟悉各种包装形式及适装货物

各种包装形式及它们通常所装的货物见表 1-2。

表 1-2 各种包装形式及适装货物

包装形式		通常所装货物
箱状包装	纸箱	日用百货等
	胶板箱	日用百杂货、茶叶等
	板条、亮格箱	机械设备、大理石、瓷砖等
捆包状包装	包、捆	棉麻、纤维、纺织品、羊毛等
袋状包装	袋	袋装总称；装粉粒状货物
	麻袋	粮谷、糖、化肥等
	纸袋	水泥、化肥、塑料原料等
	布袋	面粉、淀粉等
	人造革袋	化学原料、矿粉等
桶状包装	各种金属桶	油料、染料、危险性化学原料等
	塑料桶	液体类
	鼓形木桶	肠衣、酒、松脂等
	大木桶	烟叶、农副土产等
	小木桶	小五金等
其他形状包装	捆扎	平叠纸张、金属锭、钢材等
	卷筒等	卷纸、电缆、铅丝、绳索等
	篓筐	水果、蔬菜等
	坛、瓮	腐蚀性液体、酒、榨菜等
	瓶	酒、化学品等
	钢瓶	各种压缩液化气体等
	罐	油漆等
裸状包装	锭	铝、锌、锡、铜等
	块	生铁、铜、建筑石块等
	管	大型钢管、铁管等
	条、樘	条形钢材等
	张	钢板
	个、件	各种奇形钢材或设备等
	头、匹	活动物
	裸装	大型机件、车辆、舟艇、设备等

实训场景 2：货物的标志

知识点：标志

关键技能点：识别标志、货件尺寸重量标志、注意标志、原产国标志

实例任务 1：了解标志的定义

凡在货物表面、包装表面、专门的号牌或供贴用的标签上，用颜料、印痕、烙印或其他方法，记载的任何有一定含意的图形、文字和数字统称为标志。

实例任务 2：了解标志的作用

货物在运输过程中必须具有正确的标志，这些标志起着重要的作用。主要的作用有：便于识别和区分不同的货物；说明装运作业要求，以利于货物的装运、交接和保管，提示工作人员正确操作，从而保护货物的完整和人身及运输工具的安全。货物运输合同中通常规定：对因货主提供的货物标志不清或不当而发生货物混票、货物错卸，则由此而造成的损失和产生的额外费用，承运人可以免责。

实例任务 3：熟悉标志的分类

在货物运输中，目前已形成了一套较为完整的标志。根据各种标志所起的不同作用，可将标志分为以下四种：识别标志、货件尺寸重量标志、注意标志、原产国标志。

实例任务 4：掌握识别标志的知识

识别标志包括主要标志、副标志、件号标志和目的地标志。识别标志用于运输过程中辨认同批货物。

实例任务 5：掌握货件尺寸重量标志

货件尺寸是指包装件或裸装件的外部尺寸，注明了丈量单位，包装货件的重量应包括毛重、净重、皮重，同时注明了计量单位。货件尺寸重量标志所记载的内容是运输部门确定货物以重量计费或体积计费的依据之一，也是区分货件是否超重、超长以及考虑具体装载安排的重要依据。

实例任务 6：掌握注意标志的知识

注意标志指明货物在搬运、装卸、保管过程中应予注意的具体事项。注意标志包括两种标志：用于普通易损坏货物的指示标志和用于表明危险货物危险特性的警戒标志。

指示标志又称保护标志。指示标志根据货物特性，指示运输工具的工作人员、港口货运的工作人员等按一定的要求进行操作和保管货物，以保护货物质量。

指示标志一般包括三个方面的内容：①装卸作业注意事项，如小心轻放、勿用手钩等。②存放保管注意事项，如装于舱内、勿放湿处等。③开启包装注意事项，如此处打开、先开顶部等。

为了便于辨认和醒目地显示所指示的内容，为了解决辨认文字标志所存在的问题，在实践中逐步形成一种为普遍接受的图形标志，根据 GB 191—2000《包装储运指示标志》国家标准，其形式如图 1-1 所示。

警戒标志又称危险标志，用于指示危险货物的危险特性，通常以形象的图案及文字表示，但比指示标志更鲜明醒目。危险警戒标志除用图形表示外，还同时附以警戒性的简要文字，如"谨防漏气"（有毒气体）、"切勿坠落"（压缩气体、爆炸品）等。

实例任务 7：掌握原产国标志

原产国标志，是国际贸易中一种特殊需要的标志，表明货物在某个国家生产制造。许多国家规定禁止无原产国标志的商品进口，大多数国家对不符合原产国标志规定的进口商品要处以罚款。

图 1-1　包装储运指示标志

实训场景 3：危险货物标记

知识点：危险货物标记
关键技能点：危险货物标记

实例任务 1：掌握第一类——爆炸物质和物品标记

爆炸物质和物品标记如图 1-2～图 1-5 所示。

图 1-2　(No.1) 第 1.1, 1.2 和 1.3 类
符号（爆炸的炸弹）：黑色；底色：
橙黄色；数字"1"写在底角

图 1-3　(No.1.4) 第 1.4 类

图 1-4　(No.1.5) 第 1.5 类

图 1-5　(No.1.6) 第 1.6 类
底色：橙黄色；数字：黑色；数字高大约为 30 mm，
字体笔画的宽度约 5 mm（对于 100 mm×100 mm 的标志）；
数字"1"写在底角；属于危险类别的位置，如果属于副
危险性则留空；属于配装组的位置，如果属于副危险性则留空

实例任务 2：掌握第二类——气体标记

气体标记如图 1-6~图 1-8 所示。

图 1-6 （No. 2.1）第 2.1 类
易燃气体，符号（火焰）：黑色或白色；底色：红色；数字"2"写在底角

图 1-7 （No. 2.2）第 2.2 类
非易燃、无毒气体，符号（气瓶）：黑色或白色；底色：绿色；数字"2"写在底角

图 1-8 （No. 2.3）第 2.3 类
有毒气体，符号（骷髅和交叉的骨头棒）：黑色；底色：白色；数字"2"写在底角

实例任务 3：掌握第三类——易燃液体标记

易燃液体标记如图 1-9 所示。

图 1-9 （No.3）

符号（火焰）：黑色或白色；底色：红色；数字"3"写在底角

实例任务 4：掌握第四类——易燃固体、易自燃物质与遇水放出易燃气体的物质标记

易燃固体、易自燃物质与遇水放出易燃气体的物质标记如图 1-10~图 1-12 所示。

图 1-10　（No.4.1）第 4.1 类　　　　图 1-11　（No.4.2）第 4.2 类

易燃固体，符号（火焰）：黑色；底色：白色加上　　易自燃物质，符号（火焰）：黑色；底色：上半部
七条竖直红色条带；数字"4"写在底角　　　　　　为白色，下半部为红色；数字"4"写在底角

图 1-12　（No.4.3）第 4.3 类

遇水放出易燃气体的物质，符号（火焰）：黑色或白色；底色：蓝色；数字"4"写在底角

实例任务 5：掌握第五类——氧化剂与有机过氧化物标记

氧化剂与有机过氧化物标记如图 1-13、图 1-14 所示。

图 1-13　（No.5.1）第5.1类
氧化剂（物质）

图 1-14　（No.5.2）第5.2类
有机过氧化物第5.1类与第5.2类符号
（圆圈上带有火焰）：黑色；底色：黄色；数字写在底角

实例任务6：掌握第六类——有毒物质与感染性物质标记

有毒物质与感染性物质标记如图1-15、图1-16所示。

图 1-15　（No.6.1）第6.1类
有毒物质，符号（骷髅和交叉的骨头棒）：
黑色；底色：白色；数字"6"写在底角

图 1-16　（No.6.2）第6.2类
感染性物质，标志的下半部可以标上"INFECTIOUS SUBSTANCE"（感染性物质）以及"In the case of damage of leakage immediately notify Public Health Authority"（"如发生损伤或泄漏立即通知公共卫生机关"）的字样，符号（三个新月形符号沿一个圆圈重叠在一起）和文字：黑色；底色：白色；数字"6"写在底角

实例任务7：掌握第七类——放射性物质标记

放射性物质标记如图1-17~图1-20所示。

图 1-17　（No.7A）

Ⅰ级—主体为白色，符号（三叶型）：黑色；底色：白色；文字：（强制性要求），在标志的下半部分用黑体标出：RADIOACTIVE（放射性）CONTENTS…（内容物名称）ACTIVITY…（强度为…）紧跟"放射性"字样的后面标上一条垂直的红色短杠；数字"7"写在底角

图 1-18　（No. 7B）

Ⅱ级——主体为黄色，紧跟"放射性"字样的后面标上两条垂直的红色短杠

图 1-19　（No. 7C）

Ⅲ级——主体为黄色，紧跟"放射性"字样的后面标上三条垂直的红色短杠

Ⅱ级与Ⅲ级：符号（三叶型）：黑色；底色：上半部黄色加白边，下半部白色。文字：（强制性要求），在标志的下半部分用黑体标出：RADIOACTIVE（放射性）CONTENTS…（内容物名称）ACTIVITY…（强度为……）。在一个黑框里标出：TRANSPORT INDEX..（运输指数），数字"7"写在底角

图 1-20　（No.7E）第 7 类

裂变性物质，底色：白色；文字（强制性要求），在标志的上半部用黑体标出：FISSILE（裂变性）字样。在一个黑框内标出：Criticality Safety Index…（临界安全指数），数字"7"写在底角

实例任务 8：掌握第八类——腐蚀性物质标记

腐蚀性物质标记如图 1-21 所示。

图 1-21　（No. 8）

符号（液体，从两个玻璃容器流出来侵蚀到手和金属上）：黑色。底色：上半部白色，下半部黑色带白边；数字"8"写在底角

实例任务9：掌握第九类——杂类危险物质和物品标记

杂类危险物质和物品标记如图1-22所示。

图1-22　（No.9）

符号（在上半部有7条竖直条带）：黑色；底色：白色；数字"9"写在底角

实训场景4：货物的性质

知识点：货物的性质

关键技能点：货物的物理性质、货物吸湿能力取决因素

实例任务1：了解货物性质的概述

货物在装卸、运输和保管等各个环节中，会由于自身的特性和外部环境的影响而产生不同程度的损坏。为了保证货物运输安全和货物质量，有必要掌握不同货物具有的特性。货物的各种特性，是由物质的化学性质、物理性质、生物性质和机械性质所决定的，而最为实质性的是货物本身的组成成分。

实例任务2：了解货物的化学性质

货物的化学性质是指货物的组成在一定条件下发生化学变化的性质。

实例任务3：熟悉货物的物理性质

货物的物理性质是指货物受外界温、湿度的影响而发生物理变化的性质。物理变化虽不改变物质原来的化学组成，但它能造成货物减量、品质降低，为生物化学变化和化学变化创造条件，甚至造成货运作业困难或发生危险性事故等。固体的软化、熔化或溶解，液体的气化、凝固或冻结，气体的压力变化与爆破，以及固体物质吸收或散发水分等，这些都是货物在运输中经常发生的物理变化。

由于货物吸湿对于货运质量有较大的影响，所以应掌握货物吸湿的基本规律。货物吸湿能力取决于下列五个因素：

（1）货物的表面积：由于物质的吸附作用是因物体表面分子不同于内部的分子，其表面存在剩余的自由力场的作用的缘故。因此，多孔性物体和粉粒状物体，因其具有很大的表面积，所以具有较强的吸湿性。

（2）货物的化学成分：如果货物的化学成分中含有氨基、羟基、羧基等亲水性原子团，则易于吸收水分。

（3）物质的易溶性：物质易溶于水者就容易吸湿。

(4) 货物蒸发水分的气压：货物所散发的水分具有较高气压者，吸湿性较低；反之，吸湿性较强。

(5) 货物的纯度：物质组成成分中含有杂质，会降低蒸发所需气压，从而增强吸湿性。例如，纯度高的氯化钠不易吸湿，但普通氯化钠（食盐），因其含有氯化镁等杂质，而具有较强的吸湿性。

货物吸湿的程度还与环境温度、湿度有关。当空气温度较高，相对湿度较小，货物易散发水分；气温较低，且相对湿度较大时，货物易吸收水分。货物的吸湿并不是无限的，在一定的温度和湿度条件下，货物吸收与散发水分存在一个平衡状态。

实例任务 4：了解货物的生物性质

货物的生物性质是指有机体具有生命活动，能分解营养成分的性质。它包括货物本身的生命活动和微生物在有机营养体内的活动两个方面。微生物的种类很多，造成货损的微生物主要有细菌、酵母菌和霉菌三大类。影响微生物生命活动的因素有：水分、氧气、温度、物质氢离子浓度和渗透压。由于微生物所摄取的养料必须在溶解状态才能进入细胞体，所以，水分是其生长活动的必备条件；大多数菌类活动需要氧气，有些则在缺氧时也能活动；温度对微生物活动有重大影响，不同的菌类在各自适宜温度下能迅速发育、繁殖；各种菌类有不同的氢离子浓度的适宜值，即在适宜环境下活动旺盛；微生物是依靠外界一定的渗透压摄取养料的，在外界渗透压过高（盐渍、糖渍等处理）时，微生物会出现致命的"质壁分离"。此外，紫外线、射线、超声波、化学药剂、抗生素和植物杀菌素等，对微生物的生命活动也有致命的影响。根据运输的客观条件和货运质量上的具体要求，在运输中，为抑制呼吸和微生物的生命活动，主要应采取控制水分和温度的方法，尽可能地创造干燥和低温的条件，以确保货物的原有品质。

实例任务 5：了解货物的机械性质

货物的机械性质是指货物在受到外力作用时，具有抵抗变形或破坏的能力的性质。货物采用不同包装，可具有不同的抵抗变形或破坏的能力，所以，货物的机械性能既与货物本身性质有关，又与其包装质量（材料及形式）有关。

物体抵抗压力的能力以耐压强度表示；物体抵抗冲击的不同能力，会显示出韧性或脆性，一般可通过跌落试验得到反映。物体所受冲击力的大小与物体质量和加速度有关。其中冲击加速度是重力加速度的倍数，其数值与物体跌落高度成正比。

实训场景 5：影响运输质量的货物特性

知识点：货物的各种特性
关键技能点：货物的各种特性

实例任务：熟悉货物的各种特性

1. 吸湿性
货物接触潮湿物质或处于潮湿空气之中时，能吸收周围水分的特性。绝大多数吸湿性货物在环境湿度降低时会散发水分。货物吸湿后常导致质量变化，如水泥凝固硬化、粮谷霉烂等。

2. 黏附染尘性
货物吸附气体、沾染灰尘等杂质的特性。如粮谷、茶叶吸收异味以及纤维材料、胶状物质易黏附粉状杂质等。

3. 冻结性

货物在低温条件下冻结的特性。一些表面具有较多吸附水分或内部结构中含有较多水分的货物具有这种特性。如矿石、煤炭在含水量较大、遇低温时会冻结,虽不影响品质,但会造成装卸困难;蔬菜、鲜果也易冻结,并随之发生质量变化。

4. 热变与易腐性

随温度升高而发生质量变化的特性。禽畜肉类、鱼类及蔬菜等具有明显的易腐性。此外,有些货物受热后会发生软化、熔化、丧失有效成分,甚至发生化学变化的现象。

5. 自热、自燃性

货物自行发热甚至自行燃烧的特性。如煤炭氧化生热、粮谷生物化学反应生热;含油脂的纤维自燃等。货物在运输中,发生自热会引起严重的质量事故,甚至引起自燃现象,造成燃烧、爆炸等危险。

6. 锈蚀性

绝大多数金属及其制品能被氧化锈蚀的特性。这种锈蚀的程度与金属本身属性及周围液态或气态介质有关。锈蚀严重会造成货物严重的损坏。

7. 脆弱性

货物受外力影响极易被破坏的特性。它表明货物机械强度较低,经受不住运输中难免的碰撞与振动等外力影响。如玻璃及其制品、陶瓷品、精密仪器等均具有脆弱性。

8. 松散、流动性

块粒状固体货物在外力影响下松散,液体货物在一定温度条件下会流动的性质。

9. 挥发性

由液体变为气体的过程叫挥发。液体货物,如石油产品,会因挥发而造成数量减少、质量降低的现象。

10. 胀缩性

由于温度的变化,液体货物体积发生膨胀或收缩的性质。

11. 危险性

货物具有燃烧、爆炸、毒害、腐蚀、放射射线等危害的特性。

12. 互抵性

不同的货物能发生相互为害或不良影响的特性。这是由于货物的理化性质和用途所决定的,是相对于能引起相互影响的后果而言的。如水泥与糖具有互抵性,因为糖掺有水泥就不能食用,水泥掺有糖,就会丧失凝固性,二者均失去使用价值。

实训场景 6:货物的自然损耗

知识点:货物的自然损耗
关键技能点:货物自然损耗的类型

实例任务 1:认知货物的自然损耗

运输过程中,由于货物本身的性质以及有关的运输条件的影响而产生的货物质量的不可避免的减少称为自然损耗,或称为自然减量。货物气体的挥发、液体的沾染、粉粒固体飞扬散失是造成货物自然损耗的主要原因。

这种非人为的货物重量的减少占运输货物原来总重量的百分比称为货物的自然损耗率。自然损耗率的大小与货物种类、包装以及装卸方式、次数、气候条件和运输时间长短等因素有关。

它可以在有关合同中事先规定耗损限度。

实例任务2：熟悉货物自然损耗的类型

1. 干耗和挥发

含水分多的货物及轻质馏分的油品，由于气温的变化和长时间暴露在空气中，必然会因水分的自然蒸发或轻质馏分的挥发而造成重量减少。

2. 渗漏和沾染

液体货物通过包装（如木桶）的非人为的渗漏或沾染在装运容器（或油舱）内的残液而引起货物重量的减少。

3. 飞扬和散失

粉状、颗粒状货物（如矿粉、面粉、谷类等）因物质的飞扬及通过包装空隙的散失而引起货物重量的损耗。

实训场景7：货物忌装表

知识点：货物忌装
关键技能点：货物忌装

实例任务：熟悉货物忌装表

货物忌装情况见表1-3。

表1-3 货物忌装表

序号	货物名称	忌装货物名称		混装后果及说明
		类别	常见货种	
1	盐、糖、肉类、鱼、蛋、粮食、谷物、面粉、蜂蜜、茶叶、香烟等食品及其他饲料。注意：它们之中也要注意互抵性	有毒货物	三聚氰胺，半夏（中药），锑粉，工业用明矾，兽皮，破布，松节油，石油制品，化妆品，药品等	三聚氰胺在20℃便会放出有毒气体氰化氢；鲜半夏有毒，能使口腔麻痹；锑粉也有毒，工业用明矾含有锑的成分；兽皮、破布不仅有恶臭，且有毒菌；松节油、石油制品、化妆品及药品等都有激烈气味，甚至有毒。混入食品影响食用
		异味货物	骨粉，鱼粉，烟叶，生姜，洋葱，香皂，氯化铵，硫酸铵，樟脑，咸鱼，猪鬃等	骨粉、鱼粉有恶臭，还易发热与散发水分；铵盐能放出氨气，且扬粉尘；烟叶等都有刺激气味。食品等极易吸收异味和沾染异物，影响食用；特别是鲜蛋、茶叶等尤需注意
		水湿货物	湿矿石、木材、麻、羊毛、水果蔬菜等	谷物易吸湿发热；水果蔬菜等受热易散发水分枯萎、坏烂，影响谷物等食品；其他货物散发水分太多，也会使食品、谷物等湿损或霉变
		其他	水泥，纯碱，尼龙丝，玻璃纤维等	掺入这些物质，极难剔除。纯碱容易发热，易使食品变质，水果腐烂
2	水泥	糖类	食糖	水泥中掺入0.001%的糖，便失去凝固性；食糖中混入水泥，则影响食用
		铵盐	硫酸铵，氯化铵，硝酸铵，石灰氮等化学肥料	铵盐能分解出氨，水泥受氨气作用会加速凝固，影响使用范围，降低使用价值；化肥混有水泥，在使用中会结块，降低肥效和土质
		散发水分货物		水泥受潮结块，影响使用
		其他	氧化镁	水泥混有氧化镁，水泥在使用时氧化镁也会慢慢与水化合，体积膨胀，使已凝固硬化的水泥发生裂缝

续表

序号	货物名称	忌装货物名称 类别	忌装货物名称 常见货种	混装后果及说明
3	镁砂、焦宝石、黏土、矾石等耐火材料	非耐火材料	铁、煤、木屑、氧化镁、氧化钙等	耐火材料中的石高炉炉壁涂粘物、制造耐火砖,且耐火点在1 580 ℃以上。若混入上述杂质,则会大大降低耐火点,甚至会使炉壁耐火砖产生空洞而报废
		碱类	纯碱等	耐火材料是酸性,与碱会发生作用,而降低使用年限
4	铝锭及铝块	硬质货	生铁、锌块、矿石、煤等及其残留	铝锭直接拉丝,为铜丝电线代用品,若掺入铁屑等杂质,拉时易断丝,甚至在安装高压电线后,因受热过高而熔断铝丝;同时,铝锭表面若受上述硬质货撞击,易成凹型,其深度大于2 mm时,拉丝易成空心,铝块为浇注铝锭及制造铝制品的原料,也有同样要求
		酸、碱类		腐蚀、溶解、破坏氧化层
5	黄石(即氧化钙,也称沸石)白云石、方解石等	酸类		黄石遇酸能产生极毒的腐蚀性气体氟化氢;白云石、方解石遇酸会溶解,且起分解作用
6	过磷酸钙、硫酸铵、氯化钙等	碱类		过磷酸钙掺入碱类会不溶于水而失去肥效;铵盐遇碱会放出氨而失去氮素,影响肥效
7	煤	锰砂		煤中若掺有锰砂,燃烧时会破坏炉膛
		硫化铁,铵盐,氯化钾		煤混有这些杂质,燃烧时可能产生爆炸性混合物
8	焦炭	含硫货物	硫化铁等	焦炭混入含硫物质,影响冶炼钢铁质量
9	棉花、棉纱、棉布及其他棉织制品	酸、碱类	硫酸、盐酸、硝酸、醋酸、草酸、氢氧化钠、纯碱等	棉类遇酸、碱会被分解、腐蚀,甚至炭化
		油性货物	油桶、豆饼、亚麻籽、五金机械零件、火腿肉类、各种植物油等	棉类油污后易自热到自燃,且影响棉织品质量
		水湿货物	木材、羊毛、麻、湿矿石等	棉类吸湿性强,会霉烂变质,失去光泽,降低质量
		污染性货物	颜料、炭黑、红根、火腿、肉类、油脂等	颜料在装卸时经常发生喷粉或破漏;炭黑会使麻袋包装粉末飞扬;红根(中药)易褪色,污染其他货物,火腿肉类受热会流油。棉类受污,影响质量
10	玻璃	碱类	纯碱等	玻璃沾黏纯碱,会使玻璃表面受蚀发花
11	尼龙及其制品	樟脑		两者有亲和力,樟脑气化易进入尼龙纤维内部,引起膨胀,影响尼龙的强度和染色坚牢度
12	橡胶、胶鞋及其他橡胶制品	酸、碱、油类	各种酸、碱、肥皂粉;脂肪、植物油、石油制品(如汽油、煤油等)	橡胶制品遇石油产品会被溶解;遇油脂及植物油易沾污胶面,产生花斑;遇酸碱易受腐蚀,使表面产生裂纹,失去弹性
13	纸	油性及酸碱类	油脂、石油、纯碱及各种酸	纸受沾污或腐蚀,表面起皱纹,生斑点,降低质量
14	纸浆、木浆及苇浆等造纸原料	硬质、油性货及酸碱	油脂、石油、纯碱及各种酸、生铁、矿石等	掺入后,除受沾污、腐蚀外,还会损坏造纸机滚筒
15	钢铁、生铁	酸、碱、盐类	盐类如氯化铵及其他铵盐肥料、食盐等	腐蚀、生锈

续表

序号	货物名称	忌装货物名称		混装后果及说明
		类别	常见货种	
16	白铁皮、黑铁皮	酸、碱、盐类		镀锌铁皮（白铁皮）、镀锡铁皮遇酸、碱、盐溶解，而遇锌退锡，使里面铁皮腐蚀、生锈而坏掉
17	铝制器具	酸、碱类	酸碱及腐蚀性化学原料	首先使铝制品表面层氧化铝溶解，继而使铝腐蚀
18	铝块	硬质货物	生铁、锌块、铝锭、煤、矿砂石等	铝块质软，硬质残屑易嵌入铝块中不易剔出；当铝块熔化作电缆外层的保护品时，该保护品会出现小孔隙或裂缝，影响电缆质量
19	精锌块	各种矿砂、煤		锌是各种精密工业产品原料，混入杂质影响质量
20	铁矿粉	生铁、锌块、铝锭、其他矿砂、煤、石等		铁矿粉是炼优质钢原材料，怕掺杂
21	石墨	氧化剂	氧化铁、黄铁矿、碳酸盐类	石墨一般用麻袋或草袋包装，石墨与黏土可用来制造各种冶金坩埚，若混有氧化铁等会降低坩埚坩壁的质量
22	滑石、膨润土	其他散货或粉粒状货物	生铁、矿砂、煤、纯碱及其他散货和粉粒状货物	滑石粉用于造纸、医药、化妆品，怕混杂。膨润土是白色块状矿物质，作翻砂模型用，含杂质会使模型有空隙，影响翻砂质量
23	干电池、皮箱、皮鞋及其他皮革制品、塑料、胶木	酸、碱及溶剂	酸、碱、酒精等	干电池遇酸、碱会起铜绿作用，使电池走电，发烂；皮革制品在酸、碱作用下，易使表面产生裂纹、断裂，降低韧性和强度；塑料制品遇酸、碱及溶剂会变色、损坏、发毛、溶解，降低商品价值
24	工艺品	散发水分货物	山芋、大米、种子、水果及其他散发水分的货物	工艺品为精制商品，忌潮；若受湿，表面起皱，影响美观，甚至失去商品使用价值，更不能和污染性、扬尘性、腐蚀性、发热性等货物混装
25	硬化油及其他低熔点货物	发热性货物	骨粉等	硬化油熔点为 56 ℃，骨粉等在货舱通风不良情况下易发热，使硬化油熔化。故不能装在机舱附近
26	硬脂酸	碱类		硬脂酸用来制造蜡。包装用麻袋或木箱。遇碱生成硬脂酸钠或硬脂酸钾而失去原用途

【小结】

  货物运输包装设计的意义、货物运输包装的设计原则、货物包装对于安全运输的重要作用、货物的运输包装的类型、运输包装按包装形式和包装材质分类、各种包装形式及适装货物。
  货物标志的定义与作用、标志的分类，危险货物标记。
  货物的化学性质、物理性质、生物性质和机械性质，货物吸湿能力取决因素。
  影响运输质量的货物特性，认知货物的自然损耗、货物自然损耗的类型，货物忌装分类表。

【主要概念】

  货物运输包装设计原则 货物的运输包装的类型及适装货物 货物标志的定义与分类 危险货物标记 货物的化学性质、物理性质、生物性质和机械性质 货物吸湿能力取决因素 影响运输质量的货物特性 货物的自然损耗 货物忌装表

【技能训练题】

一、单选题

1. _____是最常用的一种包装。
   A. 袋状包装　　　　B. 裸状包装　　　　C. 箱状包装　　　　D. 捆包状包装
   答案：C

2. 凡在货物表面、包装表面、专门的号牌或供贴用的标签上，用颜料、印痕、烙印或其他方法，记载的任何有一定含意的图形、文字和数字统称为_____。
   A. 标记　　　　　　B. 标志　　　　　　C. 商标　　　　　　D. 名称
   答案：B

3. 指示标志的"小心轻放"是属于_____。
   A. 存放保管注意事项　　　　　　　　B. 运输注意事项
   C. 开启包装注意事项　　　　　　　　D. 装卸作业注意事项
   答案：D

4. 危险货物分为_____类。
   A. 6　　　　　　　　B. 7　　　　　　　　C. 8　　　　　　　　D. 9
   答案：D

5. 属于有毒货物的是_____。
   A. 兽皮　　　　　　B. 骨粉　　　　　　C. 氯化铵　　　　　D. 硫酸铵
   答案：A

二、多选题

1. 包装应选用符合货物性质的材料，并结合_____决定包装形式和强度。
   A. 运输条件　　　　B. 运输企业　　　　C. 特性
   D. 货物形态　　　　E. 货物保质期
   答案：ACD

2. 在复合型包装中，主要包装称为外包装，其内包装的功能有_____。
   A. 防沾染　　　　　B. 防松散　　　　　C. 隔绝气体
   D. 防震　　　　　　E. 防潮
   答案：CDE

3. 在货物运输中，目前已形成了一套较为完整的标志。根据各种标志所起的不同作用，可将标志分为以下四种：_____。
   A. 识别标志　　　　B. 注意标志　　　　C. 原产国标志
   D. 警戒标志　　　　E. 货件尺寸重量标志
   答案：ABCE

4. 包装货件的重量应包括与注明了_____。
   A. 毛重　　　　　　B. 总重　　　　　　C. 净重
   D. 皮重　　　　　　E. 计量单位
   答案：ACDE

5. 熔化或溶解凝固或冻结以及_____等，这些都是货物在运输中经常发生的物理变化。
   A. 液体的气化　　　B. 气体的爆破　　　C. 固体物质散发水分
   D. 抑制呼吸　　　　E. 固体的软化
   答案：ABCE

三、简答题

1. 货物运输包装设计应符合什么原则？
2. 货物的运输包装按包装形式和包装材质可以分为哪几种？
3. 标志起着什么重要的作用？
4. 货物吸湿能力取决于什么因素？
5. 影响运输质量的货物特性有哪些？

【案例分析题】

题例

<h3 style="text-align:center">关于危险货物运输合同的法律案例</h3>

原告强英公司是专业经营电石和其他化学危险品的公司，被告李某系个体货运车主，其车（汽车消费贷款购置）上户在被告三友公司名下。李某及三友公司均无承运危险物品的资质，且三友公司并没有开展货运业务。2004年5月5日，强英公司负责人打电话与李某联系，约定由李某拉运电石一车，运价按每吨500元计算。5月9日，强英公司经工商行向李某异地汇款8 000元作为预付运费，同日李某装载了包装为编织袋散包装的电石24.27吨拉往南通（另有一车亦受雇原告运载电石同行）。

路上遭逢阴雨天气，李某对承运电石采取了苫布遮盖等措施。5月12日凌晨，李某发现有气体从车厢冒出，即上车检查。检查过程中，电石突然爆炸并起火自燃，将李某掀下车，致其脚骨骨折。李某打电话报警，消防队到达后，因交通堵塞，灭火用的砂石等无法运达，无法扑灭大火。

在此过程中，同行的另一承运车辆所运电石也突然起火燃烧。根据现场状况，有关部门将两车拉载的电石倾倒在高速公路服务区水坑内，并控制局势，使其稳定燃烧，致电石全部毁损灭失。事后，李某被处以行政拘留十日的处罚，并因吊车、医疗、维修汽车等支出1.6万余元。所收运费8 000元因拉运途中油耗、过路费等消耗殆尽。原、被告双方口头定约及承运时均通过电话联系，未见过面。强英公司未对李某及三友公司有无承运危险物品的资质进行审核，也未将承运电石妥善包装，作出危险品标志和标签，向被告提交有关电石性质和防范措施的书面材料。现原告起诉要求被告赔偿全部电石损失及返还已付运费。

分析提示：

电石系工业原料，与水作用可生成可燃烧乙炔气，吸水后粉化失效，一般应包装于干燥密封的铁桶内，储运要防水、防火，属交通运输部《汽车运输危险货物品名表》所规定的遇湿易燃危险货物。危险货物运输与普通货物运输相比，对承托双方的要求更高，其法律规定的责任更严厉。皆因为此类物品在运输中对社会公共安全有潜在的威胁。那么，本案原被告双方是否各自履行了法定的危险货物承托义务？货损的发生与未履行法定义务之间有无因果关系？这是正确分析和处理本案的关键问题。

被告李某作为承运人，是否存在一定过错呢？《危险化学品安全管理条例》第三十五条规定："国家对危险化学品的运输实行资质认定制度；未经资质认定，不得运输危险化学品。"

合同法第三百零七条规定对未按规定妥善包装危险物及未提供书面材料的，承运人"可以拒绝运输，也可以采取相应措施以避免损失的发生"。李某仅有普通货物运输资质，其承运危险货物的行为违反了法律规定。但从一般的社会衡量标准看，李某作为普通货物运输人，没有法定义务知晓危险货物运输的包装要求等特别规定，也没有证据表明其是隐瞒运输资质和技术条件而明知故犯，违反法律规定从事了危险品运输。运输途中遭逢阴雨天气，李某对承运电石采取了苫布遮盖、随时检查等措施，尽到了作为普通货物承运人应尽的安全运输基本义务。应该认为，李某在缔约及履约过程中没有过错。

另外，强英公司与李某之间的运输合同因违反了法律、行政法规的强制性规定而无法律效力。合同法第五十八条规定，合同无效或者被撤销后，因该合同取得的财产，应当予以返还；不能返还或者没有必要返还的，应当折价补偿。有过错的一方应当赔偿对方因此所受到的损失，双方都有过错的，应当各自承担相应的责任。

该法第三百一十一条规定："承运人对运输过程中货物的毁损、灭失承担损害赔偿责任，但承运人证明货物的毁损、灭失是因不可抗力、货物本身的自然性质或者合理损耗以及托运人、收货人的过错造成的，不承担损害赔偿责任。"

就本案而言，存在因该合同取得的财产——预付运费是否应当予以返还、承运人对运输过程中货物的毁损灭失是否应当承担损害赔偿责任的争议。强英公司在签订运输合同时具有重大过错，且预付的8 000元运费在实际履行中已支出，故承运人不需承担返还运费的义务。

该批电石在运输过程中因包装不当遇湿自燃起火后，阻断高速公路交通，危及公共安全，经有关部门采取紧急避险措施，最终致货物全部毁损灭失，与强英公司委托不具有从事危险品运输资格的李某运输电石的违法行为及未书面告知危险品名称、性质、防范措施等过错之间有法律上的直接因果关系。故托运人强英公司应对电石全部毁损灭失的损害后果负责，承运人不承担损害赔偿责任。

（来源：中国法律网）

学习情境 3

集装箱

【学习目标】

素质目标：集装箱代码的含义与使用、集装箱的货物形态
知识目标：集装箱的概述、集装箱制造业、集装箱标记的规定
技能目标：根据集装箱内尺寸计算出装货容积、配货毛重与体积参数
拓展目标：集装箱标记的种类与组成、集装箱的分类

【引例】

引例文章

集装箱适载检验鉴定案例

1995年10月，辽宁某外贸公司对日本出口20吨鲜牛蒡，装箱前，发货人按规定向当地原商检局申请适载检验。检验人员对申请人指定的冷藏箱进行认真检验并做了详细记录，比如：预冷起始时间、设定融霜周期、模拟检测温度、记录实际融霜周期数、模拟实验平衡温度、平衡温度与设定温度偏离最大值、检视制冷剂存量、记录施检时间等。

1996年6月，发货人到辽宁商检局反映：上述冷藏箱装载的鲜牛蒡因冷藏箱出现故障货物霉烂。目前，收货人提出索赔，海事法院已经受理了此案。于是，辽宁商检局立即找出工作底案，将原始记录"复盘"进行分析，记录结果表明，在实施检验的当时，冷藏箱符合适载要求。后经核对日本方面提供的原始温度记录纸表盘，证实了辽宁商检局当时对集装箱适载检验的真实性和准确性。司法调查过程中，经过多方专家分析证实：上述冷藏箱在适载检验的当时，以及装货航行后的两天内集装箱冷藏效能良好，从船舶航行的第三天起冷藏箱出现异常，箱内温度急剧升高。根据航运规则：如果船方在接受冷藏箱的当时是完好的，此后冷藏箱的维护将由承运人负责。因此，法庭裁定：上述货损系承运人在航行过程中对冷藏箱维护不当，导致货损，发货人免予责任。

分析提示：

冷藏箱装箱前经适载检验，航行途中虽出现故障发货人免责。

【正文】

实训场景1：集装箱的概述

知识点：集装箱的定义、集装箱的尺寸、国际标准集装箱规格
关键技能点：根据集装箱内尺寸计算出装货容积、集装箱计算单位

实例任务1：认知集装箱的定义

集装箱，是指具有一定强度、刚度和规格专供周转使用的大型装货容器。使用集装箱转运货

物，可直接在发货人的仓库装货，运到收货人的仓库卸货，中途更换车、船时，无须将货物从箱内取出换装。

按国际标准化组织（International Organization for Standardization，ISO）第 104 技术委员会的规定，集装箱应具备下列条件：①能长期的反复使用，具有足够的强度。②途中转运不用移动箱内货物，就可以直接换装。③可以进行快速装卸，并可从一种运输工具直接方便地换装到另一种运输工具。④便于货物的装满和卸空。⑤具有 1 立方米（即 35.32 立方英尺）或以上的容积。满足上述 5 个条件的大型装货容器才能称为集装箱。

实例任务 2：熟悉集装箱的尺寸

集装箱外尺寸包括集装箱永久性附件在内的集装箱外部最大的长、宽、高尺寸，它是确定集装箱能否在船舶、底盘车、货车、铁路车辆之间进行换装的主要参数。是各运输部门必须掌握的一项重要技术资料。

集装箱内尺寸是集装箱内部的最大长、宽、高尺寸。高度为箱底板面至箱顶板最下面的距离，宽度为两内侧衬板之间的距离，长度为箱门内侧板量至端壁内衬板之间的距离。它决定集装箱内容积和箱内货物的最大尺寸。

实例任务 3：掌握根据集装箱内尺寸计算出装货容积的办法

同一规格的集装箱，由于结构和制造材料的不同，其内容积略有差异。集装箱内容积是物资部门或其他装箱人必须掌握的重要技术资料，见表 1-4。

表 1-4 集装箱尺寸、内容积、配货毛重与体积参数表

柜型尺寸	内容积/(米×米×米)	配货毛重/吨	体积/立方米
20 尺柜	5.69×2.13×2.18	17.5	24~26
40 尺柜	11.8×2.13×2.18	22	54
40 尺高柜	11.8×2.13×2.72	22	68
45 尺高柜	13.58×2.34×2.71	29	86
20 尺开顶柜	5.89×2.32×2.31	20	31.5
40 尺开顶柜	12.01×2.33×2.15	30.4	65
20 尺平底货柜	5.85×2.23×2.15	23	28
40 尺平底货柜	12.05×2.12×1.96	36	50

实例任务 4：熟悉国际标准集装箱规格

集装箱标准化历经了一个发展过程。国际标准化组织 ISO/TC104 技术委员会自 1961 年成立以来，对集装箱国际标准作过多次补充、增减和修改，现行的国际标准为第 1 系列共 13 种，其宽度均一样（2 438 毫米）、长度有四种（12 192 毫米、9 125 毫米、6 058 毫米、2 991 毫米）、高度有四种（2 896 毫米、2 591 毫米、2 438 毫米、2 438 毫米）。

国际标准集装箱共有三个系列，十三种规格。在国际海上集装箱运输中采用最多的是 IAA 型（即 40 英尺，1 英尺＝0.304 8 米）和 IC 型（即 20 英尺）两种。IAA 型集装箱即 40 英尺干货集装箱，箱内容量可达 67.96 立方米，一般自重为 3 800 千克，载重吨为 26.68 吨，总载重量 30.48 吨。IC 型即 20 英尺集装箱内容量 33.2 立方米，自重一般为 2 317 千克，载重吨为 17.9 吨，总载重量 20.32 吨。

实例任务 5：掌握集装箱计算单位

集装箱计算单位，简称：TEU，是英文 Twenty Equivalent Unit 的缩写，又称 20 英尺换算单位，是计算集装箱箱数的换算单位。也称国际标准箱单位。通常用来表示船舶装载集装箱的能力，也是集装箱和港口吞吐量的重要统计、换算单位。

目前各国大部分集装箱运输，都采用 20 英尺和 40 英尺长的两种集装箱。为使集装箱箱数计算统一化，把 20 英尺集装箱作为一个计算单位，40 尺集装箱作为两个计算单位，以利统一计算集装箱的营运量。

在统计集装箱数量时用的一个术语：自然箱，也称"实物箱"。自然箱是不进行换算的实物箱，即不论是 40 英尺集装箱、30 英尺集装箱、20 英尺集装箱或 10 英尺集装箱均作为一个集装箱统计。

实训场景 2：集装箱的分类

知识点：集装箱的分类
关键技能点：集装箱的分类

实例任务 1：掌握按照所装货物种类的分类方法

杂货集装箱、散货集装箱、液体货集装箱、冷藏箱集装箱，以及一些特种专用集装箱，如汽车集装箱、牲畜集装箱、兽皮集装箱等。

杂货集装箱是最普通的集装箱，主要用于运输一般杂货，适合各种不需要调节温度的货物使用的集装箱，一般称通用集装箱。

散货集装箱是用以装载粉末、颗粒状货物等各种散装的货物的集装箱。

液体货集装箱是用以装载液体货物的集装箱。

冷藏集装箱是一种附有冷冻机设备，并在内壁敷设热传导率较低的材料，用以装载冷冻、保温、保鲜货物的集装箱。

汽车集装箱是一种专门设计用来装运汽车，并可分为两层装货的集装箱。

牲畜集装箱是一种专门设计用来装运活牲畜的集装箱，有通风设施，带有喂料和除粪装置。

兽皮集装箱是一种专门设计用来装运生皮等带汁渗漏性质的货物，有双层底，可存储渗漏出来的液体的集装箱。

实例任务 2：掌握按照制造材料的分类方法

制造材料是指集装箱主体部件（侧壁、端壁、箱顶等）材料，可分成三种：有钢制集装箱、铝合金集装箱、玻璃钢集装箱，此外还有木集装箱、不锈钢集装箱等。

钢制集装箱，用钢材造成，优点是强度大，结构牢，焊接性高，水密性好，价格低廉；缺点是重量大、防腐性差。铝合金集装箱，用铝合金材料造成，优点是重量轻，外表美观，防腐蚀，弹性好，加工方便以及加工费、修理费低，使用年限长；缺点是造价高，焊接性能差。

玻璃钢集装箱，用玻璃钢材料造成，优点是强度大，刚性好，内容积大，隔热、防腐、耐化学性好，易清扫，修理简便；缺点是重量大，易老化，拧螺栓处强度降低。

实例任务 3：掌握按照结构的分类方法

固定式集装箱、折叠式集装箱、薄壳式集装箱。在固定式集装箱中还可分密闭集装箱、开顶集装箱、板架集装箱等；折叠式集装箱，指集装箱的主要部件（侧壁、端壁和箱顶）能简单地折叠或分解，再次使用时可以方便地再组合起来；薄壳式集装箱，是把所有部件组成一个钢体，它的优点是重量轻，可以适应所发生的扭力而不会引起永久变形。

实例任务 4：掌握按照总重量的分类方法

30 吨集装箱、20 吨集装箱、10 吨集装箱、5 吨集装箱、2.5 吨集装箱等。

实例任务 5：掌握按照规格尺寸的分类方法

国际上通常使用的干货柜有：外尺寸为 20 英尺×8 英尺×8 英尺 6 英寸（1 英寸 = 2.54 厘米），6 058 毫米×2 390 毫米×2 590毫米，简称20 尺货柜；外尺寸为 40 英尺×8 英尺×8 英尺 6 英寸，12 058毫米×2 390毫米×2 590毫米，简称40 尺货柜；外尺寸为 40 英尺×8 英尺×9 英尺 6 英寸，12 058毫米×2 390毫米×2 890毫米，简称40 尺高柜。

实例任务 6：掌握按照用途的分类方法

冷藏集装箱，挂衣集装箱，开顶集装箱，框架集装箱，罐式集装箱、冷藏集装箱、平台集装箱。

冷藏集装箱是一种附有冷冻机设备，并在内壁敷设热传导率较低的材料，用以装载冷冻、保温、保鲜货物的集装箱。

开顶集装箱是用于装载玻璃板，钢制品，机械等重货，可以使用起重机从顶部装卸，开顶箱顶部可开启或无固定顶面的集装箱。

框架集装箱是以箱底面和四周金属框架构成的集装箱，适用于长大、超重、轻泡货物。

罐装集装箱是由箱底面和罐体及四周框架构成的集装箱，适用于液体货物。

平台集装箱是专供装运超限货物的集装箱，有一个强度很大的底盘，在装运大件货物时，可同时使用几个平台集装箱。

实训场景 3：集装箱代码

知识点：集装箱代码
关键技能点：集装箱代码的使用

实例任务 1：熟悉集装箱的代码

本代码使用的是 UN/ISO 标准代码，代码库提供了 84 和 95 版本，建议使用 95 版的数字-字符型代码。

本标准引用 ISO/DIS 6346.2 的第 4.2.2 条款；箱型代码：由两位字符表示箱型编号、箱型标识符。

注：第 1 位由一个拉丁字母表示箱型；第 2 位由一个数字表示该箱型的特征。

集装箱尺寸代码结构引用 ISO/DIS 6346.2 中附录 D 的规定。该代码由两位字符表示箱长代码、箱高和箱宽代码。

注：第 1 个字符表示箱长；第 2 个字符表示箱宽和箱高。

集装箱类型代码，本组代码等同采用 ISO 6364.2 附录 E 中的表 E1，详见表 1-5。

表 1-5 集装箱箱型代码表

代码/原代号	箱型	箱型群组代码	主要特征	箱型代码	原代号
G/0	通用集装箱（无通风装置）	GP	一端或两端有箱门	G0	00
			货物的上方有透气罩	G1	10/11
			一端或两端设有箱门,并且在一侧或两侧亦设"全开式"箱门	G2	01
			一端或两端设有箱门并且在一侧或两侧亦设"局部"箱门	G3	02
			备用号		
			备用号	G4	05
			备用号	G5	06
			备用号	G6	07
			备用号	G7	08
				G8	09
				G9	
V/1	通风式通用集装箱	VH	无机械排风装置,但在上、下两侧设有自然通风窗	V0	13
			备用号	V1	14
			箱内设有机械式通风装置	V2	15
			备用号	V3	16
			外置式机械通风装置	V4	17
			备用号	V5	18
			备用号	V6	19
			备用号	V7	
			备用号	V8	
			备用号	V9	
B/2	干散货集装箱 -无压干散货集装箱 -承压干散货集装箱	BU BK	封闭式	B0	20
			气密式	B1	23
			备用号	B2	24
			水平方向卸货,试验压力 150Pa	B3	
			水平方向卸货,试验压力 265Pa	B4	
			倾斜卸货,试验压力 150Pa	B5	
			倾斜卸货,试验压力 150Pa	B6	
			备用号	B7	
			备用号	B8	
			备用号	B9	
S/2	以货物种类命名的集装箱	SN	牲畜集装箱	S0	25
			汽车集装箱	S1	26
			活鱼集装箱	S2	27
			备用号	S3	28
			备用号	S4	29
			备用号	S5	
			备用号	S6	
			备用号	S7	
			备用号	S8	

续表

代码/ 原代号	箱型	箱型群 组代码	主要特征	箱型 代码	原代号
R/3	保温集装箱 机械制冷 制冷/加热 集装箱 自备电源的 机械制冷/加 热集装箱	RE RT RS	机械制冷 机械制冷/加热 机械制冷 机械制冷/加热 备用号 备用号 备用号 备用号 备用号	R0 R1 R2 R3 R4 R5 R6 R7 R8 R9	31 32 36 37 39
H/4	保温集装箱 -带挂装式机 械制冷/加热 装置 -隔热式集 装箱	HR HI	外置式挂装制冷/加热装置 内置式挂装,制冷/加热装置 外置式挂装,制冷/加热装置 备用号 备用号 隔热层 隔热层 备用号 备用号 备用号	H0 H1 H2 H3 H4 H5 H6 H7 H8 H9	40 41 42 43 44 45 46 47 48 49
U/5	敞顶式集 装箱	UT	一端或两端开口 一端或两端开口并有活动的上端梁 一端或两端以及一侧或两侧开口 一端或两端以及一侧或两侧开口并有活动的上梁 一端或两端开口以及一侧部分开口和另一侧全部 开口 全部敞顶,带固定的侧壁(无开门) 备用号 备用号 备用号 备用号	U0 U1 U2 U3 U4 U5 U6 U7 U8 U9	50 51 52 53 54 55 56 57 58
P/6	平台(和台 架式)集装箱 -上部结构不 完整 -固端结构 -折端结构 -带完整的上 部结构的台 架式集装箱	 PL PF PC PS	平台集装箱 双固端结构 固定角柱,活动侧柱或活动顶结构 可折的完整端结构 可折角柱,活动侧柱或活动顶结构 敞顶、敞端(骨架式) 备用号 备用号 备用号 备用号	P0 P1 P2 P3 P4 P5 P6 P7 P8 P9	60 61 62 63 64 65 68 69

续表

代码/ 原代号	箱型	箱型群 组代码	主要特征	箱型 代码	原代号
T/7	罐式集装箱		最低试验压力 45 kPa	T0	70
	－非危险性液 体货	TN	最低试验压力 150 kPa	T1	71
			最低试验压力 265 kPa	T2	72
	－非危险性液 体货	TD	最低试验压力 150 kPa	T3	73
			最低试验压力 265 kPa	T4	74
			最低试验压力 400 kPa	T5	75
	－气体货物	TG	最低试验压力 600 kPa	T6	76
			最低试验压力 910 kPa	T7	77
			最低试验压力 2 200 kPa	T8	78
			最低试验压力（未定）	T9	79
A	空/陆/水联 运集装箱	AS		A0	90

注：①原代号指本标准 1984 年版本规定的箱型代号。②集装箱尺寸代码表本组代码等同采用 ISO 6346.2 附录 D 中的表 D1 和表 D2；详见表 1-6 和表 1-7。

表 1-6　集装箱箱长尺寸代码表

箱　　长		代码字符
公制 毫米/mm	英制 英尺 英寸①/ft in	
2 991	10	1
6 058	20	2
9 125	30	3
12 192	40	4
未选定的		5
未选定的		6
未选定的		7
未选定的		8
未选定的		9
7 150		A
7 315	24	B
7 430	24.6	C
7 450	—	D
7 820	—	E
8 100	—	F
12 500	41	G
13 106	43	H
13 600	—	K
13 716	45	L
14 630	48	M
14 935	49	N
16 154	—	P
未选定的		R

---

① 1 英尺 = 0.304 8 米。

　1 ft(英尺) = 0.304 8 米。

　1 in(英寸) = 25.4 毫米。

表 1-7　集装箱箱宽与箱高尺寸代码表

箱　高		代码字符		
		箱　宽		
mm	ft　in	2 438 mm（8 ft）	>2 438 mm 和<2 500 mm	>2 500 mm
2 438	8	0		
2 591	8.6	2	C	L
2 743	9	4	D	M
2 895	9.6	5	E	N
>2 895	9.6	6	F	P
1 295	4.3	8		
≤1 219	≤4	9		

使用说明

按照 ISO 6364.2 中第 6 章"标记的标志方法",箱型和尺寸代码应作为一个整体在集装箱上标识。其组配代码结构为:尺寸代码、箱型代码。例如:22G1 指箱长为 20 英尺（6 058 毫米），箱宽为 8 英尺（2 438 毫米）和箱高为 8 英尺 6 英寸（2 591 毫米），上方有透气罩的通用集装箱。

实训场景 4：集装箱标记

知识点：集装箱标记
关键技能点：集装箱标记的种类与组成

实例任务 1：熟悉集装箱标记的规定

国际标准化组织专门制定了集装箱标记，即《集装箱的代号、识别和标记》（ISO 6346—1981（E））。

集装箱的标记不是随便标注在集装箱上就可以的，在标注的过程中要遵守有关规定。
（1）加盖耐久不变的标记的地方要适当、显明。并载明下列各点：
①所有人或主要营运人的名号。②所有人或营运人所定集装箱标记和编号。③集装箱的皮重，包括集装箱的一切永久固定配件在内。
（2）集装箱所有权国家，可以用全名或国际公路交通上用来表示汽车登记国的辨别记号，加以标明。
（3）经核准凭海关封条运货的集装箱，应另附下列各点说明，载于核准牌上面：①制造厂商所编的联号（制造厂商号码）。②如经按照设计种类核准，则应载明这一种类的识别编号或字母。

实例任务 2：掌握集装箱标记的种类与组成

国际标准化组织规定的标记有必备标记和自选标记两类，每一类标记中又分为识别标记和作业标记。具体来说，集装箱上有箱主代号；箱号或顺序号、核对号；集装箱尺寸及类型代号。

1. 必备标记
（1）识别标记
它包括箱主代号、顺序号和核对数字。
①箱主代号。国际标准化组织规定，箱主代号由四个大写的拉丁文字母表示，前三位由箱主

自己规定,第四个字母一律用表示国际标准中海运集装箱代号的 U 表示。

②顺序号,又称箱号,由 6 位阿拉伯数字组成。如数字不足 6 位时,则在有效数字前用 0 来补足 6 位。

③核对数字。是用来核对箱主代号和顺序号记录是否准确的依据。

(2) 作业标记

①额定重量和自重量标记。额定重量即集装箱总重,自重即集装箱空箱质量(或空箱重量),ISO 688 规定应以千克(kg)和磅(IB)同时表示。最大总质量和箱体质量如图1-23所示。

```
MAX     GROSS         24 000 kg
                      52 920      IB
TARE                  2 300 kg
                      5 070       IB
```

图 1-23　最大总质量和箱体质量示意图

②空陆水联运集装箱标记。此种集装箱的强度仅能堆码两层。

③登箱顶触电警告标记。该标记为黄色底黑色字三角形,一般设在罐式集装箱和位于登顶箱顶的扶梯处,以警告有触电危险。

2. 自选标记

(1) 识别标记

①国家和地区代号,用两个或三个大写字母表示,如中国用 CN;美国用 US(USA),表示集装箱的登记国家。

②尺寸和类型代号(箱型代码),用 4 位阿拉伯数字表示,前两位数字表示集装箱尺寸,后两位数字表示集装箱箱型。00~09 为通用箱,30~49 为冷藏箱,50~59 为开顶式集装箱。

(2) 作业标记

①超高标记,高度凡超过 2.6 m 即 8.5 英尺的集装箱,在距箱底约 0.6 m 处每侧的左下角和主要标记的下方均贴有该标记,该标记为在黄色底上标出黑色数字和边框。

②国际铁路联盟标记。凡符合《国际铁路联盟条例》规定的集装箱获此标记。该标志是在欧洲铁路上运输集装箱的必要通行标志。

集装箱有关标记的位置如图 1-24 所示。1:标注"箱主代号、顺序号和核对数字",2:标注"国家和地区代号、尺寸和类型代号",3:标注"最大总质量和箱体质量"。

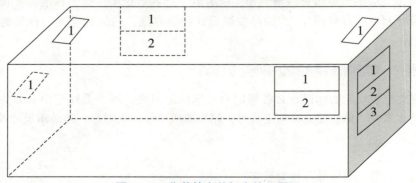

图 1-24　集装箱有关标志的位置图

3. 通行标记

集装箱在运输过程中能顺利地通过或进入其他国境，箱上必须贴有按规定要求的各种通行标志，否则，必须办理烦琐证明手续，延长了集装箱的周转时间。集装箱上主要的通行标记有安全合格牌照、集装箱批准牌照、防虫处理板、检验合格徽及国际铁路联盟标记等。

实训场景 5：集装箱的货物形态

知识点：集装箱的货物形态
关键技能点：集装箱的货物形态

实例任务 1：熟悉按照货物性质的分类知识

货物的分类见表 1-8。

表1-8 按货物性质分类的集装箱货物

一级分类指标	一级分类指标的说明	二级分类指标	备 注
普通货物	一般统称为百杂货，是指在货物性质上不需要特殊方法进行装卸和保管，可以按件计算的货物。其特点是货物批量不大，但其货价较高，具有较强的运费负担能力	清洁货	又称细货或精良货，是指清洁而干燥，在积载和保管时，货物本身无特殊要求，如与其他货物混载不会损坏或污染其他货物的货物
		污货	又称粗货，是指按货物本身的性质和状态，容易发潮、发热、风化、溶解、发臭，或者可能渗出液汁、飞扬货粉、产生害虫而使其他货物遭受严重损失的货物
特殊货物	是指货物在性质上、质量上、价值上或货物形态上具有特殊性，运输时需要用特殊集装箱装载的货物	冷藏货	指需用冷藏集装箱或保温集装箱运输的货物，如水果、蔬菜、鱼类、肉类、鸡蛋、奶油、干酪等
		牲畜与植物	指活的家禽、家畜及其他动物以及树苗和其他苗木等植物
		重货	指单件货物质量特别大，如重型机械等货物
		高价货	指价格比较昂贵的货物，如生丝、绸缎、丝织品、照相机、电视机以及其他家用电器
		危险货	指货物本身易燃、易爆、有毒、有腐蚀性、放射性等有危险性的货物
		液体货	指装在罐、桶、瓶、箱等容器内进行运输的液体或半液体货物
		易腐货	指在运输途中因通风不良，或遇高温、高湿等原因容易腐败变质的货物
		散货	指食物、盐、煤、矿石等无特殊包装的散装运输的货物

实例任务 2：熟悉按照适合装箱程度的分类知识

尽管集装箱运输发展很快，但并不是所有的货物都适合集装箱运输。根据适合装箱的程度，货物可分为以下四种，见表1-9。

表 1-9 按适合装箱程度分类的集装箱货物

分类指标	说　明
最适合装箱货物	指货价高、运费也较高、体积较小的商品。这一类货物有针织品、酒、医药品、打字机、各种小型电器、光学仪器、电视机、收录机、小五金类等
适合装箱货物	指货价、运费较适合集装箱运输的货物，如电线、电缆、面粉、生皮、皮革、金属制品等
临界装箱货物	又称边际装箱货物、边缘装箱货物，这种货物可用集装箱装载，但因其货价和运价都很低，用集装箱运输，在经济上不合算。而且，这类货物的大小、质量、包装也难以标准化，如钢锭、生铁、原木、砖瓦等
不适合装箱货物	这是指从技术上装箱是有困难的货物，或货流量大时用专用运输工具（如专用车、专用船）运输更适宜的货物。如原油、矿砂等均有专门的油船、矿砂船及其他散货船装运，不宜装箱运输

实例任务 3：熟悉按照一个货主一批货物是否能够装满一个集装箱的分类知识

1. 整箱货物

这是指一个货主托运的足以装满一个集装箱的货物。整箱货物可由发货人自行装箱，向海关办理货物出口报关手续，经海关检验后，由海关对集装箱进行施封。

2. 拼箱货物

这是指一个货主托运的货物不能装满一个集装箱，须由集装箱货运站或货运代理人将不同货主的同一目的地的货物合并装箱。拼箱货物经海关检验后，由海关对集装箱进行施封。

实训场景 6：集装箱制造业

知识点：集装箱制造业
关键技能点：集装箱制造业

实例任务 1：了解集装箱制造业情况

思政：培养学生的创新精神

集装箱运输的迅速发展带动了集装箱制造业的繁荣。集装箱制造产业主要有干货集装箱、冷藏集装箱及罐式集装箱等其他各类特种集装箱的制造。其中，中国生产的标准干货集装箱占世界产量的 95% 以上，集装箱产销量十多年来一直保持世界第一。

2007 年 1—11 月，中国集装箱制造行业累计实现工业总产值 58 307 982 千元，比 2006 年同期增长了 40.81%；累计实现产品销售收入 56 945 536 千元，比 2006 年同期增长了 45.02%；累计实现利润总额 1 055 199 千元，比 2006 年同期下降了 29.59%。

2008 年 1—2 月，中国集装箱制造行业累计实现工业总产值 8 629 880 千元，比上年同期增长了 9.40%；累计实现产品销售收入 9 972 301 千元，比上年同期增长了 21.86%；累计实现利润总额 224 978 千元，比上年同期增长了 128.79%。

集装箱及金属包装容器制造行业是金属制品业下的一个子行业，在国民经济中占有重要的地位。随着世界经济的复苏，特别是近年来国际航运业的高速发展，作为为众多行业提供包装的配套产业，集装箱及金属包装容器制造行业将迎来一个发展的新时期。

近年来，中国吸引了大量外资，"世界工厂"初具规模。这些外向型企业生产所需原材料的进口，制成品的出口，拉动了中国对外贸易规模迅速扩大。出口的制成品大部分为适箱货，随着

"世界工厂"规模的扩大和多样化,对适箱货最佳载体集装箱的需求,也将持续升温。对外贸易的迅速发展是保证中国集装箱生产持续增长的重要基础。

【小结】

集装箱的定义,集装箱的尺寸规格,根据集装箱内尺寸计算出装货容积、配货毛重与体积参数,国际标准集装箱规格,集装箱计算单位。

集装箱按照所装货物种类、制造材料、结构、总重量、规格尺寸、用途的分类,集装箱代码的含义与使用,集装箱标记的规定,集装箱标记的种类与组成。

集装箱货物按照货物性质、适合装箱程度、一个货主一批货物是否能够装满一个集装箱进行的分类。

集装箱制造业。

【主要概念】

集装箱的定义　集装箱的尺寸　国际标准集装箱规格　集装箱计算单位　集装箱的分类　集装箱代码　集装箱标记的规定　集装箱标记的种类与组成　集装箱的货物形态　集装箱制造业

【技能训练题】

一、单选题

1. 符合"内容积 5.69 米×2.13 米×2.18 米、配货毛重 20 吨"条件的是_____集装箱。
   A. 20 尺柜　　　　　　　　　　B. 20 尺开顶柜
   C. 20 尺平底货柜　　　　　　　D. 40 尺柜
   答案:B

2. 国际标准集装箱共有三个系列,_____种规格。在国际海上集装箱运输中采用最多的是 IAA 型(即 40 英尺)和 IC 型(即 20 英尺)两种。
   A. 9　　　　　B. 11　　　　　C. 13　　　　　D. 15
   答案:C

3. _____是计算集装箱箱数的换算单位,也称国际标准箱单位,通常用来表示船舶装载集装箱的能力,也是集装箱和港口吞吐量的重要统计、换算单位。
   A. TEU　　　　B. FEU　　　　C. FCL　　　　D. LCL
   答案:A

4. _____是最普通的集装箱,一般称通用集装箱。
   A. 杂货集装箱　　　　　　　　B. 散货集装箱
   C. 液体货集装箱　　　　　　　D. 冷藏集装箱
   答案:A

5. 集装箱代码结构的第 1 位由一个_____表示箱型。
   A. 英文字母　　B. 汉字　　　　C. 拉丁字母　　D. 罗马字母
   答案:C

二、多选题

1. 20 尺柜集装箱的装货情况是_____。
   A. 内容积 5.69 米×2.13 米×2.18 米　　B. 配货毛重 15.7 吨
   C. 体积 24 立方米　　　　　　　　　　D. 体积 25 立方米
   E. 体积 26 立方米
   答案:ACDE

2. 制造材料是指集装箱主体部件（侧壁、端壁、箱顶等）的材料，可以有_____。
   A. 钢制集装箱　　　　B. 铝合金集装箱　　C. 玻璃钢集装箱　　D. 木集装箱
   E. 不锈钢集装箱
   答案：ABCDE

3. 集装箱代码的结构由_____表示。
   A. 英文字母　　　　　B. 汉字　　　　　　C. 拉丁字母　　　　D. 罗马字母
   E. 数字
   答案：CE

4. 集装箱代码"22G1"指的是_____。
   A. 通用型　　　　　　　　　　　　　　　B. 箱高为 8 英尺
   C. 箱宽为 8 英尺　　　　　　　　　　　　D. 箱长为 20 英尺
   E. 下方有透气罩
   答案：ACD

5. 集装箱标记的种类，具体来说，集装箱上有_____。
   A. 箱主商标　　　　　B. 顺序号　　　　　C. 核对号　　　　　D. 集装箱尺寸
   E. 类型代号
   答案：BCDE

三、简答题

1. 集装箱应具备什么条件？
2. 集装箱按照用途可以如何分类？
3. 集装箱标记的规定有哪些？
4. 最适合装箱货物与适合装箱货物有哪些？
5. 集装箱的必备标记有什么要求？

【案例分析题】

题例

加固不良，造成设备损坏

陕西某公司从美国进口两台天然气发电机，由 1×20 集装箱承装，于 2001 年 9 月 14 日到达青岛港集装箱堆场。收货人于 11 月 13 日开箱卸货时，发现货物在箱内移位，碰到箱壁上。收货人停止卸货，重新关闭箱门，并立即申请山东检验检疫局进行拆箱鉴定。接到申请后，该局立即与发货人的代表一起到集装箱堆场进行拆箱鉴定。开箱前，检验人员仔细查勘了集装箱箱体，发现右箱体后中部受撞击向外凸出约 5 厘米，面积约 60 厘米×80 厘米；左箱体靠上角件处遭受外力撞击，向内凹陷约 2 厘米，面积约 10 厘米×20 厘米。打开箱门后，发现两台发电机纵向放置在箱内，一台发电机向右移位，致使其空气滤清器与右箱碰撞变形，固定空气滤清器的底座断裂。另外，发电机向集装箱内部移位，致使两台发电机的减震器罩相撞、变形。

经检验，发现两台发电机用螺栓加固在两块 10 厘米×20 厘米的纵向方木上，然后放置在两块 7 厘米×9 厘米的横向方木上。纵向方木与横向方木之间没有任何加固，横向方木与箱地板之间也没有任何加固。可以清楚地看出固定两台设备的方木均明显向右移位 5~20 厘米，一台发电机位移明显，碰到右箱壁上，另一台发电机位移较轻，没有接触箱壁。空气滤清器总成和两台设备的减震器罩无法正常使用，需更换。

发货人代表认为如集装箱不受撞击，肯定不会造成货损，因此集装箱受撞击是造成货物残损的主要原因，收货人应向保险公司索赔。但山东检验检疫局认为虽然左箱体靠上角件处遭受外力撞击，但根据箱板的凹陷深度可以断定其受力并不大。如装箱时在箱内对设备进行加固，即使受到上述力的作用设备也不会位移，遭受损失。一个集装箱相当于一个活动的船舱，所装货物必须经过良好的积载和适当的加固，才能保证货物经受长途的、复杂的海运条件。即使集装箱不受撞击，在海运途中如遇大风浪，船舶剧烈摇摆，势必也会使设备在箱内位移，造成货损。因此，山东检验检疫局认为设备的残损是由于在装货港装货时加固不良造成的。

最终发货人的代表认可了山东检验检疫局的意见，并表示将尽快通知发货人发运配件，以更换残损件。

分析提示：
1. 集装箱内的物品有何加固要求？
2. 如何根据集装箱的货物形态来避免货损？

学习情境 4

托 盘

【学习目标】

　　素质目标：根据外观与形状、所使用的材料这两个标准，对托盘进行分类
　　知识目标：托盘的定义与作用，托盘作业的定义与作用，中国托盘的标准及现有托盘的主要规格
　　技能目标：如何正确使用托盘，托盘运输，托盘联营，托盘联营常见的方式
　　拓展目标：我国托盘行业现有托盘的材质、托盘的周转方式、托盘作业情况与存在的问题，托盘的发展方向：开展直达托盘作业、托盘共享系统的建立、积极开发新的托盘制造材料

【引例】

引例文章

托盘标准化助推供应链发展

　　托盘是维持物流配送运转的重要用具，也是企业供应链运作的基本要素。但是，由于我们国内的托盘标准不统一，造成了目前物流营运成本过高而效率低下的现状。
　　统计显示，我国目前每万元 GDP 产生的运输量为 4 972 吨千米，而美国和日本这一指标仅分别为 870 吨千米和 700 吨千米。因此建立包括托盘在内的物流设备的标准化体系，进而提高物流周转率，降低库存费用和物流营运成本已被越来越多的物流企业所关注。

托盘过户租赁

　　西安中萃是香港太古集团旗下企业，生产和配送碳酸类饮料，主要供应陕西省及周边地区；与西安中萃合作的是西安当地颇具实力的零售型企业，主要经营超大型和综合型超市。西安中萃是其主要供应商之一。
　　在没有采用集保托盘过户租赁模式的情况下，西安中萃的货物托盘化送货到零售企业的配送中心，托盘不下车，货物卸下后，车辆和托盘一同返回中萃工厂。为了提高在配送末端的卸车效率，集保（全球经营托盘业务的著名企业）、中萃和该零售企业三方特组织一次托盘过户租赁的试运行，以提高卸车效率、减少卸货区域车辆的拥堵和增加车辆的周转率。
　　在试运行期间，中萃的货物送抵零售企业配送中心后，用叉车将货物和托盘一起卸下车、入库；平均卸货时间为每托盘 1.3 分钟，缩短了卸车时间达 200%；由于卸车时间大幅缩减，在同样的工作时间内，送货车辆的周转率显著提高；同时，空托盘可以在腾空后，一批返回，增加了车辆运转的灵活性。
　　在此次试运行中，集保公司同时与西安中萃下游企业签订托盘租赁协议，零售企业就从中萃处流入的托盘承担资产保管的责任，并享受集保提供的优惠的托盘租金，以推动托盘流动的发展；同时提供叉车，对中萃送到的货物给予"绿色通道"，优先卸货；在此操作的两个月内，大大缓解了配送中心卸货场地的车辆拥堵，同时节省了卸车的费用并加快了车辆的周转。
　　托盘和周转箱的租赁及共享这一项服务，是通过托盘的大流通、减少货物流通的中间搬运环节，提高运作的效率并同时减少营运成本而产生的，这一服务项目是由集保公司提供。集保

公司的托盘共享租赁模式为太古集团内部以及与非碳酸饮料的生产厂商和下游零售商之间，提供了一个运营持续改进的平台。

托盘共享

太古集团所属工厂主要生产碳酸类饮料，并同时整合其合作企业生产的非碳酸饮料，一同配送至下游分销商和零售商。在此整合的过程中，太古集团工厂和合作企业使用类似的托盘，在太古集团接收合作企业送货的时候，同时接受载货的托盘，并把同等数量的自己工厂的空托盘交给合作企业。这样的托盘交换，要求同时、等量完成。

在使用集保的服务之前，合作企业生产的非碳酸饮料要全部送到南京，然后由南京中萃再配送到江苏省的各个配送中心，包括临近苏州的常州、镇江等地区，而不能直送常州等地，因为南京中萃的所有托盘均集中在南京，常州等地不能保证在合作企业送货的同时，有足够的托盘用于当场交换。由于托盘现场交换模式的制约，南京中萃和苏州合作企业的配送流程存在运输上的浪费。

当南京中萃和苏州合作企业都使用了集保的服务以后，合作企业可以直接送货到常州等地，无需当场取回托盘，而是在集保的系统中，将该批托盘过户给南京中萃，并从此不再支付租金而由南京中萃付租金；集保会掌握距离苏州较近的南京中萃的几个配送中心的托盘存量，并安排合作企业在下次送货的时候取回空托盘。在这样的操作改进后，南京中萃省去了到部分配送中心的非碳酸饮料的配送费和空托盘运输费；合作企业缩短了配送距离、节省了货物和空托盘的运输费；集保提供的过户租赁系统清楚地记录了中萃和合作企业之间的托盘过户的数量和时间，提供给双方清晰、无争议的合作平台和充足的托盘供应。

助推供应链发展

这一由发达国家通过多年的摸索并最终建立起来的托盘共用系统实际上是指成立专门的托盘运营公司，大批量运作经营统一规格的托盘，在一定地域或一定范围内建立托盘回收网点，并负责托盘的统一维护。托盘使用企业通过租赁的方式，运用托盘把货物送达物流链的下一个使用者直至到达最终目的地后，将空托盘返还或由 CHEP 回收至就近的网点，并按照在其手中使用托盘的实际天数支付必要的租金。从此，使用托盘的企业不必购买大量托盘，也免去了存放、管理和维修托盘的麻烦。研究表明，托盘共用系统能够节约 1/3 左右的托盘需量，具有巨大的经济价值。具体表现在建立托盘共用系统可以提高每个托盘的利用率和周转率，大大节约物流成本和物流资源的实际使用量（货架、仓库、托盘、卡车等）。

作为在美国、欧洲和澳大利亚发展五十多年的成熟的业务模式，集保公司的托盘租赁共享服务因其提倡设备的流转共享，从而可以在货物搬运、车辆周转、网络优化等方面，为客户的供应链持续改进提供了空间。这样的服务模式，在中国发展的 3 年中，已经初步得到了市场的认同。同时，必须承认的是，由于市场中各公司的个体差异，对于特定的公司，会存在不同的困难，例如叉车配备不足、配送距离很长、托盘规格不兼容等。

（摘自《超市周刊》2009-10-08，作者 刘琼 王馨）

分析提示

通过以上的案例，我们深切体会到托盘所承载的供应链变革的力量。托盘是一个平台，它代表了供应链发展的方向中的标准化、自动化、运营优化等概念，并正在成为供应链现代化的助推器。

【正文】

实训场景 1：托盘的概述

知识点：托盘、托盘作业
关键技能点：中国托盘的标准及现有托盘的主要规格

实例任务 1：了解托盘的定义与作用

《中华人民共和国国家标准：物流术语》对托盘的定义是：用于集装、堆放、搬运和运输的放置作为单元负荷的货物和制品的水平平台装置。

作为与集装箱类似的一种集装设备，托盘现已广泛应用于生产、运输、仓储和流通等领域，被认为是 20 世纪物流产业中两大关键性创新之一。托盘作为物流运作过程中重要的装卸、储存和运输设备，与叉车配套使用在现代物流中发挥着巨大的作用。托盘给现代物流业带来的效益主要体现在：可以实现物品包装的单元化、规范化和标准化，保护物品，方便物流和商流；物品运输的集装化，提高运输效率，降低运输成本；物品存放的立体化、物品流通过程的自动化；物品装卸的机械化、自动化，提高装卸效率和速度；物品数据处理的信息化，提高现代物流的系统管理水平。所以，托盘虽小，其作用却不能忽视。当前，托盘拥有的数量已成为衡量一国物流现代化水平的重要标志之一。

实例任务 2：了解托盘作业的定义与作用

托盘是使静态货物转变为动态货物的媒介物，一种载货平台，而且是活动的平台，或者说是可移动的地面。即使放在地面上失去灵活性的货物，一经装上托盘便立即获得了活动性，成为灵活的流动货物，因为装在托盘上的货物，在任何时候都处于可以转入运动的准备状态中。这种以托盘为基本工具组成的动态装卸方法，就叫做托盘作业。

托盘作业不仅可以显著提高装卸效果，它的实行，使仓库建筑的形式、船舶的构造、铁路和其他运输方式的装卸设施以及管理组织都发生变化。在货物包装方面，促进了包装规格化和模块化，甚至对装卸以外的一般生产活动方式也都会有显著的影响。随着生产设备越来越精密，自动化程度越来越高，生产的计划性越来越强和管理方式的逐步先进，工序间的搬运和向生产线供给材料和半成品的工作就越发显得重要了。托盘作业是迅速提高搬运效率和使材料流动过程有序化的有效手段，在降低生产成本和提高生产效率方面起着巨大的作用。

实例任务 3：中国托盘的标准及现有托盘的主要规格

当前，中国的托盘规格比较多。除机械工业系统使用 JB 3003—1981 规定的 800 mm×1 000 mm 和 500 mm×800 mm 两种规格的托盘外，1996 年，中国交通部科研院又提出将 ISO 6780：1988《联运通用平托盘主要尺寸及公差》等效采用为中国托盘的国家标准。以后，原国家技术监督局以 GB/T 2934—1996 标准系列文号批准并发布了这个等效标准，其中包括了 1 200 mm×1 000 mm、1 200 mm×800 mm、1 140 mm×1 140 mm 及 1 219 mm×1 016 mm 等 4 个托盘规格。

关于托盘标准，中国还有 GB/T 3716—2000 托盘术语、GB/T 16470—1996 托盘包装、GB/T 15234—1994 塑料平托盘、GB/T 4995—1996 联运通用平托盘性能要求、GB/T 4996—1996 联运通用平托盘试验方法等国家标准。在中国的日资、韩资企业中还大量使用着 1 100 mm×1 100 mm 规格的托盘。凡此种种都说明中国采用的托盘标准太多，如不大力整顿，很难有效地解决中国托盘规格的统一问题。据托盘专业委员会调查发现，目前流通中的托盘规格比较杂乱。包括：2 000 mm×1 000 mm、1 500 mm×1 100 mm、1 500 mm×1 000 mm、1 400 mm×1 200 mm、1 300 mm×

1 000 mm、1 200 mm×1 000 mm、1 200 mm×800 mm、1 200 mm×1 100 mm、1 100 mm×1 000 mm、1 100 mm×1 100 mm、1 100 mm×900 mm、1 000 mm×1 000 mm、1 000 mm×800 mm、1 200 mm×1 200 mm、1 300 mm×1 600 mm、1 300 mm×1 100 mm 等几十种规格。其中塑料托盘的规格相对比较集中，主要是1 100 mm×1 100 mm 和1 200 mm×1 000 mm，约占塑料托盘的50%。这是由于塑料托盘生产中要使用注塑模具，而模具开发成本相对比较高。木质托盘的规格比较混乱，目前的规格主要是使用单位根据自己产品的规格定制，这与木质托盘制造工艺相对比较简单有关。钢制托盘的规格不是很多，集中在二至三个规格，主要用于对托盘的承载重量要求比较高的港口码头等单位。另外在调查中托盘专业委员会还发现，现在企业使用的多为平面四向进叉双面使用托盘，约占托盘使用总数的60%。其余的还有平面双向进叉双面使用托盘、单面使用平式托盘、箱式托盘和柱式托盘。特种托盘的使用数量比较少。箱式托盘现多用于企业生产过程中的物料搬运，基本上不进入流通。

实训场景 2：托盘的类型

知识点：托盘的分类
关键技能点：各种托盘的特征

实例任务 1：掌握根据外观与形状对托盘进行分类的知识

1. 平托盘

平托盘几乎是托盘的代名词，只要一提托盘，一般都是指平托盘而言，因为平托盘使用范围最广，利用数量最大，通用性最好。平托盘又可细分为三种类型。

①根据台面分类：有单面形、单面使用型、双面使用型和翼型等四种。②根据叉车插入方式分类：有单向叉入型、双向叉入型、四向叉入型等三种。③根据材料分类：木制平托盘、钢制平托盘、塑料制平托盘、复合材料平托盘以及纸制托盘等五种。

2. 柱式托盘

柱式托盘分为固定式和可卸式两种，其基本结构是托盘的4个角有钢制立柱，柱子上端可用横梁连接，形成框架型。柱式托盘的主要作用，一是利用立柱支撑重量物，往高叠放；二是可防止托盘上放置的货物在运输和装卸过程中发生塌垛现象。

3. 箱式托盘

箱式托盘是四面有侧板的托盘，有的箱体上有顶板，有的没有顶板。箱板有固定式、折叠式、可卸下式三种。四周栏板有板式、栅式和网式，因此，四周栏板为栅栏式的箱式托盘也称笼式托盘或仓库笼。箱式托盘防护能力强，可防止塌垛和货损；可装载异型不能稳定堆码的货物，应用范围广。

4. 轮式托盘

轮式托盘与柱式托盘和箱式托盘相比，多了下部的小型轮子。因而，轮式托盘显示出能短距离移动、自行搬运或滚上滚下式的装卸等优势，用途广泛，适用性强。

5. 特种专用托盘

由于托盘作业效率高、安全稳定，尤其在一些要求快速作业的场合，突出利用托盘的重要性，所以各国纷纷研制了多种多样的专用托盘。

(1) 平板玻璃集装托盘。也称平板玻璃集装架，分许多种类。有 L 形单面装放平板玻璃单面进叉式，有 A 形双面装放平板玻璃双向进叉式，还有吊叉结合式和框架式等。运输过程中托盘起支撑和固定作用，平板玻璃一般都立放在托盘上，并且玻璃还要顺着车辆的前进方向，以保持托盘和玻璃的稳固。

（2）轮胎专用托盘。轮胎的特点是耐水、耐蚀，但怕挤、怕压，轮胎专用托盘较好地解决了这个矛盾。利用轮胎专用托盘，可多层码放，不挤不压，大大地提高装卸和储存效率。

（3）长尺寸物托盘。这是一种专门用来码放长尺寸物品的托盘，有的呈多层结构。物品堆码后，就形成了长尺寸货架。

（4）油桶专用托盘。是专门存放、装运标准油桶的异型平托盘。双面均有波形沟槽或侧板，以稳定油桶，防止滚落。优点是可多层堆码，提高仓储和运输能力。

6. 滑板托盘

在一个或多个边上设有翼板的平板。用于搬运、存储或运输单元载荷形式的货物或产品的底板。

单翼滑板：一边设翼板的滑板；对边双翼滑板：两条对边设翼板的滑板；临边双翼滑板：两条相邻边设翼板的滑板；三翼滑板：在三个相邻边设翼板的滑板；四翼滑板：在四个边设翼板的滑板。

实例任务 2：熟悉根据所使用的材料对托盘进行分类的知识

1. 木托盘

木托盘，又称垫仓板（铲板、叉板、栈板、货仓板、货盘、卡板），是仓储企业必不可少的仓储设备，是物流行业举足轻重的物流设施，也是生产企业周转、流通、暂存、堆放货物最理想的助手。以天然木材为原料制造的托盘。是现在使用最广的，价格便宜且结实。

优点：精确度高、不易变形，用高强度螺钉加固，不会起钉，牢固性好。

2. 竹托盘

以天然竹为原材料经过加工制作的托盘。是未来托盘的发展趋势，是最能代替木材的材料；因其比木材强度高，故其性价比非常高。同时也是一种免熏蒸的材料，出口不受 ISPM15 的限制。对于我们这个人口森林占有率较低的国家来说，竹托盘代替木托盘绝对是利国利民。

优点：价格低廉、性价比高；绿色新材料，与环保概念一脉相传；防水、防霉、防虫；

缺点：外观整洁度有待提高，边角易出现毛刺。

3. 塑料托盘

以工业塑料为原材料制造的托盘。比木制托盘贵，载重也较小，但是随着塑料托盘制造工艺的进步，一些高载重的塑料托盘已经出现，正在慢慢地取代木质托盘。

塑料托盘与木托盘相比具有质轻、平稳、美观、整体性好、无钉无刺、无味无毒、耐酸、耐碱、耐腐蚀、易冲洗消毒、不腐烂、不助燃、无静电火花、可回收等优点，使用寿命是木托盘的 5~7 倍；是现代化运输、包装、仓储的重要工具，是国际上规定的用于食品、水产品、医药、化学品等行业储存必备器材。

4. 金属托盘

以钢、铝合金、不锈钢等材料为原材料加工制造的托盘，典型代表是钢托盘。

优点：结实耐用；缺点：易腐蚀，价格较高。

钢托盘（钢制托盘）是传统木托盘、塑料托盘的理想换代产品，适合叉车作业，存取货物方便，采用镀锌钢板或烤漆钢板制成，非常环保，可以回收再利用，不浪费资源。特别是用于出口时，不需要熏蒸、高温消毒或者防腐处理。

钢托盘（钢制托盘）具有以下优点：①采用优质钢材制造，坚固耐用，承载能力大；②外形美观，表面镀锌或静电喷塑处理，无须维护，极长的使用寿命；③适用于叉车作业，钢托盘（钢制托盘）存储货物方便；④钢托盘（钢制托盘）可根据载货量及外形尺寸等要求设计定做；⑤钢托盘（钢制托盘）广泛用于机械、化工、医疗、纺织、食品、物流等行业；⑥符合国际环保法规；⑦轻量化；⑧稳定的包装性能；⑨100%回收兼具回收利益；⑩防水防潮及防锈；⑪利边利角；⑫灵活（四方向的插入设计，无形中提高空间利用和操作的方便性，而且其坚固的底板设计也符合输送带运输和自动包装系统使用）。

5. 纸托盘

以纸浆、纸板为原料加工制造的托盘。随着整个国际市场对包装物环保性要求的日益提高，为了达到快速商检通关以实现快速物流的要求，托盘生产商们成功研制出高强度的纸托盘。

特点：全纸质，强度高，规格可以随客户要求定制。

6. 蜂窝托盘

蜂窝的六边形结构是蜜蜂的杰作，它以最少的材料消耗构筑成坚固的蜂巢，它的结构具有非凡的科学性。蜂窝纸板就是仿造蜂巢的结构，以纸为基材，用现代化的机电合一生产出一种蜂窝状的新型材料。它质轻、强度高、刚度好，并具有缓冲、隔振、保温、隔热、隔音等性能。同时它的成本低，适用性广，广泛应用于包装、储运、建筑业、车船制造业、家具业等，以替代木材、泥土砖、发泡聚苯乙烯（EPS）等，对减少森林砍伐，保护生态环境具有重大意义。

7. 复合托盘

以两种或两种以上的不同材料经过一定的处理产生化学变化得到的材料为原材料加工制造的托盘。

8. 免熏蒸托盘

免熏蒸复合托盘集传统木质包装和纸质包装优点于一身。产品表面平整，免熏蒸、免商检、载重高、防水、无毒，可以承载任何出口产品。其外观和性能大大优于过去曾大量使用的天然木质包装，有利于提高出口产品的档次，并且可以减少熏蒸商检等复杂的程序和手续，提高工作效率，促进外贸出口。

免熏蒸包装产品的特点是不需要烦琐的商检及熏蒸手续，可以直接通关出口，而且与其他同类产品相比具有坚固结实、承重力强、外形美观、价格便宜等优势，是目前出口包装物的最佳选择。

9. 塑木托盘

由采用国际最先进的专利技术生产的塑木材料，通过组装而成的各种规格、尺寸的托盘、垫板。它综合了木托盘和塑料托盘及钢制托盘的优点而基本摒弃了其不足，价格却低于其他各类托盘；产品具有强度高、韧性好、不变形、不吸潮、不霉蛀、抗腐蚀、耐老化、易加工、低成本、可回收、无污染等优点。

在进出口过程中使用的托盘大小一般都在110 厘米×980 厘米×20 厘米，如果是木质托盘还必须要通过国际植物保护公约（International Plant Protection Convention，IPPC）认证。根据我国国家质量监督检验检疫总局2005 年第4 号公告通知，从2005 年3 月1 日起，输往欧盟、加拿大、美国、澳大利亚等国家的带木质包装的货物，其木质包装要加盖IPPC 的专用标识（胶合板、刨花板、纤维板等除外）。

10. 模压托盘

采用秸秆纤维、果木纤维、石蜡等原材料经过1 500 吨压力轧机，200 ℃高温一次模压成型；无须动植物检验检疫，完全符合欧美国家进口检疫制度，可直接出口使用。

实训场景 3：我国托盘行业的现状

知识点：现有托盘的材质、托盘的周转方式

关键技能点：托盘作业情况与存在的问题

实例任务 1：熟悉现有托盘的材质

中国物流与采购联合会托盘专业委员会的初步调查显示：中国现拥有各类托盘约5 000 万～

7 000万片，每年产量递增2 000万片左右。其中木制平托盘约占90%，塑料平托盘占8%，钢制托盘、复合材料托盘以及纸制托盘合计占2%。复合材料平托盘和塑料托盘上升比例较大。

实例任务 2：了解托盘的周转方式

托盘专业委员会的统计表明，现阶段中国托盘在使用中基本是企业内部周转。对于生产企业，其所拥有的托盘不出企业，托盘的使用范围仅限于从企业的仓库到运输环节之间的搬运。对于物流企业，托盘也局限于企业内部调配使用，尚没有形成一个托盘顺畅流通的机制。

实例任务 3：熟悉托盘作业情况与存在的问题

托盘的发展可以说与叉车同步。叉车与托盘的共同使用，形成了有效的装卸系统，使装卸效率大幅度提高。从统计看，目前托盘基本上是配合叉车使用的。平均每台叉车配备800~1 000片托盘。

中国托盘行业存在的问题：

（1）使用方式落后，不能完全发挥托盘的优点。托盘本身是为配合高效物流而诞生的一种单元化物流器具，可以说托盘是贯穿现代物流系统各个环节的连接点。但是在我们实际使用中由于规格不统一，造成托盘不能在物流作业链中流通使用，仅局限于企业内部。

（2）受托盘周转方式的制约，流通过程成本过高。绝大多数企业的托盘都是在企业内部周转，从而使企业的产品经过多次人工搬运装卸，极大地降低了工作效率，相应增加了产品的流通成本，从而降低了产品在市场中的竞争力。

（3）难以与国际规格接轨。由于目前托盘的规格标准不统一，使中国的托盘使用不能与国际运输器具如国际通用的集装箱等相匹配。企业为了能适应相关的国际运输工具，不得不向托盘生产企业订购与本企业周转使用规格不一致的托盘，从而增加了企业的出口成本，降低了产品的国际竞争力。

实训场景 4：托盘的管理

知识点：如何正确使用托盘、托盘运输、托盘联营
关键技能点：如何正确使月托盘，托盘运输、托盘联营常见的方式

实例任务 1：掌握如何正确使用托盘

托盘的正确使用应该做到包装组合码放在托盘上的货物并加上适当的捆扎和裹包，便于机械装卸和运输，从而满足装卸、运输和储存的要求。

托盘的载重质量，每个托盔的载重质量应小于或等于2吨。为了保证运输途中的安全，所载货物的重心高度，不应超过托盘宽度的2/3。

托盘货物的码放方式，根据货物的类型、托盘所载货物的质量和托盘的尺寸，合理确定货物在托盘上的码放方式。托盘的承载表面积利用率一般应不低于80%。对于托盘货物的码放有如下要求：

（1）木质、纸质和金属容器等硬质直方体货物单层或多层交错码放，拉伸或收缩膜包装。
（2）纸质或纤维质类货物单层货多层码放，用捆扎带十字封合。
（3）密封的金属容器等圆柱体货物单层或多层码放，木质货盖加固。
（4）需进行防潮、防水等防护的纸制品、纺织品货物单层或多层交错码放，拉伸或收缩膜包装货增加角支撑，货物盖隔板等加固结构。
（5）易碎类货物单层或多层码放，增加木质支撑隔板结构。
（6）金属瓶类圆柱体容器或货物单层垂直码放，增加货框及板条加固结构。

（7）袋类货物多层交错压实码放。

托盘承载的货物进行固定。方式主要有捆扎、胶合束缚、拉伸包装，并可相互配合使用。

托盘承载的货物进行固定后，仍不能满足运输要求的应该根据需要选择防护加固附件。加固防护附件由纸质、木质、塑料、金属或者其他材料制成。

托盘与叉车、货架等配合使用的注意事项：

（1）液压车和叉车在使用托盘过程中，叉齿之间的距离应尽量放宽至托盘的进叉口外缘，进叉深度应大于整个托盘深度的2/3。

（2）液压车和叉车在使用托盘运动过程中，应保持匀速度进退和上下，避免急刹、急转引起托盘受损，造成货物倒塌。

（3）托盘上货架时，应保持托盘在货架横梁上平稳放置，托盘长度应大于货架横梁外径50毫米。

实例任务2：掌握托盘运输情况

托盘运输是货物按一定要求组装在一个标准托盘上组合成为一个运输单位并便于利用铲车或托盘升降机进行装卸托运和堆存的一种运输方式。

托盘提供：

（1）由承运人提供，在装货地将货物集装在托盘上，然后货物与托盘一起装上运输工具，在卸货地收货人提货时，连同托盘提走，在规定时间内将空托盘送回。

（2）由货方自备简易托盘，随同货物一起交收货人。

托盘运输注意事项：

（1）包装件杂货物适宜于托盘运输，散装、裸装、超重、超长或冷藏货物均不能用托盘运输。

（2）必须符合托盘积载的规定。

（3）每一托盘货载必须捆扎牢固。

（4）国际货运上对托盘本身免收运费。

（5）必须在所有运输单证上注明"托盘运输"字样。

实例任务3：熟悉托盘联营状况

局限于一定场合不可能充分发挥托盘的效果，只有实现从发货点直达收货点的彻底的直达运输托盘化才能收到实效。但在实际中，又存在一些阻碍实行直达运输托盘化的因素。其中的一个重要因素，就是托盘的所有权不同。把本企业的托盘用于对外运输中，回收需要很长的时间。第二个因素是各企业的托盘规格不同，质量也不一致。因此托盘的相互交流和及时交换存在很大困难。为了实行直达运输托盘化，唯一的办法是建立一种托盘共用和交换系统。

托盘联营就是执行这种制度的一种组织形式。实行托盘联营时，首先需将托盘的规格统一化，使之具有相互交流和及时交换的基本条件，再订立统一管理和交换托盘的制度。托盘联营是形成社会公用运输系统的一种组织，其目的在于使参加联营的成员保有最低需要量的托盘，彻底实行直达运输托盘化。

托盘联营的概念早在1940年就已经在美国出现了，先是在耐火砖行业、肉食罐头行业，随后在钢铁行业都实行了托盘联营。后来，美国在澳大利亚和欧洲遗留下来的托盘作业形式，成为该地区实行托盘联营的开端。最早实行国家托盘联营的是瑞典（1947年），其次是瑞士（1951年）。托盘联营的成功，对欧洲其他国家产生了重大的影响，导致了法国等许多国家纷纷组织各自国内的托盘联营系统。随后，又促进了欧洲各国之间的国际托盘联营体系的成立。目前世界众多工业先进的国家，都实行了托盘联营。

通过实行托盘联营，生产企业减少了自有托盘的保有量，减少了搬运装卸作业，减少了包装成本，降低了劳动力成本，加快了产品的流通速度，从而降低了生产成本，使企业的产品更具有市场竞争力。对于用户来说，收到的产品易更于搬运了，产品数量的检验更容易了，破损率降低了，产品的价格更低了。对运输企业来说，企业不必再保有大量的托盘占压资金，运输的效率也大幅提高，货物的破损率大大降低了。可见，托盘联营使物流的参与者都获得了显著的收益。

实例任务 4：掌握托盘联营常见的方式

1. 及时交换方式

这种方式是以国家的主要运输机构为中心进行经营的。这种经营方式的原则是，运输部门从发货人处接受载货托盘时，交付同样数量的空托盘，并在向收货人交付载货托盘时，从收货人那里领回同样数量的空托盘。当然，为了能够顺利进行同样数量的托盘及时交换，周转托盘的质量及尺寸必须严格统一。

载货托盘由 A 向 B 向 C 连续流动，而由于 A 从 B、B 从 C 取得空托盘，因此 A、B、C 各自保有的托盘数量毫无增减，免去了运送空托盘的作业。这样就使各企业保有的托盘数量减至最少数量，从社会整体看也能提高托盘的利用率，使直达运输得以实现。

2. 租赁联营方式

这种方式的优点是，联营用的托盘易于统一规格，即使在一个局部也能够建立联营，使用托盘的收货人或发货人，仅需在必要时借来必要数量的托盘即可。其缺点是在托盘流动过程中或在交付、回送、转送托盘时，计算租赁费用的记录比较复杂，并且需要很大规模的管理业务机构。

3. 租赁与及时交换并用方式

这种双重方式的要点在于，使各自分别实行不同交换联营方式的众多运输企业，可以相互联系和集结。也就是说，在及时的交换方式中，只有一个主要的运输单位，并且限定用户，而在双重方式中，可以在许多运输单位、发货人与收货人互相之间，实现标准托盘的交换。各运输单位可以分别经营本公司独立的及时交换方式，同时发货人也能自己选择运输单位。

但是仅有这种方式对运输企业是不利的。原因在于，为了适应用户的需要，运输企业必须经常保有大量的托盘，运输调整上费用负担太大。因此，分别经营各自独立的及时交换方式的各运输单位，有必要结合采用租赁经营方式。这样运输单位才能在需要的时候和在需要的地方，从租赁公司借取或归还托盘。这种租赁联营方式除了例外的情况，发货人、收货人和联营组织都没有直接关系，只有运输企业才是联营组织的顾客。这时发货人与收货人既可以同运输单位直接交换载重托盘与空托盘，又能保持托盘的储存量。由于托盘的交换是在联营经营者与运输单位之间处理完毕的，因而业务手续十分简单。

实训场景 5：托盘的发展方向

知识点：直达托盘作业
关键技能点：托盘共享系统的建立、开发新的托盘制造材料

实例任务 1：掌握开展直达托盘作业知识

搬运作业的重大原则就是作业量最少原则。即当货物移动时尽量减少"二次搬运"和"临时停放"，使搬运次数尽可能减少。为了提高运输效率，操作者当然希望尽可能地减少转载作业。但是，运输中意外的途中换装作业是很多的。例如，铁路作业时，线路上的运输是一次完成的，但是其前后的作业则最少需要 6~8 次。假如这 6~8 次换装作业的每次都要将托盘上的货物转移到别的托

思政：培养工匠精神

盘上，则全程的装卸作业很繁重，这就会丧失托盘运输的效果。反之，如果货物在始发地装上托盘之后，不管途中有怎样复杂的货物储运作业过程，都不改变托盘上货物的原状，直达终点，就能充分发挥托盘运输的效果。不仅在铁路方面，在汽车运输和船舶运输方面，实行托盘直达运输，或者由各种运输方式组成联合直达运输，对运输行业和利用运输的物资单位，都能得到很好的运输经济效果。

托盘的直达运输与使用是发展现代物流的必不可少的方式之一。但是在中国，实际情况是绝大多数制造厂都没能实现托盘的直达运输，由此造成的人力、物力资源的浪费是十分惊人的。根据中国物流与采购联合会托盘专业委员会的调查，在不能实现托盘直达运输的理由中，企业选择托盘周转与回送等管理困难一项者最多。绝大多数企业都把托盘作为企业内部的周转工具，托盘很少离开企业，从而大大降低了托盘的使用效果。

实例任务 2：熟悉托盘共享系统的建立

托盘共享系统（Pallet Exchange System，PES）是指负责托盘租赁、回收、维护与更新的社会服务系统。它是在政府的规范和引导下，由托盘生产企业和物流企业牵头、或由物流产业各相关利益主体共同参与组建的、或由政府引导民间资本投资的社会服务网络。此网络可以在国内各主要港口、码头、机场、公路、铁路货运站、大中型的批零中心和主要交通要道口，建立负责托盘租赁、回收、维护和更新的服务站点，加速托盘在生产企业、物流企业和销售企业之间循环。此网络的建立将促进托盘联运和机械化作业，提高物流效率，缩短供应时间，大大降低物流成本。

建立托盘共享系统具有的作用：

（1）有利于降低全社会物流成本。建立托盘共享系统，租赁、回收托盘，促进托盘在企业间自由交换，对使用一次性托盘进行货物运输的企业来说，不必再花费大量资金去购买或自制托盘，其所付的租金要远低于一次性托盘的成本，可以为企业有效节约托盘成本。例如，目前海尔集团托盘租赁价格为 3 元/次，而购买一片一次性软木托盘需要花费 30 多元，两者相差十几倍。据估计，中国建立托盘共享系统以后，整体上可以节约 1/3 左右的托盘，具有巨大的经济价值。在国外一个托盘从投入使用到报废，在所承载的产品流通过程中，可平均节约贮存、装卸和运输费用 500 多美元，相当于其自身成本的几十倍。目前，中国除规模较大、经营管理水平较先进的生产企业外，一般企业的物料搬运费用占产品总成本的比例高达 40%。因此，中国建立托盘共享系统，必将有利于降低全社会物流成本。

（2）有利于改善物流服务质量。建立托盘共享系统，实现托盘联运和机械化作业，既可以有效避免人工搬运造成的货物损毁，也可以避免货物未能有效集装所造成的计数差错。例如可仿效欧洲物流的普遍做法，在产品一下生产线就集装在标准化托盘上，采用托盘专用包装机械对托盘上的贵重货物和普通货物分别用不透明和透明塑料薄膜进行封装，货物在储运过程中一旦开封，就难以复原，很容易识别，可以有效地解决中国物流落后的第一大难题："商品的损毁、丢失，铁路、公路运输中存在许多人工操作而经常出现货物堆放错误、损毁和被盗"。这将有效地改善中国物流服务质量。

（3）有利于节约社会经济资源，保护生态环境。目前，美国拥有托盘 15 亿~20 亿片，日本有 7 亿~8 亿片，中国数量虽较小但却以年均 2 000 万片的速度在递增，绝大部分是木质托盘，而一棵成材大树最多只能制造 6 个标准托盘。如果建立托盘共享系统，促进可循环利用的塑料托盘和金属托盘在企业间流通，将大大减少一次性木质托盘的使用数量，既能节约森林资源、保护生态环境，也能降低整个国家的经济运行成本。

实例任务 3：了解积极开发新的托盘制造材料的情况

托盘制造企业应积极研究和开发新的托盘制造材料，如蜂窝纸托盘、层压板托盘、高密度合成板托盘、木屑板托盘、塑料托盘、塑木托盘等。

蜂窝纸托盘是一种用蜂窝纸板与高强度蜂窝支腿经胶粘、压制复合制成的托盘,这种托盘质轻、价廉、高强度、免熏蒸,并经过高温消毒或防腐处理,属绿色产品,符合环保要求,特别适合空运货物物流。

层压板托盘是用废纸、草浆等杂物水解后,压制而成的再生环保材料,其抗压性、承重性接近木板,适合电子产品等高档产品运输的使用。

高密度合成板托盘是用各类废弃物经高温高压压制而成,避免了传统木托盘的木结、虫蛀、色差、耐湿性能差等缺点,具有高抗压、重承载、低成本的优点。适合各类货物的运输,尤其是重货的成批运输,是替代木托盘的上佳选择。

木屑板托盘价廉实用,无虫蛀,无结疤,无色差,也是木托盘的良好替代品。

塑料托盘在发达国家已经普遍使用,其未来的发展潜力巨大,这种托盘虽然一次性投入成本比较大,但具有强度大、可回收、使用寿命长(可用6~7年)等优点。

塑木托盘是由回收再生聚烯烃和木质纤维经高温、高压、热挤形成型材后组装而成。它具有许多优异的性能:出口免熏蒸;耐腐蚀、防变形、可水洗、易清洁;可多次周转;性价比好;可完全回收,产品绿色环保等。

托盘实物,如图1-25所示。

图1-25 托盘实物

【小结】

托盘的定义与作用，托盘作业的定义与作用，中国托盘的标准及现有托盘的主要规格。

根据外观与形状、所使用的材料这两个标准，对托盘进行分类。

我国托盘行业现有托盘的材质、托盘的周转方式、托盘作业情况与存在的问题。

如何正确使用托盘，托盘运输，托盘联营，托盘联营常见的方式。

托盘的发展方向：开展直达托盘作业、托盘共享系统的建立、积极开发新的托盘制造材料。

【主要概念】

托盘　托盘作业　托盘标准　托盘规格　平托盘　柱式托盘　箱式托盘　轮式托盘　特种专用托盘　滑板托盘　木托盘　竹托盘　塑料托盘　金属托盘　钢托盘　纸托盘　蜂窝托盘　复合托盘　免熏蒸托盘　塑木托盘　模压托盘　托盘的周转方式　托盘的载重质量　托盘货物的码放方式　托盘承载货物防护与加固　托盘运输　托盘提供　托盘联营　托盘及时交换　托盘租赁联营　托盘租赁与及时交换并用方式　直达托盘作业　托盘共享系统

【技能训练题】

一、单选题

1. 在中国的日资、韩资企业中还大量使用着_____规格的托盘。
   A. 800 毫米×1 000 毫米　　　　B. 500 毫米×800 毫米
   C. 1 200 毫米×1 000 毫米　　　D. 1 100 毫米×1 100 毫米
   答案：D

2. _____使用范围最广，利用数量最大，通用性最好。
   A. 箱式托盘　　B. 柱式托盘　　C. 平托盘　　D. 轮式托盘
   答案：C

3. 模压托盘采用秸秆纤维、果木纤维、石蜡等原材料经过_____吨压力轧机，200 ℃高温一次模压成型。
   A. 500　　　B. 1 000　　　C. 1 500　　　D. 2 000
   答案：C

4. 每个托盘的载重质量应小于或等于_____吨。
   A. 0.5　　　B. 1　　　C. 1.5　　　D. 2
   答案：D

5. 最早实行国家托盘联营的是_____。
   A. 美国　　　B. 德国　　　C. 瑞典　　　D. 瑞士
   答案：C

二、多选题

1. 现已广泛应用于生产、运输、仓储和流通等领域，被认为是 20 世纪物流产业中两大关键性创新是_____。
   A. 集装箱　　　B. 集装笼　　　C. 托盘
   D. 自动导引搬运车　　　E. 立体仓库
   答案：AC

2. 塑料托盘的规格相对比较集中，主要是_____，约占塑料托盘的50%。
   A. 500 毫米×800 毫米　　　　B. 1 140 毫米×1 140 毫米
   C. 1 100 毫米×1 100 毫米　　　D. 1 200 毫米×1 000 毫米

E. 800 毫米×1 000 毫米

答案：CD

3. 平托盘根据台面分类：有_____等。

   A. 单向叉入型　　　B. 双向叉入型　　　C. 单面使用型　　　D. 双面使用型
   E. 翼型

   答案：CDE

4. 塑料托盘使用寿命是木托盘的_____倍，是现代化运输、包装、仓储的重要工具。

   A. 3　　　　　　　B. 4　　　　　　　C. 5　　　　　　　D. 6
   E. 7

   答案：CDE

5. 托盘联营常见的方式有_____。

   A. 及时交换方式　　B. 租赁联营方式　　C. 租赁
   D. 及时交换并用方式　　　　　　　　　E. 托盘购置

   答案：ABCD

三、简答题

1. 托盘给现代物流业带来的效益主要体现在什么方面？
2. 特种专用托盘有哪些？
3. 根据所使用的材料，托盘可以分哪几类？分别有什么优缺点？
4. 中国托盘行业存在什么问题？
5. 如何正确使用托盘？

【案例分析题】

题例

集保：托盘租赁管理　有效减少供应链成本

Frank Tonna 是全球最大的托盘共享公司——集保中国区域的大客户经理，他从事供应链业务已整整 8 年，拥有丰富的行业经验。在急速发展的集保中国托盘共享业务中，Frank Tonna 发挥着核心的作用。目前，他负责与中国供应链业务参与者之间的沟通与磨合，帮助他们能更好地理解、接受并开始尝试托盘租赁服务，享受租赁业务所带来的效益。

在调任到中国公司之前，Frank Tonna 曾在亚洲多个国家工作，包括泰国及马来西亚。其作品《如何获得财富与成功》也一度成为市场中的畅销之作。

采访时间：2008.3.28

采访地点：第五届联商网大会会场

联商：你好 Frank，很高兴能在此次联商网大会中与您见面，您能给我们介绍一下集保公司和集保的业务吗？

Frank Tonna：你好（微笑），集保是全球提供托盘共享服务的行业领先者，公司属于布兰堡集团，在 45 个国家中已拥有 3C 多万个客户，为他们提供的不仅仅是托盘，而是通过一整套先进的服务来帮助众多企业不断降低供应链成本。

集保通过遍布全球的服务网络，派发、收集、维护和重新派发 3.2 亿个托盘和料箱，以帮助制造商和种植者将产品运输给批发商和零售商。集保一直为快速消费品、农产品、肉类、家装、饮料、原材料、石化产品和汽车行业的客户提供专业的托盘及料箱供应链物流解决方案。在为客户降低产品损坏率的同时，也为其创造了卓越的附加价值。

联商：请您简单地介绍下您在集保中国的工作经历和任务？

Frank Tonna：我到中国已经 4 年多，在这漫长的 4 年时间中，前两年以做研究等前期性工作往返于中国内地、澳大利亚、中国香港、韩国、日本、新加坡、泰国、马来西亚、印度尼西亚、菲律宾之间，后两年则常驻中国专注于大客户的开发与维护，包括可口可乐中国等世界知名企业。此外还出版了自己的首部书，名为《如何获得财富与成功》，是一本有关投资与收益的书籍。

我花了很长时间致力于研究中国的供应链现状，并且与国内供应链管理机构保持密切的沟通联系，了解并设法改善中国的供应链效率。

联商：托盘租赁业务在海外发达国家发展情况如何？

Frank Tonna：托盘租赁在澳洲的标准化已经将近 50 年的历史，所以我想就澳洲的托盘租赁案例来说明整个托盘租赁行业的运作情况：

澳洲拥有众多大型生产型企业和零售商，澳洲的总人口仅为 2 100 万，却有 1 500 万个托盘正在使用中，人均托盘占有率相当高。澳洲的劳动力、生产成本都非常高，所以如何降低劳动力成本及生产成本是每一个企业都非常关注的问题。澳大利亚所有的托盘都有统一标准：1.165 米 × 1.165 米的正方形。

联商：以您在多国的工作经验，您是怎么看待中国的供应链现状？

Frank Tonna：诸如美国、日本、德国、法国等发达国家，其整个供应链跟物流的运作费用支出占 GDP 总量的 6%~9%，而中国用于这项的支出占 GDP 总量 21% 左右。非标准化已经成为阻碍中国供应链发展的一大障碍。

澳大利亚拥有 50 余年的时间来规范整个托盘业务，而中国引进这个概念的时间并不长。这里巨大的消费品市场吸引了全球快速消费品企业和零售企业的目光，他们在进入中国市场的同时也带来了不同标准的托盘。这使国内的托盘缺乏标准化。就中国本地企业而言（非外资），他们发展相当迅速，但滞后的配套设施并没能及时赶上企业发展的步伐。许多企业都拥有属于自己的托盘，他们用于支付维护管理、损坏的费用相当高。在很多情况下其不成熟的供应链往往限制了企业的高速成长。

联商：集保公司如何兑现自己的承诺，做到有效帮助客户减少供应链成本？

Frank Tonna：一次性购买托盘与集保的共享租赁服务相比较，选择集保服务所需支付的开销能为企业降低平均 21% 的成本。

在中国，许多企业都自己购买托盘，他们所面临的最大问题是自有托盘在其使用高峰期往往不够用，到了使用淡季又不得不闲置在仓库，资源浪费的同时还必须支付维护管理费用。而集保公司的托盘共享业务采取的是租赁形式，对于客户最大的意义在于可以享受随时起租随时退租的服务，A 公司使用完后能租赁给 B 公司使用。

生产商的主营业务是生产商品，托盘管理并不是他们的强项，我们在这方面能提供专业到位的服务，例如与可口可乐中国的合作，我们在其工厂设立了服务中心，放置了一定数量的托盘，他们依照自己的需求量随时起租，随时退租。第一，解决了淡季托盘闲置的问题。第二，满足了其使用旺季的大量需求。第三，降低了企业成本，月结账支付形式也缓解了企业现金流问题。

联商：集保托盘的运作模式与流程是怎么样的？与国内传统运作方式相比具备哪些显著优势？

Frank Tonna：国内传统的快速消费品中，从生产企业→批发商→零售商的配送中心→零售商的门店要经历 16 个步骤，途中不断地重复人工卸货、装卡车，损耗时间与劳力费用。而集保的操作流程相当简单，目前我们在中国华北、华东、华南地区已经有十几个服务中心。

联商：中国的企业在使用集保托盘业务后到底能节约多少费用？

Frank Tonna：这是所有企业都关注的话题，但很难用具体的数字来概括，因为不同的公司现在所使用的托盘质量要求不一样，所以成本费用也有高低，此外还涉及托盘损坏率等等，但总体而言，选择我们租赁业务能为客户节约10%~30%的费用。

联商：目前中国企业的托盘规格有很多，为何集保托盘却只坚持一种规格？公司有考虑采取相应解决方案吗？

Frank Tonna：这也是我们进入中国市场后所面临的最大困境，这种现象在其他市场也存在，但在中国市场尤为突出，各国的企业带着自己规格的托盘进入中国市场。比如，美国的托盘规格接近于：1.2米×1.0米；日本与韩国的托盘规格：1.1米×1.1米；欧洲的托盘规格：1.2米×0.8米等，我们针对中国市场设计了田字形的1.2米×1.0米托盘，短期内不会改变公司的系统，我们现在的主要精力还是集中在那些需要使用与我们同种规格托盘的企业。集保的服务宗旨是实现客户最大化的成本降低，这是建立在标准化统一规格基础上才能实现的最大效益，可能需要几年的时间来改变。所以当务之急并不是一味地迎合客户需求，而是尽自己努力促进标准化进程。

联商：托盘共享业务进入中国市场不久，已经有成功的案例了吗？目前主要的客户有哪些？

Frank Tonna：目前在中国的主要客户包含零售商跟饮料行业等，比如可口可乐公司、李锦记，此外还有部分啤酒厂商、服装零售商等。自去年开始一直与国内几家知名零售商合作。（集保销售经理冯学刚补充：还有大家比较熟悉的沃尔玛、华润万家、百佳超市等。）

可口可乐在与我们的合作中已经受到托盘租赁业务带来的成本管理等优势，在享用足量托盘的同时完全不必顾虑托盘维护等工作。这对于可口可乐公司或者类似于沃尔玛的零售商来说能节约一笔不小的费用。在集保全球客户中，有沃尔玛、家乐福、TARGET、惠普等。

联商：集保以环保闻名，公司采取何种措施或解决方案向人们展示集保一直在为环保做出贡献？

Frank Tonna：国内大多数企业自己购买的托盘基本都采用木制材料，木制托盘易损坏且置换率极高。成本高且相当不环保！我们采取的是可循环利用托盘租赁业务，1.2米×1.0米的塑料托盘具备RFID功能，是一个持久、耐用的平台。其中嵌入钢芯，不仅卫生，在运输的时候也方便、安全。

共享业务能最大限度地利用资源，这是一种环境可持续的理念。集保的托盘在进行修理后能循环使用，减少垃圾，降低对环境的污染。选择我们的服务就是选择一条环保可持续发展道路。

联商：集保在中国市场的目标是什么？

Frank Tonna：我们希望成为中国生产商、零售业者的最佳合作伙伴。作为全球人口最多的国家，中国具备强大的消费潜力，国内拥有众多生产、制造型企业和零售商，其产品除了在国内市场销售外还要进行进出口业务，物流面临着一场变革。这是集保进入中国的最好时机。

集保了解市场的需要，在建立行业标准和向客户宣传共享价值方面投入了很大的精力。作为行业的领跑者，集保拥有一流的创新中心，致力于开发、测试和验证包装、单位负载模式和运输平台，可向用户提供专业的帮助。

（转载联商网独家采访）

分析提示：
1. 集保在什么领域以及如何为客户提供专业的托盘及料箱供应链物流解决方案？
2. 澳洲的托盘租赁案例对我们有什么启发？

【拓展阅读】

陆路交通

模块二　基本运输方式

学习情境 1

公路运输

【学习目标】

　　素质目标：公路运输的单证：托运单的知识、货票的知识、行车路单的知识
　　知识目标：公路运输的概念、公路运输技术经济特征、运输工具、道路、公路站场等设备设施
　　技能目标：公路运输主要作业流程：托运环节、承运环节、派车装货与运送环节、搬运装卸环节、到达与交付环节、运输统计与结算、货运事故的处理、运输的变更
　　拓展目标：对公路运输按照货物性质、公路运输经营方式、货运营运表现方式、运送速度、是否保险或保价的不同进行分类

【引例】

引例文章

沃尔玛运输成本降低的学问

　　沃尔玛公司是世界上最大的商业零售企业，在物流运营过程中，尽可能地降低成本是其经营的哲学。

　　沃尔玛有时采用空运，有时采用船运，还有一些货物采用卡车公路运输。在中国，沃尔玛百分之百地采用公路运输，所以如何降低卡车运输成本，是沃尔玛物流管理面临的一个重要问题，为此他们主要采取了以下措施：

　　(1) 沃尔玛使用一种尽可能大的卡车，约有 16 米加长的货柜，比集装箱运输卡车更长或更高。沃尔玛把卡车装得非常满，产品从车厢的底部一直装到最高，这样非常有助于节约成本。

　　(2) 沃尔玛的车辆都是自有的，司机也是沃尔玛的员工。沃尔玛的车队约有 5 000 名非司机员工，还有 3 700 多名司机，车队每周每一次运输可以达 7 000~8 000 千米。

　　沃尔玛知道，卡车运输是比较危险的，有可能会出交通事故。因此，对于运输车队来说，保证安全是节约成本最重要的环节。沃尔玛的口号是"安全第一，礼貌第一"，而不是"速度第一"。在运输过程中，卡车司机们都非常遵守交通规则。沃尔玛定期在公路上对运输车队进行调查，卡车上面都带有公司的号码，如果看到司机违章驾驶，调查人员就可以记下车上的号码报告，以便于进行惩处。沃尔玛认为，卡车不出事故，就是节省公司的费用，就是最大限度地降低物流成本，由于狠抓了安全驾驶，运输车队已经创造了 300 万千米无事故的纪录。

　　(3) 沃尔玛采用全球定位系统对车辆进行定位，因此在任何时候，调度中心都可以知道这

些车辆在什么地方,离商店有多远,还需要多长时间才能运到商店,这种估算可以精确到小时。沃尔玛知道卡车在哪里,产品在哪里,就可以提高整个物流系统的效率,有助于降低成本。

(4) 沃尔玛的连锁商场的物流部门,24 小时工作,无论白天或晚上,都能为卡车及时卸货。另外,沃尔玛的运输车队利用夜间进行从出发地到目的地的运输,从而做到了当日下午进行集货,夜间进行异地运输,翌日上午即可送货上门,保证在 15~18 小时内完成整个运输过程,这是沃尔玛在速度上取得优势的重要措施。

(5) 沃尔玛的卡车把产品运到商场后,商场可以把它整个地卸下来,而不用对每个产品逐个检查,这样就可以节省很多时间和精力,加快了沃尔玛物流的循环过程,从而降低了成本。这里有一个非常重要的先决条件,就是沃尔玛的物流系统能够确保商场所得到的产品是与发货单完全一致的产品。

(6) 沃尔玛的运输成本比供货厂商自己运输产品要低,所以厂商也使用沃尔玛的卡车来运输货物,从而做到了把产品从工厂直接运送到商场,大大节省了产品流通过程中的仓储成本和转运成本。

沃尔玛的集中配送中心把上述措施有机地组合在一起,做出了一个最经济合理的安排,从而使沃尔玛的运输车队能以最低的成本高效率地运行。当然,这些措施的背后包含了许多艰辛和汗水,相信我国的本土企业也能从中得到启发,创造出沃尔玛式的奇迹来。

分析提示
1. 沃尔玛在采用空运、船运的同时,还有一些货物采用卡车公路运输,请问原因是什么?
2. 沃尔玛的卡车运输是如何管理从而达到降低成本、避免交通事故等效果的?

【正文】

实训场景 1:公路运输概述

知识点:公路运输
关键技能点:公路运输的"门到门"

实例任务 1:认知公路运输

公路运输是综合运输体系的重要组成部分,公路货物运输是利用可以载货的货运汽车(包括敞车、集装箱车、厢式货车、特种运输车辆)、机动三轮货运车、人力三轮货运车、其他非机动车辆,在道路(含城市道路和城市以外的公路)上,使货物进行位移的道路运输活动。

公路运输是一种机动灵活、简捷方便的运输方式,在短途货物集散运转上,它比铁路、航空运输具有更大的优越性,尤其在实现"门到门"的运输中,其重要性更为显著。尽管其他各种运输方式各有特点和优势,但或多或少都要依赖公路运输来完成最终两端的运输任务。例如铁路车站、水运港口码头和航空机场的货物集疏运输都离不开公路运输。在物流的运输与配送活动中,公路运输以其机动灵活的特点,发挥着重要作用,是其他运输方式不可替代的。

实训场景 2:公路运输技术经济特征

知识点:技术经济特征
关键技能点:机动灵活、"门到门"直达运输

实例任务1：熟悉公路运输机动灵活、适应性强的特点

公路运输网的密度比铁路、水路网要大十几倍，分布面广。公路货运汽车按用途分有通用汽车、专用汽车；按道路适应分有普通汽车、越野汽车；在汽车技术功能设计上，一般汽车都能在山区及高原地带、严寒酷暑季节、风雪与雾中运行，受地理条件、天时气候、洪旱水位等限制较小，相比于铁路、水路、航空有适应性强、运行范围广的特性。

公路运输的机动性比较大，汽车的载重吨位有小（0.25~1吨）有大（200~300吨），既可以单个车辆独立运输，也可以由若干车辆组成车队同时运输，这一点对抢险、救灾工作和军事运输具有特别重要的意义。单位运量小，运输灵活，在运用上既可完成小批量运输任务，又能随时集结承担大批量突击性运输；同时车随站点分布，线路交织成网，车辆来去方便，车辆可随时调度、装运，各环节之间的衔接时间较短。

实例任务2：掌握公路运输可实现"门到门"直达运输的优势

由于汽车体积较小，中途一般也不需要换装，除了可沿分布较广的路网运行外，还可离开路网深入到工厂企业、农村田间、城市居民住宅等地，可以把货物从始发地门口直接运送到目的地门口，实现"门到门"直达运输。在物流配送活动中，可以直接到达收货人的仓库卸货。

实例任务3：了解公路运输有较高的运送速度的特点

在中、短途运输中，由于公路运输可以实现"门到门"直达运输，中途不需要倒运、转乘就可以直接将货物运达目的地，因此，与其他运输方式相比，其货物在途时间较短，运送速度较快，特别是高速公路网的建设，使公路运输的运送速度得到很大的提高，有时汽车进行长途运输的运送速度甚至可以超过火车。

运送速度快的意义在于加速资金周转，保证货物的质量不变，提高货物的时间价值，为生产企业、流通企业追求"零库存"提供保障。所以高档、贵重、鲜活易腐货物及需要紧急运输的货物多采用汽车运输方式。

实例任务4：了解公路运输原始投资少、资金周转快的优点

公路运输企业的固定资产主要是车辆、装卸机械、货运车站（场），投资最大的公路是由国家投资的，具有公用设施的性质，与铁、水、航的运输方式相比，所需固定设施简单，车辆购置费用一般也比较低，因此，投资兴办容易，投资回收期短。

实例任务5：认知掌握车辆驾驶技术较易的情况

汽车驾驶技术比较容易掌握。汽车驾驶员的培训时间较短，仅几个月时间，而火车、轮船、飞机的驾驶技术则要数年才能掌握。汽车运输对驾驶员的各方面素质要求相对较低。

实例任务6：熟悉公路运输运量较小、运输成本较高的缺点

汽车的单位工具载重量较铁路列车、船舶小得多，因此人力的消耗较高，并且运输能力上远远小于铁路和水路运输。

目前，世界上最大的汽车是美国通用汽车公司生产的矿用自卸车，长20多米，自重610吨，载重350吨左右，但仍比火车、轮船的载重量少得多；由于汽车载重量小，行驶阻力比铁路大9~14倍，所消耗的燃料价格又较高，因此，除了航空运输，运输成本最高的就是汽车运输。

实例任务 7：了解公路运输运行持续性较差的情况

据有关统计资料表明，在各种现代运输方式中，由于受经济运距的影响，公路的平均运距是最短的，运行持续性较差。

实例任务 8：认知公路运输安全性较低、环境污染较大的缺点

汽车运输的交通事故无论在数量上，还是造成的损失总量，都比其他运输方式多。据历史记载，自汽车诞生以来，已经吞噬掉3 000多万人的生命，特别是20世纪90年代开始，死于汽车交通事故的人数急剧增加，这个数字超过了艾滋病、战争和结核病人每年的死亡人数。

汽车所排出的尾气和引起的噪声也严重地威胁着人类的健康，是大城市环境污染的最大污染源之一。为减少公害，各国都先后颁布法规予以限制，我国于1985年正式颁布了车辆废气排放标准。

实训场景3：公路运输的分类

知识点：公路运输的分类
关键技能点：特种货物运输、轻泡货物运输、公共运输、快件货物运输、保险（保价）运输

实例任务 1：熟悉按照货物性质的不同进行分类的知识

1. 普通货物运输

普通货物运输是指不需要用特殊结构的车辆载运的货物运输。如钢材、木材、煤炭、日用工业品、矿物性建筑材料等货物的运输。

2. 特种货物运输

包括长大笨重货物、贵重货物、鲜活货物、危险货物四种，在运输、保管、装卸等环节，需要采取特别措施，以保证货物完好地送达目的地。

3. 轻泡货物运输

轻泡货物运输是指每立方米密度小于333千克的货物。其体积按最长、最宽、最高部位尺寸计算。轻泡货物的密度低、体积大、堆码重心高，运输中的稳定性差。

实例任务 2：掌握按照公路运输经营方式的不同进行分类的知识

1. 公共运输

这类企业专业经营汽车货物运输业务并以整个社会为服务对象，其经营方式有：
（1）定期定线。不论货物装载多少，在固定路线上按时间表行驶。
（2）定线不定期。在固定路线上视货载情况，派车行驶。
（3）定区不定期。在固定的区域内根据货载需要，派车行驶。

2. 契约运输业

这类汽车运输企业按照承托双方签订的运输契约运送货物。与之签订契约的一般都是一些大型工矿企业，常年运量较大而又较稳定。契约期限一般都比较长，短的有半年、一年，长的可达数年。按契约规定，托运人保证提供一定的货运量，承运人保证提供所需的运力。

3. 自用运输业

工厂、企业、机关自置汽车，专为运送自己的物资和产品，一般不对外营业。

4. 汽车货运代理

这类企业本身既不掌握货源也不掌握运输工具。它们以中间人身份一面向货主揽货，一面向运输公司办理托运，借此收取手续费用和佣金。有的汽车货运代理专门从事向货主揽取零星货载，加以归纳集中成为整车货物，然后自己以托运人名义向运输公司托运，赚取零担和整车货物运费之间的差额。

实例任务3：掌握按照货运营运表现方式的不同进行分类的知识

1. 整车货物运输

整车货物运输是指托运人一次托运货物计费重量3吨以上或不足3吨，但其性质、体积、形状需要一辆汽车进行运输。

2. 零担运输

零担运输是指托运人一次托运的货物不足整车的货物运输。

3. 集装箱汽车运输

俗称集卡运输，是指采用集装箱为装货设备，使用汽车进行运输。

4. 出租汽车货运

出租汽车货运是指采用装有出租营业标志的小型货运汽车，供货主临时雇用，并按时间、作业量、里程和规定费率等收取费用的运输。

实例任务4：熟悉按照运送速度的不同进行分类的知识

1. 一般货物运输

一般货物运输是指普通速度的货物运输或称慢运。

2. 快件货物运输

快件货物运输是指在规定的距离和时间内将货物运达目的地的货物运输。快件货物运输的具体要求是从货物受理日15时起算，300千米运距的，要24小时内运达；1 000千米运距的，要48小时内运达；2 000千米运距的，要72小时内运达。

3. 特快件货物运输

特快件货物运输是指应托运人要求，采取即托即运的。货物运达时间的计算，按托运人将货物交付给承运人起运的具体时刻起算，不得延误。

实例任务5：熟悉按照是否保险或保价的不同进行分类的知识

按是否保险或保价可分为不保险（不保价）运输、保险运输和保价运输。

凡保险或保价运输的货物，需要按规定缴纳保险金或保价费。保险运输由托运人向保险公司投保，也可委托承运人代办；保价运输应在货运合同上加盖"保价运输"戳记。

实训场景4：设备设施（运输工具、站场路设施）

知识点：公路货运工具、道路、公路站场
关键技能点：小型厢式载货汽车、公路五个等级、公路货运站

实例任务1：熟悉公路货运工具

思政：家国情怀

1. 载货汽车

载货汽车也叫载重汽车。从车头形式来看，分平头式和长头式两种；就车厢结构而言，有厢

式、平板式和箱式；就整体结构而言，有单车（整体式）、拖挂车和汽车列车（铰接式）之分。

（1）小型厢式载货汽车。一般用于运距较短、货物批量小、对运达时间要求较高的货物运输。封闭式的车厢可使货物免受风吹、日晒、雨淋，而且小型厢式载货汽车一般兼有滑动式侧门和后开车门，因此货物装卸作业非常方便。由于其小巧灵便，因此无论大街小巷均可长驱直入，真正实现"门到门"运输（指从发货人直接运达收货人）。因此，这种载货汽车相当广泛地应用于商业和邮件运输等各种服务行业。小型厢式货车的车厢内有些还设有几个可翻转折叠的活动座位，平时可以载人，必要时可折叠收起以便腾出更大的载货空间。

（2）平板式载货汽车。由小型/轻型送货车和大中型平板式货车组成。轻型送货车又称"皮卡"（是英文 Pick Up 的音译），主要用于运送小批量的货物。"Pick Up" 本身的含义是"集收"，而实际上，不足整车的小批量零担货物的分类和集收是同时进行的。轻型送货车一般有单厢（驾驶室只有一排座位）和双厢（驾驶室有两排座位）轻型送货车两种。轻型送货车主要被广泛应用于各种野外作业。

（3）箱式载货汽车。是近年来国际货车市场上的一支主力军，其特点是载货容积大，货厢密封性能好，尤其是近年来轻质合金及增强合成材料的使用，为减轻车厢自重、提高有效载重量创造了良好的条件。

（4）拖挂车。实际上由拖车（又称"牵引车"）和挂车两部分组成，通过一个连接机构把二者相连。拖挂运输是提高运输生产率的有效手段。挂车有全挂车和半挂车之分。全挂车相当于一个完全独立的车厢，所负的荷载全部作用于挂车本身的轮轴，只不过是由牵引车拖着行驶而已。而半挂车所负荷载只有一部分作用于挂车的轮轴，其余则是通过连接装置作用于牵引车的轮轴上。

实例任务 2：熟悉道路

道路是指通行各种车辆和行人的工程基础设施。根据道路的所处位置、交通性质和使用特色，可将其分为公路、城市道路、厂矿道路、乡镇道路及人行小路或将其分为国道、省道、县道、乡道等，其基本组成部分包括行车道、人行道、防护工程、排水设施、信号标志等。

道路根据使用任务、功能和适应的交通量分为高速公路、一级公路、二级公路、三级公路、四级公路五个等级，见表 2-1。

表 2-1 公路等级类型

等级	高速	一级	二级	三级	四级
流量/(辆·天$^{-1}$)	25 000 以上	15 000~30 000	3 000~7 500	1 000~4 000	双车道 1 500 辆以下，单车道 200 辆以下
车型的标准	小客车	小客车	中型货车	中型货车	中型货车
出入口的控制	完全控制	部分控制	无控制	无控制	无控制
设计年限/年	20	20	15	10	10

实例任务 3：熟悉公路站场

公路站场是办理公路货运业务、仓储保管、车辆保养修理以及为用户提供相关服务的场所，是汽车运输企业的生产与技术基地。公路站场一般包括货运站、停车场（库）、保修厂（站）、加油站及食宿楼等设施。

（1）货运站。公路运输货运站主要功能包括货物的组织与承运、中转货物的保管、货物的交付、货物的装卸以及运输车辆的停放、保修等。

公路货运站又可分为汽车零担站、零担中转站、集装箱货运中转站等。通常，公路货运站比较简单，有的货运站仅有供运输车辆停靠与货物装卸的场地，而大型的货运站还设有保养场、修理厂、加油站等。零担货运站一般是按照年工作量（即零担货物吞吐量）划分等级的，年货物吞吐量在6万吨以上的为一级站；在2万~6万吨的为二级站；在2万吨以下的为三级站。零担货运站应配备零担站房、仓库、货棚、装卸车场、集装箱堆场、停车场及维修车间、洗车台、材料库等生产辅助设施。集装箱货运中转站应配备拆装库、高站台、拆装箱作业区、业务（商务及调度）用房、装卸机械与车辆等。

（2）停车场（库）。停车场（库）的主要功能是停放与保管运输车辆。现代化的大型停车场还具有车辆维修、加油等功能。从建筑性质来看，停车场可以分为暖式车库、冷式车库、车棚和露天停车场等。目前我国露天停车场采用较为普遍，尤其是专业运输和公交车辆广泛采用。停车场内的平面布置要方便运输车辆的驶出和进行各类维护作业，多层车库或地下车库还需设有斜道或升降机等，以方便车辆出入。

实训场景5：公路运输主要作业流程

知识点：作业流程

关键技能点：托运环节、承运环节、派车装货与运送环节、搬运装卸环节、到达与交付环节、运输统计与结算、货运事故的处理、运输的变更

实例任务1：认知作业流程

主要作业流程如图2-1所示。

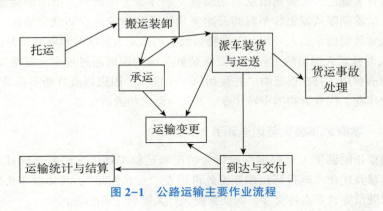

图2-1 公路运输主要作业流程

实例任务2：掌握托运环节

货物托运是指货主（单位）委托运输企业为其运送货物，并为此办理相关手续。办理托运一般采用书面方式，先由货主填写托运单。

对托运人的要求：

（1）托运的货物中，不得夹带危险货物、贵重货物、鲜活货物和其他易腐货物、易污染货物、货币、有价证券以及政府禁止或限制运输的货物等。

（2）托运人应根据货物性质和运输要求，按照国家规定，正确使用运输标志和包装储运图示标志。

（3）运输途中需要饲养、照料的动物、植物、尖端精密产品、稀有珍贵物品、文物、军械弹药、有价证券、重要票证和货币等，托运人必须派人押运（其他情况是否派人押运，由承托双方根据实际情况约定）。

依据托运单，货主负责将准备好的货物向运输单位按时按期提交，并按规定的方式支付运费，运输单位则应负责及时将货物安全运送到托运方指定的卸货地点，交付收货人。

实例任务3：掌握承运环节

货物承运是指承运方对托运的货物进行审核、检查、登记等受理运输业务的工作过程。货物承运自运输单位在托运单上加盖承运章，返还托运人提交托运单的"托运回执"联开始。承运方应及时派人验货，即对货物实际情况、数量、重量、包装、标志以及装货现场等进行查验。

承运，表明运输单位接受了托运人的委托，开始承担了运输责任。承运人具备承运条件的，不得拒绝承运。返还给托运人运单的"托运回执"联，具有协议书或运输合同的性质，受到法律保护与约束。

货物承运并已装车完毕，承运人应立即填制汽车运输货票。运输货票是向托运人核收运费的收据、凭证，也是收货人收到货物的证明。运输货票由各省、自治区、直辖市交通主管部门按照交通部规定的内容与格式统一印制。

办理承运业务时应注意以下事项：

（1）货物承运后，承运人对货物运输的全过程负责（有随车押运人员的除外），必须适时检查，妥善保管，注意防火、防潮、防腐、防丢失，发现情况及时采取措施。有特殊要求的货物，必须遵守商定的事项。

（2）承运中的一项重要条款是运输期限。通常由托、承运双方按下列规定共同商定：

①托运人负责装卸的，运输期限从货物装载完毕开始至车辆到达指定卸货地点止。②承运人负责装卸的，运输期限从商定装车时间开始至货物运到指定地点卸载完毕止。③零担货物运输期限从托运人货物交给承运人开始，至货物运到抵达站发出货物的领取通知为止。

（3）承运人对托运人提出的下列各项要求装卸货物的距离超过规定，需增加作业量的，可按规定核收增加的费用，并在返还的"托运回执"中注明：因道路或货场不具备车辆通过条件、笨重货物的移位作业、代办货物的中转作业、其他与运输相关的业务。

实例任务4：掌握派车装货与运送环节

首先由运输单位的调度人员根据承运货物情况和运输车辆情况编制车辆日运行作业计划，全面平衡运力运量及优化车辆运行组织。据此再填发"行车路单"，具体派车去装货地点装货。货物装车时，驾驶员要负责点件交接，保证货物完好无损和计量准确。

车辆装货后，业务人员应根据货物托运单及发货单位的发货清单填制运输货票。运输货票是承运的主要凭证，是一种具有财务性质的票据。它在起票站点是向托运人核收运费、缴纳税款的依据；在运达站点则是与收货人办理货物交付的凭证；而在运输单位内部又是清算运输费用、统计有关运输指标的依据。起票后，驾驶员按调度人员签发的行车路单运送货物。

起运前，运输路线发生变化必须通知托运人，并按最后确定的路线运输。承运人未按约定的路线运输而增加的运输费用，托运人或收货人可以拒绝支付。

车辆在运送货物过程中，一方面，调度人员应做好线路车辆运行管理工作，掌握各运输车辆工作进度，及时处理车辆运输过程中临时出现的各类问题，保证车辆日运行作业计划的充分实施；另一方面，驾驶人员应及时做好运货途中的行车检查，既要保持货物完好无损、无漏失，又要保持车辆技术状况良好。

实例任务 5：掌握搬运装卸环节

搬运装卸是指货物运输起讫两端利用人力或机械将货物装上、卸下车辆，并搬运到一定位置的作业。人力搬运距离不超过 200 米，机械搬运不超过 400 米（站、场作业区内货物搬运除外）。

承运人应根据承运货物的需要，按货物的不同特性，提供技术状况良好、经济适用的车辆，并能满足所运货物重量的要求。使用的车辆、容器应做到外观整洁，车体、容器内干净无污染物、残留物。承运特种货物的车辆和集装箱运输车辆，需配备符合运输要求的特殊装置或专用设备。

装卸人员应对车厢进行清扫，发现车辆、容器、设备未达到装货要求，应立即通知承运人或托运人。货物在搬运装卸中，承运人应当认真核对装车的货物名称、重量、件数是否与运单上记载相符，包装是否完好。包装轻度破损，托运人坚持要装车起运的，应征得承运人的同意。承托双方需做好记录并签章后，方可运输。由此而产生的损失由托运人负责。搬运装卸作业应当轻装轻卸、堆码整齐，并清点数量，防止混杂、撒漏、破损。严禁有毒、易污染物品与食品混装，危险货物与普通货物混装。对性质不相抵触的货物，可以拼装、分卸。搬运装卸过程中，发现货物包装破损，搬运装卸人员应及时通知托运人或承运人，并做好记录。

货物搬运装卸由承运人还是托运人承担，可在货运合同中约定。承运人或托运人承担货物搬运装卸后，委托站场经营人、搬运装卸经营者进行货物搬运装卸作业的，应签订货物搬运装卸合同。搬运装卸危险货物，按交通运输部《汽车危险货物运输、装卸作业规程》进行作业。

搬运装卸作业完成后，货物需绑扎苫盖篷布的，搬运装卸人员必须将篷布苫盖严密并绑扎牢固。承、托运人或委托站场经营人、搬运装卸人员应编制有关清单，做好交接记录，并按有关规定施加封志和外贴有关标志。

实例任务 6：掌握到达与交付环节

货物在到达站发生的各项货运作业统称为到达作业。到达作业主要包括货运票据的交接、货物卸车、保管和交付等内容。

车辆装运货物抵达卸车地点后，收货人或车站货运员应组织卸车。卸车时，对卸下货物的品名、件数、包装和货物状态等应做必要的检查。

货物交付是到达作业最重要的内容，对包装货物要"件交件收"，点件清楚；对散装货物，尽可能做到"磅交磅收"，计重准确；施封货物如集装箱，则应凭铅封点交。如发现货损货差，则应按有关规定编制记录并申报处理。收货人可在记录或货票上签署意见，但无权拒收货物。交货完毕后，应由收货人在货票收货回单上签字盖章，公路运送人的责任即告终止。经签收的货票应回交驾驶员，并附路单带回车队存查并作为统计依据。卸车时如发现没有运送票据、包装破损、货物变质损坏，则应将货物另行暂存，待货卸完后与收货人、驾驶员按有关规定予以处理。

承运人对于运达到站而无人接收的货物，一方面要妥善保管货物，一方面应积极查找货主。超过发出领货通知一定时间（现行规定为 30 天）仍无人接收的货物，按国家《关于港口、车站无法交付货物的处理办法》办理。鲜活和不易保管的货物，报经有关主管部门批准，可不受规定时间的限制，提前处理。

实例任务 7：熟悉运输统计与结算方法

运输统计是指对已完成的运输任务依据行车路单及运输货票进行有关运输工作指标统计，生成有关统计报表，供运输管理与决策使用。

运输结算，对运输单位内部，是指对驾驶员完成运输任务所应得的工资（包括基本工资与附加工资）收入进行定期结算；对运输单位外部，是指对货主（托运人）进行运杂费结算。

运杂费，包括运费与杂费两项费用。运费指按单位运输量的运输价格（即收费标准）及所完成运输任务数量（运输量）计算的运输费用。杂费，是指除运费以外所发生的其他费用，主要包括调车费、延滞费、装货落空损失费、车辆货物处置费、装卸费、道路通行费、保管费及变更运输费等。

实例任务8：熟悉货运事故的处理

货物在承运责任期内，因装卸、运送、保管、交付等作业过程中所发生的货物损坏、变质、误期及数量差错而造成经济损失的，称为货运事故，也称商务事故。

货运事故发生后应努力做好以下工作：

（1）查明原因、落实责任，事故损失由责任方按有关规定计价赔偿。

（2）承运与托运双方都应积极采取补救措施，力争减少损失和防止损失继续扩大并做好货运事故记录。

（3）如果对事故处理有争议，应及时提请交通运输主管部门或运输经济合同管理机关调解处理。

实例任务9：掌握运输变更情况的处理方法

货物托运人向汽车货物运输经营者托运货物后，由于各种事前未能预料的原因，托运方需要改变拟运货物的名称、数量、起运地点和运达地点、运输时间、发货人和收货人等事项或承运方拟改变承运车型、路线、时间、方案、内容的，可以向对方提出运输变更或解除。提出的方式是填写运输变更申请书或提出信函、电报等书面形式。承托双方在一般情况下，应尽量满足对方的要求，给予变更、解除，但提出方要因此赔偿对方的损失。

一般情况下，发生下列情况之一者，允许变更和解除：

（1）由于不可抗力使运输合同无法履行。

（2）由于合同当事人一方的原因，在合同约定的期限内确实无法履行运输合同。

（3）合同当事人违约，使合同的履行成为不可能或不必要。

（4）经合同当事人双方协商同意解除或变更，但承运人提出解除运输合同的，应退还已收的运费。

运输变更事项根据具体情况可分别作如下处理：

（1）货物尚未起运前，变更运输货物名称、数量、起讫地点、收货人等，承运方应即允许，如货物已经装车，可卸下改装，装卸费用由托运人负担。

（2）变更运输日期、车辆种类和运行路线时，应经承托双方协商一致。

（3）货物已经起运，在时间允许的条件下，可变更运达地点和收货人。如已经运达原指定地点，在尚未卸货交接前，可变更收货人。

（4）因托运人申请运输变更所发生的各种运输费用（如改变车型、改变运行路线、改变卸交货物地点等发生的费用差额）由托运人负担。

（5）货物起运前，托运人可办理取消托运，起运后不办理取消托运。因取消托运所发生的费用，由托运人负担。货物受理托运后，承运方提出取消承运，由此所发生的费用，由承运方负担。

货物运输过程中，因不可抗力造成道路阻塞导致运输阻滞，承运人应及时与托运人联系，协商处理，发生的货物装卸、接运和保管费用按以下规定处理：

（1）派车接运时，货物装卸、接运费用由托运人负担，承运人收取已完成运输里程部分运费，退回未完成里程部分运费。

（2）回运时（返回原发运地点），收取已完成运输里程的运费，回程运费免收。
（3）应托运人要求绕道行驶或改变运达地点时收取实际运输里程的运费。
（4）货物在受阻处卸存，存放承运人仓库时，可免费保管 5 天，在非承运人仓库存放保管费用由托运人负担。

实训场景 6：公路运输的单证

知识点：公路运输的单证
关键技能点：托运单的知识、货票的知识、行车路单的知识

实例任务 1：掌握托运单的知识

托运单是货主（托运方）与运输方（承运方）之间关于货物运输所签订的契约，它由托运方填写约定事项，再由运输单位审核承诺。经过运输单位审核并由双方签订后的托运单，具有法律效力。托运单确定了承运方与托运方在货物运输中的权利、义务和责任，是货主托运货物的原始凭证，也是运输单位承运货物的原始凭证。

托运单由托运人填写，托运单的统一格式在《汽车货物运输规则》中有规定，具体填写运单的内容要求：

（1）准确表明托运人和收货人的名称（姓名）和地址（住所）、电话、邮政编码。
（2）准确表明货物的名称、性质、件数、重量、体积以及包装方式。
（3）准确表明运单中的其他有关事项。
（4）一张运单托运的货物，必须是同一托运人、收货人。
（5）危险货物与普通货物以及性质相互抵触的货物不能用同一张运单。
（6）托运人要求自行装卸的货物，经承运人确认后，在运单内注明。
（7）应使用钢笔或圆珠笔填写，字迹清楚，内容准确，需要更改时，必须在更改处签字盖章。
（8）已签订定期运输合同或一次性运输合同的，托运单由承运人按规定填写，但托运单的托运人签字盖章处应填写合同序号。

填写托运单注意事项：
（1）托运的货物品种不能在一张运单内逐一填写的，应填写"货物清单"。
（2）托运货物的名称、性质、件数、质量、体积、包装方式等，应与运单记载的内容相符。
（3）按照国家有关部门规定需办理准运或审批、检验等手续的货物，托运人托运时应该将准运证或审批文件提交承运人，并随货同行。托运人委托承运人向收货人代递有关文件时，应在运单中注明文件名称和份数。
（4）托运货物的包装，应当按照承托双方约定的方式包装。对包装方式没有约定或者约定不明确的，可以协议补充；不能达成补充协议的，按照通用的方式包装，没有适用方式的，应在足以保证运输、搬运装卸作业安全和货物完好的原则下进行包装；依法应当执行特殊包装标准的，按照规定执行。
（5）托运特种货物，托运人应在运单中注明运输条件和特约事项。托运需冷藏保温的货物，托运人应提出货物的冷藏温度和在一定时间内的保持温度要求；托运鲜活货物，应提供最长运输期限及途中管理、照料事宜的说明书；托运危险货物，按《汽车危险货物运输规则》办理；托运集装箱运输的货物，按《集装箱汽车运输规则》办理；托运大型特型笨重物件，应提供货物的性质、重量、外廓尺寸及对运输要求的说明书，承运前承运方托运方双方应先

查看货物和运输现场条件，需排障时由托运人负责或委托承运人办理，运输方案商定后办理运输手续。

（6）需派人押运的货物，托运人在办理货物托运手续时，应在运单上注明押运人员姓名及必要的情况。

实例任务 2：熟悉货票的知识

货票是一种财务性质的票据，是根据货物托运单填记的。发货人办理货物托运时，应按规定向车站交纳运杂费，并领取承运凭证，即货票。

货票上明确了货物的装卸地点，发货人与收货人姓名和地址、货物名称、包装、件数和质量，计费里程与计费质量，运费与杂费等。在发运站，它是向发货人核收运费的依据；在到达站，它是与收货人办理货物交付的凭证之一。此外，货票也是企业统计完成货运量、核算营收、计算有关货运指标的原始凭证。

实例任务 3：掌握行车路单的知识

行车路单是整车货物运输条件下营运车辆据以从事运输生产的凭证，是整车货物运输生产中一项最重要的原始记录。它是企业调度机构代表企业签发给汽车驾驶员进行生产的指令。行车路单除具有工作指令、原始记录的作用之外，还在各专业公路货物运输企业之间的有关费用结算、免费服务等方面起着"有价证券"的作用。

计划统计部门负责行车路单的印制、发放，对行车路单所包含的内容进行设计和规定填写要求；将印制好的行车路单发给各车队统计员，由车队统计员负责保管。如果是使用固定车号行车路单，则由车队统计员按车号定量分发给同号单车。行车路单由车队调度员签发，车辆完成任务回到车队后交车队调度员审核，经审核无误的行车路单，才能交车队统计员复核、统计，记入统计台账，计算运输工作量及运行消耗和各项经济技术指标。

行车路单的格式见表 2-2。

表 2-2　行车路单

承运车辆：　　　　　　　　　　　　　　　　　　　　　　　　　　　　　　　　　No. 10000006543

起点	发车时间		终点	到达时间		货物名称	包装	件数	运量（吨）	行驶里程（千米）		
	日	时		日	时					总行程	重驶行程	空驶行程
合计	重驶行程（千米）			运量（吨）			周转量（吨·千米）			备注		

路单签发人：　　　　　　　　　　　　　　　　　　　　　　　　　　　　　　　　　路单回收人：

【小结】

公路运输的概念、公路运输技术经济特征。

对公路运输按照货物性质、公路运输经营方式、货运营运表现方式、运送速度、是否保险或保价的不同进行分类。

运输工具、道路、公路站场等设备设施。

公路运输主要作业流程：托运环节、承运环节、派车装货与运送环节、搬运装卸环节、到达与交付环节、运输统计与结算、货运事故的处理、运输的变更。

公路运输的单证：托运单的知识、货票的知识、行车路单的知识。

【主要概念】

公路运输 公路运输技术经济特征 直达运输 普通货物运输 特种货物运输 轻泡货物运输 公共运输 契约运输业 自用运输业 汽车货运代理 整车货物运输 零担运输 集装箱汽车运输 出租汽车货运 一般货物运输 快件货物运输 特快件货物运输 保险运输 保价运输 小型厢式载货汽车 平板式载货汽车 箱式载货汽车 拖挂车 道路五个等级 货运站 停车场（库） 货物托运 承运 派发装货与运送 搬运装卸 到达与交付 运输统计与结算 货运事故 运输的变更 托运单 货票 行车路单

【技能训练题】

一、单选题

1. 公路运输网的密度比铁路、水路网的要大_____倍，分布面广。
   A. 5　　　　　　B. 15　　　　　　C. 25　　　　　　D. 30
   答案：B

2. 公路运输的_____特征，这对抢险、救灾工作和军事运输具有特别重要的意义。
   A. 可实现"门到门"直达运输　　B. 有较高的运送速度
   C. 原始投资少，资金周转快　　　D. 机动性比较大
   答案：D

3. 在五种运输方式中，运输成本最高的是_____运输。
   A. 铁路运输　　B. 公路运输　　C. 航空运输　　D. 水路运输
   答案：C

4. 公路运输的轻泡货物是指每立方米密度小于_____千克的货物。
   A. 200　　　　　B. 300　　　　　C. 333　　　　　D. 6 000
   答案：C

5. 快件货物运输的具体要求是从货物受理日15时起算，300千米运距的，要_____小时内运达。
   A. 8　　　　　　B. 12　　　　　　C. 24　　　　　　D. 36
   答案：C

二、多选题

1. 运送速度快的意义在于加速资金周转，保证货物的质量不变，提高货物的时间价值，为生产企业、流通企业追求"零库存"提供保障。所以_____货物及需要紧急运输的货物多采用汽车运输方式。
   A. 高档　　　　B. 贵重　　　　C. 鲜活　　　　D. 易腐
   E. 钢材
   答案：ABCD

2. 公路运输企业的固定资产主要是_____。
   A. 车辆　　　　B. 货运车站　　C. 装卸机械　　D. 公路
   E. 员工
   答案：ABC

3. 特种货物运输包括_____，在运输、保管、装卸等环节，需要采取特别措施，以保证货物完好地送达目的地。

A. 贵重货物　　　　B. 鲜活货物　　　　C. 危险货物　　　　D. 轻泡货物
E. 长大笨重货物
答案：ABCE

4. 道路根据_____分为高速公路、一级公路、二级公路、三级公路、四级公路五个等级。
   A. 所处位置　　　　B. 使用任务　　　　C. 交通性质　　　　D. 功能
   E. 适应的交通量
   答案：BDE

5. 公路站场一般包括_____等设施。
   A. 食宿楼　　　　　B. 加油站　　　　　C. 保修厂　　　　　D. 停车场
   E. 货运站
   答案：ABCDE

三、简答题

1. 公路运输有哪些技术经济特征？
2. 按照公路运输经营方式的不同，可以进行怎样的分类？
3. 公路运输对托运人有什么要求？
4. 办理承运业务时应注意哪些事项？
5. 具体填写运单的内容要求与注意事项有哪些？

【案例分析题】

题例

原告曾勇与被告邵阳新金喜物流有限公司公路运输合同纠纷一案

原告曾勇，男，1963年11月21日生，汉族，邵阳市人，个体户，住邵阳市大祥区红旗路382号1栋409号。

委托代理人姚佑生，湖南振威律师事务所律师。

委托代理人吴王平，湖南振威律师事务所律师。

被告邵阳新金喜物流有限公司，住所地：邵阳市建设路汽配城4-5号。

法定代表人彭群英，该公司经理。

委托代理人刘非，男，1974年11月13日出生，汉族，邵阳新金喜物流有限公司股东，住邵阳市双清区保宁街134号。

原告曾勇与被告邵阳新金喜物流有限公司公路运输合同纠纷一案，本院于2009年6月4日受理后，依法组成合议庭，公开开庭进行了审理。原、被告双方及其委托代理人均到庭参加诉讼。本案现已审理终结。

原告诉称，原告多年来一直与被告新金喜物流有限公司有业务往来。原告销往邵阳周边县城的货物大多是在被告处办理托运，并且由被告在送达货物后代收货款，送完货后，原告再凭托运单到被告处结算货款。但从2008年4月以后，被告在代收货款后相继以各种理由拖欠原告货款，拒不将代收的货款返还给原告。因此，请求人民法院依法判令被告返还原告货款6 800元，并承担本案的诉讼费用。

原告为证明其主张，向本院提交以下证据：

1. 企业注册登记资料，拟证明被告主体资格。
2. 身份证明资料，拟证明原告的身份情况。
3. 托运单5份，拟证明原、被告成立了托运合同关系，被告为原告代收货款及代收的货款经双方核对确认的事实。

4. 调查笔录3份，拟证明原、被告办理货物托运及被告为原告代收货款的交易习惯。

被告答辩称，原告起诉要求返还的是2008年4月至5月11日之间的货款。现公司已经变更，原欠款与现公司无关。原告提交的单据已签上字，是无效的，公司的正常单据是没有签上字的。所以，不承认单据的效力。

被告提交的证据，公司托运单1份，拟证明公司付过款的单据上有签字，没有付款的单据上没有公司签字。

经庭审质证，并对原、被告提交的证据复印件与原件进行核对，认定如下：

被告对原告提交的证据1、证据2无异议；对原告提交的证据3，空白单据无异议，写字的单据有异议，写字的单据款已付。对原告提交的证据4证明的交易习惯有异议，认为客户可以随时要求被告不代收货款，且没有收到货款时不可能支付客户任何款项；原告对被告提交的证据有异议，认为被告提交的证据超过举证期限，且如果被告付了款，单据应该在被告处，单据上有签字，只是核对数额，并不代表已付款。

对于原告提交的证据1、证据2，被告不持异议，本院予以采信。对原告提交的证据3，被告有异议，单据上虽然有签字迹，但只能表明原告与被告核实了托运单上的货款金额被告已收到，不能证明被告已将货款付给原告，本院予以采信。对原告提交的证据4，被告为原告办理货物托运并代收货款，是行业交易习惯，被告未能提供相反的证据证明，本院予以采信。对于被告提交的证据，单据上的签字表述不清，证明公司已付款的证明力不足，本院不予采信。

根据上述采信的证据，并结合当事人的陈述，本院认定以下案件事实：

原告曾勇与被告邵阳新金喜物流有限公司多年来一直有业务往来。原告销往邵阳周边县城的货物大多是在被告处办理托运，双方形成由被告在送达货物之后代收货款，原告再凭托运单到被告处结算货款的交易习惯。原告曾勇按照购货方的要求，分别于2008年4月17日、4月21日、4月27日、5月8日五次将共价值6 800元的纸箱、板子、钉子在被告处办理托运，被告向原告开具新金喜物流有限公司托运单5份。被告将货物送达后，购货方将货款6 800元付到被告账户。尔后，原告依据被告开具的托运单，找被告结算货款。被告以公司股东及法定代表人变更为由，拒付原告的货款，从而酿成纠纷。

另查明，邵阳新金喜物流有限公司成立于2007年3月1日，法定代表人系刘求珍，刘非、刘求珍、吕齐是该公司股东。2008年5月12日，该公司的法定代表人变更为彭群英，股东变更为刘非、彭群英、刘春秋。

本院认为，本案属于公路运输合同纠纷。原告将货物交付被告托运，被告接受托运后将货物送达收货人，并代原告收取货款，是双方真实意思表示，双方当事人形成了公路运输合同关系，应受法律保护。被告代原告收取货款后，原告凭托运单结算货款，被告应当将货款付给原告。因被告拒付原告货款，而导致该纠纷，故被告在本案中应负全部责任。原告要求被告支付货款的诉讼请求，本院予以支持。被告提出原告提交的单据已签上字是无效的抗辩意见，经审查，托运单上的签字，是双方当事人核实托运单上的货款被告已收到，不能证明被告已将货款付给原告，该托运单系有效凭证。故被告的该抗辩意见，本院不予采纳。被告提出公司已变更，原欠款与现公司无关的答辩意见，经查明，邵阳新金喜物流有限公司是在2008年5月12日变更法定代表人，更换了部分股东，根据《中华人民共和国公司法》第三条"股份有限公司，股东以其所持股份有限对公司承担责任，公司以其全部资产对公司的债务承担责任"的规定，被告代原告收取的货款不论其是变更法定代表人，还是更换部分股东，公司均应对原告承担偿付货款的责任，被告提出的该答辩意见，本院不予采纳。依照《中华人民共和国民法通则》第一百零六条、第一百一十一条和《中华人民共和国合同法》第一百零七条的规定，判决如下：

被告新金喜物流有限公司向原告曾勇支付代收货款6 800元，于判决生效后7日内付清。

被告如未在规定的期间履行给付货款义务，按照《中华人民共和国民事诉讼法》第二百二十九条的规定,应当加倍支付迟延履行期间的债务利息。

本案诉讼费50元,由被告邵阳新金喜物流有限公司承担。

如不服本判决,可在判决书送达之日起15日内向本院递交上诉状,并按对方当事人的人数提出副本,上诉于湖南省邵阳市中级人民法院。

审判员　王堂堂
审判员　周　林
审判员　夏青云
二〇〇九年七月三十一日
代理书记员　黄海波

分析提示:
1. 你认为公路运输企业可以提供哪些增值服务?
2. 在开展代收货款的业务时,如何避免纠纷?
3. 邵阳新金喜物流有限公司为何能够获得代收货款的业务?

学习情境 2

铁路运输

【学习目标】

素质目标：根据铁路货物运输形式不同、运送条件不同进行的铁路运输的分类，线路与轨道、铁路机车、车辆及其标记、信号设备、铁路车站及枢纽

知识目标：铁路运输概念、铁路运输的优点与缺点、铁路运输"一批"的概念、规定、限制

技能目标：货物运到期限的概念与计算、货物运到逾期的计算与违约金的支付，运单的组成、种类、运单与领货凭证传递过程

拓展目标：主要作业流程：托运与承运、货物的装车作业、货物的途中作业、货物的到达领取

【引例】

引例文章

铁路运输合同案例

山西省大同市某公司与内蒙古自治区某公司通过函件订立了一个买卖合同。因货物采取铁路运输的方式，而内蒙古公司作为卖方将到达栏内的"大同县站"写成"大同站"。因此导致货物运错了车站，造成了双方的合同纠纷。

分析提示

铁路货物运输合同是指托运方与铁路运输部门就铁路运输货物所达成的明确双方权利义务关系的协议。从本合同之纠纷来看，其中所涉及的主要问题是铁路运输合同的条款问题。在本合同纠纷中，造成错发货的原因关键是发货方将"大同县站"写成了"大同站"，一字之差，货物发到了百里之外，教训不可谓不深。在此，错发货的主要责任在于发货方，与铁路部门无关，应由发货方承担对收货方的赔偿责任。

【正文】

实训场景 1：铁路运输概述

知识点：铁路运输概述
关键技能点：铁路运输概述

实例任务 1：认知铁路运输

铁路运输是从轨道运输发展起来的。铁路运输是利用机车作为动力牵引车辆，沿着轨道行进，这种轨道敷设在轨枕上，保持不变的轨距，在轨道上运行的车辆借助于轮轨接触面产生的蠕滑力行进。铁路货物运输主要是以牵引机车为动力，编挂一定数量的符合列车编组计划、列车运

行图、铁路技术管理规程等规定要求的车组,并挂有列车标志的这种单元货物列车来完成运输任务的。

铁路是一种适宜于担负远距离的大宗货物运输的重要运输方式,在我国这样一个幅员辽阔、人口众多、资源丰富的大国,铁路运输是运输网络中的骨干和中坚,铁路是国民经济的大动脉,在国内,铁路运输网络业已形成,连贯东西南北的繁忙干线和主要干线基本上是电气化线路。铁路运输在我国国民经济发展中占有重要的地位,经铁路运输的货运量占到全部货物运量的70%左右,关系到国民经济发展的战略物资、国计民生的农用物资、军用物资以及进出口贸易物资等国家重要物资的陆地运输大部分是由铁路来担当的。

目前,随着青藏铁路在2006年8月的开通,全国各省、市、自治区已全部开通了铁路,并结束了西藏自治区没有铁路的历史。

实训场景2:铁路运输的技术经济特征

知识点:铁路运输的技术经济特征
关键技能点:铁路运输的优点与缺点

实例任务1:熟悉铁路运输的主要优点

1. 运行速度快
作为陆上运输方式,我国列车商业运营最高速度可达350千米/小时。

2. 适应性强
依靠现代科学技术,铁路几乎可以在任何需要的地方修建,可以全年全天候运营,受地理和气候条件的限制很少,具有较高的连续性和可靠性。可货运可客运,可以运送几乎所有的不同性质的货物,通用性很强。

3. 运输能力大
铁路是大宗、通用的运输方式,能够负担大量的客货运输。我国单线铁路单方向最大货物运输能力达到1 800万吨,一般复线货物运输能力达到5 500万吨,大秦运煤专线设计能力高达1亿吨。

4. 运输成本低
一般来讲,铁路运输成本比河运和海运成本高些,但比公路运输与航空运输低得多。我国铁路运输成本分别为公路运输和航空运输的1/20和1/128,在美国则相应为1/7和1/18,铁路能耗也很低。

5. 环境污染小
工业发达国家的社会及经济与自然环境之间的平衡受到了严重破坏,运输业在其中起了很大的作用。而铁路运输对环境和生态的影响与公路汽车和飞机相比较小,特别是电气化铁路的影响更小。

实例任务2:熟悉铁路运输的主要缺点

修建铁路需要大量的资金和金属。据统计,目前我国每修建1千米铁路,需要投资400万元以上,消耗120~150吨重的钢轨、零部件和金属。

铁路短途运输平均成本高。因为在单位运输成本中,始发和终到作业所占的比重与运输距离成反比,所以50千米以下的短途运输成本,铁路运输要比公路运输高。

铁路运输的发展会受到轨道的限制,必须依靠其他运输方式支持。

实训场景3：铁路运输的分类

知识点：铁路运输的分类
关键技能点：铁路运输的分类，超长、超重和超限的货物

实例任务1：了解根据铁路货物运输形式不同的分类方法

根据托运人托运货物的数量、体积、形状等条件，铁路货物运输的形式可分为三种：整车、零担和集装箱运输。

整车运输是指货物的重量、体积或形状需要以一辆或一辆以上的货车进行装运。

零担运输是指一批货物的重量、体积或形状不够整车运输条件时的运输。按零担托运的货物还需要具备两个条件：一是单件货物的体积最小不得小于0.02立方米（单件货物重量在10千克以上的除外），二是每批货物的件数不得超过300件。

集装箱运输是指不会损坏箱体，能装入箱内货物的运输。符合集装箱运输条件的货物都可按集装箱运输办理。

实例任务2：熟悉根据运送条件不同的分类方法

普通货物系指在铁路运送过程中，按一般条件办理的货物，如煤、粮食、木材、钢材、矿建材料等。

按特殊条件办理的货物系指由于货物的性质、体积、状态等在运输过程中需要使用特别的车辆装运或需要采取特殊的运输条件和措施，才能保证货物完整和行车安全的货物，具体分为以下三类。

（1）超长、超重和超限的货物，分别为：

①超长货物是指一件货物的长度，超过用以装运的平车的长度，需要使用游车或跨装而又不超限的货物。

②超重货物是指一件货物装车后，其重量不是均匀地分布在车辆的底板上，而是集中在底板的一个小部分上的货物。

③超限货物是指一件货物装车后，车辆在平直的线路上停留时，货物的高度和宽度有任何一部分超过机车车辆限界的，或者货车行经半径为300米的铁路线路曲线时，货物的内侧或外侧的计算宽度超过机车车辆限界的，以及超过特定区段的装载限界的货物。

（2）危险货物。凡具有爆炸、易燃、毒害、腐蚀、放射性等特性，在运输、装卸和储存保管过程中，容易造成人身伤亡和财产毁损而需要采取制冷、加温、保温、通风、上水等特殊措施，以防止腐烂变质或病残死亡的货物。

（3）鲜活货物。鲜活货物分为易腐货物和活动物两大类。托运人托运的鲜活货物必须是品质新鲜、无残疾，有能保证货物运输安全的包装，使用的车辆和装载方法要适应货物性质，并根据需要采取预冷、加冰、上水、押运等措施，以保证货物的质量状态完好。

实训场景4：铁路运输的"一批"

知识点：铁路运输的"一批"
关键技能点：铁路运输"一批"的规定与限制

实例任务1：掌握"一批"的概念

"一批"是铁路运输货物的计数单位，铁路承运货物和计算运输费用等均以批为单位。按一批托运的货物，其托运人、收货人、发站、到站和装卸地点必须相同（整车分卸货物除外）。

实例任务2：掌握"一批"的规定

整车货物每车为一批，跨装、爬装及使用游车的货物，每一车组为一批。零担货物或使用集装箱运输的货物，以每张货物运单为一批。使用集装箱运输的货物，每批必须是同一箱型、同一箱主、同一箱态（空箱、重箱），至少一箱，最多不得超过铁路一辆货车所能装运的箱数，集装箱总重之和不得超过货车的最大容许载重量。

实例任务3：熟悉"一批"的限制

由于货物性质、运输的方法和要求不同，易腐货物和非易腐货物、危险货物与非危险货物、根据货物的性质不能混装运输的货物、投保运输险的货物与未投保运输险的货物、按保价运输的货物与不按保价运输的货物、运输条件不同的货物等等不能作为一批进行运输。

不能按一批运输的货物，在特殊情况下，如不致影响货物安全、运输组织工作和赔偿责任的确定等，经上级批准也可按一批运输。

实训场景5：货物运到期限与运到逾期

知识点：货物运到期限与运到逾期
关键技能点：货物运到期限与运到逾期的计算、违约金的支付

实例任务1：了解货物运到期限

铁路在现有技术设备条件和运输工作组织水平的基础上，根据货物运输种类和运输条件将货物由发站运至到站而规定的最长运输限定天数，称为货物运到期限。

思政：坚持全面依法治国

实例任务2：掌握货物运到期限的计算

货物运到期限按日计算。起码日数为3天，即计算出的运到期限不足3天时，按3天计算。运到期限由下述三部分组成，若运到期限用 T 表示，则

$$T = 货物发送期间 + 货物运输期间 + \sum 特殊作业时间$$

货物发送期间为1天。货物发送期间是指车站完成货物发送作业的时间，包括发站从货物承运到挂出的时间。

货物运输期间，每250运价千米或其未满为1天；按快运办理的整车货物每500运价千米或其未满为1天。货物运输期间是货物在途中的运输天数。

特殊作业时间是为某些货物在运输途中进行专项作业所规定的时间，具体规定如下：需要中途加冰的货物，每加冰1次，另加1天；运价里程超过250千米的零担货物和1吨、5吨型集装箱另加2天，超过1000千米加3天；一件货物重量超过2吨、体积超过3立方米或长度超过9米的零担货物，另加2天；整车分卸货物，每增加一个分卸站，另加1天；准、米轨间直通运输的货物另加1天。对于上述五项特殊作业时间应分别计算，当一批货物同时具备几项时，应累计相加计算。

例题：

南昌站承运到郑州站零担货物一件，重3 000千克，计算运到期限。已知运价里程为1 300千米。

解：

货物发送期间：1 天

货物运输期间：1 300/250＝5.2 即 6 天

运价里程超过1 000千米的零担货物另加3天，一件货物超过2 000千克的零担货物另加2天，则∑特殊作业时间：3+2＝5（天）

所以这批货物的运到期限为

T ＝货物发送期间＋货物运输期间＋∑特殊作业时间＝1+6+5＝12（天）

实例任务3：掌握货物运到逾期的计算与违约金的支付

货物的运到逾期是指货物的实际运到天数超过规定的运到期限时，即为运到逾期。货物的实际运输天数是指从起算时间到终止时间的这段时间。

起算时间，从承运人承运货物的次日（凡指定装车日期的，为指定装车日的次日）起算。

终止时间，到站由承运人组织卸车的货物，到卸车完了时止；由收货人组织卸车的货物，货车调到卸车地点或货车交接地点时止。

若货物运到逾期，不论收货人是否因此受到损害，铁路均应向收货人支付违约金。

违约金的支付是根据逾期天数和运到期限天数，按承运人所收运费的百分比进行支付违约金。具体计算公式见表2-3。

表2-3 逾期违约金的计算表

逾期的总天数占规定运到期限总天数的比例	违约金金额
不超过10%时	运费的5%
超过10%，但不超过30%时	运费的10%
超过30%，但不超过50%时	运费的15%
超过50%时	运费的20%

快运货物运到逾期，除按规定退还快运费外，货物运输期间按250运价千米或其未满为1天，计算运到期限仍超过时，还应按上述规定，向收货人支付违约金。

超限货物、限速运行的货物、免费运输的货物以及货物全部灭失时，若运到逾期，承运人不支付违约金。

从承运人发出催领通知的次日起（不能实行催领通知或会同收货人卸车的货物为卸车的次日起），如收货人于2天内未将货物搬出，即失去要求承运人支付违约金的权利。

货物在运输过程中，由于不可抗力（如风灾、水灾、雹灾、地震等）、托运人的责任致使货物在途中发生换装、整理、托运人或收货人要求运输变更、运输的活动物在途中上水以及其他非承运人的责任之一造成的滞留时间，应从实际运到天数中扣除。

实训场景6：设备设施

知识点：设备设施

关键技能点：线路与轨道、机车、车辆及其标记、信号设备、车站及枢纽

实例任务1：了解线路与轨道

线路与轨道是列车运行的基础设施，是由轨道、路基和桥隧等建筑物组成的一个整体的工程结构。

（1）轨道。轨道又称线路上部建筑，是由道床、轨枕、钢轨、道岔、联结零件等组成。道床是铺设在路基面上的道碴层，在道床上铺设轨枕，在轨枕上架设钢轨。

相邻两节钢轨的端部以及钢轨和轨枕之间用联结零件互相扣连。在一条线路和另一条线路的连接处铺设道岔予以联结。由这些部分组成的整体就是轨道。轨道直接承受机车车辆的重压和冲击力，并将荷载传给路基。

我国规定直线轨距的标准与国际标准接轨，是1 435毫米，轨距大于这个标准的是宽轨，轨距小于这个标准的是窄轨。

（2）路基和桥隧。路基和桥隧建筑物都是轨道的基础。它们承受轨道传来的机车车辆及其负荷的压力。路基必须坚实而且稳固，才能承受沉重的压力。破坏路基坚实稳固的主要原因往往在于水的危害，因此，为了排泄地面水和拦截地下水，路基要设置排水沟、截水沟或渗沟、渗管等排水设备。

当铁路线路通过江河、溪沟、谷地和山岭等天然障碍或跨过公路和其他铁路线时，需要修建各种桥隧建筑物。桥隧建筑物包括桥梁、涵洞、隧道等。

桥梁主要由桥跨、桥墩、桥台和桥梁防护构筑物等组成。隧道是修建在地下、山中或水下并供机车、列车通行的建筑物，按其所在位置可分为山岭隧道、水下隧道和城市隧道三大类。这三类隧道中修建最多的是山岭隧道。在隧道内，一般还要用砖、石、混凝土或钢筋混凝土等材料作内部衬砌，以防四周岩石塌落、变形、涌水或渗水。在隧道口应修筑洞门，以便保持洞口上方的仰坡和两侧边坡的稳定。洞顶要修筑截水沟，用以拦截从山坡下来的流水以保护洞口。

实例任务2：了解铁路机车

铁路车辆本身没有动力装置，必须把许多车辆连接在一起编成一列，由机车牵引才能运行。所以，机车是铁路车辆的基本动力。铁路上使用的机车种类很多，按照机车原动力，主要分为蒸汽机车、内燃机车和电力机车三种。

（1）蒸汽机车。蒸汽机车是以蒸汽机为原动力的机车。其优点是结构比较简单，制造成本低，使用年限长，驾驶和维修技术较易掌握，对燃料的要求不高。其主要缺点：第一，热效率太低。总效率一般只有5%~9%，使机车的功率和速度的进一步提高受到了限制。第二，煤炭的消耗量大。第三，在运输中会产生大量的煤烟，污染环境。第四，机车乘务员的劳动条件差。因此，在现代铁路运输中，随着铁路运量的增加和行车速度的提高，蒸汽机车已不适应现代运输的要求。我国于1989年停止生产蒸汽机车，在牵引动力改革中逐步对蒸汽机车予以淘汰。

（2）内燃机车。内燃机车是以内燃机为原动力的机车。与蒸汽机车相比，它的有热效率高，一般可以达到20%~30%。内燃机车是一次加入燃料后，长时间持续工作，特别适用于在缺水或水质不良地区运行。便于多机牵引，乘务员的劳动条件较好。但缺点是机车构造复杂，制造、维修和运营费用都较高，对环境有较大的污染。

（3）电力机车。电力机车是从铁路沿线的接触网获取电能产生牵引动力的机车，所以电力机车是非自带能源的机车。它的热效率比蒸汽机车高一倍以上。它的启动快、速度高、善于爬坡；可以制成大功率机车，运输能力大，运营费用低，如果利用水力发电更为经济；不污染环境，劳动条件好，运行中噪声也小。同时便于多机牵引。但电气化铁路需要建设一套完整的供电系统，在基建投资上要比采用内燃机和蒸汽机大得多。从世界各国铁路牵引动力的发展来看，电力机车被公认为最有发展前途的一种机车，它在运营上有良好的经济效果。

实例任务 3：熟悉车辆及其标记

车辆的分类见表 2-4。

表 2-4 车辆的分类

按照用途/车型划分	通用货车	棚车	棚车车体由端墙、侧墙、棚顶、地板、门窗等部分组成，用于运送比较贵重和怕潮湿的货物
		敞车	敞车仅有端墙、侧墙和地板，主要用于不怕湿损的散货或带包装的货物。敞车是一种通用性较大的货车，它的灵活性较强
		平车	大部分平车只有一平底板。供装运特殊长大重型货物，因而也称作长大货物车
	专用货车	保温车	目前我国以成列或成组使用的机械保温车为多，车内装有制冷设备，可以自动控制车内的温度。一般用于运送新鲜蔬菜、鱼、肉等易腐的货物
		罐车	其车体为圆筒形，罐体上设有装卸口。为保证液体货物运送时的安全，还设有空气包和安全阀等设备。罐车主要用于运送液化石油气、汽油、硫酸、酒精等液态货物或散装水泥等
		家畜车	家畜车主要是运送活家禽、家畜等的专用车。车内有给水、饲料的储运装置，还有押运人乘坐的设施
按载重分			我国的货车可分为 20 吨以下、25～40 吨、50 吨、60 吨、65 吨、75 吨、90 吨等各种不同的车辆。为适应我国货物运量大的客观需要，有利于多装快运和降低货运成本，我国目前以制造 60 吨车为主
按轴数分			车辆分为四轴车、六轴车和多轴车等。我国铁路以四轴车为主
按制作材料分	钢骨车		其车底架及梁柱等主要受力部分用钢材，其他部分用木材制成，因而自重轻，成本低
	全钢车		此种车坚固耐用，检修费用低，适合于高速运行

铁路车皮的外形尺寸、载重、容积见表 2-5。

表 2-5 铁路车皮的外形尺寸、载重、容积对照表

车型	型号	外形尺寸/米			载重/吨	容积/立方米
		长	宽	高		
行包(X)	X65、X64	15.4	2.8	3.1	40(限30)	135
篷车(P)	P64	15.4	2.8	2.7	58	116
	P64	15.4	2.8	3.1	58	135
	P62	15.5	2.8	2.8	60	120
	P62	15.4	2.8	2.7	60	116
敞车(C)	C64	12.5	2.8		61	73.3
	C62	12.5	2.9		60	71.6
	C64	12.5	2.9		61	73.3
平板车		12.5	3.0			

车辆标记，一般常见的标记主要有：
（1）路徽。凡中国铁道部所属车辆均有人民铁道的路徽。
（2）车号。它是识别车辆的最基本的标记。车号包括型号和号码。型号又有基本型号和辅助型号两种。
①基本型号代表车辆种类，用汉语拼音字母表示。我国部分货车的种类及其基本型号如表 2-6 所示。
②辅助型号。表示车辆的构造型式，它以阿拉伯数字和英文字母组合而成。例如：P64A，

表示结构为 64A 型的棚车。

③号码。一般编在车辆的基本型号和辅助型号之后。车辆号码是按车种和载重分别依次编号。

表 2-6　部分货车基本型号表

顺序	车种	基本型号	顺序	车种	基本型号
1	篷车	P	7	保温车	B
2	敞车	C	8	集装箱专用车	X
3	平车	N	9	家畜车	J
4	砂石车	A	10	罐车	G
5	煤车	M	11	水泥车	U
6	矿石车	K	12	长大货物车	D

（3）配属标记。对固定配属的车辆，应标上所属铁路局和车辆段的简称，如"京局京段"表示北京铁路局北京车辆段的配属车。

（4）载重。即车辆允许的最大装载重量，以吨为单位。

（5）自重。即车辆本身的重量，以吨为单位。

（6）容积。它是指货车（平车除外）可供装载货物的容积，以立方米为单位。

（7）特殊标记。它是根据货车的构造及设备情况，在车辆上涂挂各种特殊的标记。如："MC"表示可以用于国际联运的货车；"人"表示具有车窗、床托可用以输送人员的棚车；"马"表示具有拴马环或其他拴马装置的货车，可以运送马匹。

（8）车辆全长及换算长度。车辆全长指车辆两端钩舌内侧的距离，以米为单位。在实际业务中，习惯上将车辆的长度换算成车辆的辆数，即用全长除以 11 米所得的商表示车辆的换算长度。换算长度=车辆全长（米）/11（米）。

列车，按计划把若干节车辆编组在一起并挂上机车，便形成一列列车。铁路货物列车一般载重 3 000~5 000 吨，载重在 5 000 吨以上的称为重载列车。

实例任务 4：认知信号设备

信号设备的作用是保证列车运行与调度安全和提高铁路的通过能力。它包括铁路信号、连锁设备和闭塞设备。

（1）铁路信号是对列车运行、停止和调车工作的命令，是保证列车行车安全和作业效率的重要手段。我国铁路规定用红色、黄色、绿色、蓝色和白色作为信号的基本颜色，红色表示停车，黄色表示注意或减速停车，绿色表示按规定速度运行，蓝色表示准许越过该信号机调车，白色表示不准许越过该信号机调车停车。

（2）车站道岔区上道岔的不同开通方向构成多条作业行进线路。为了保证车站内行车和调车作业安全，必须实现进路、道岔及信号机三者的联系和制约，称为连锁。连锁设备的主要作用是保证站内列车运行和调度作业的安全，以及提高车站的通过能力。随着计算机技术的高度应用和发展，铁路车站的电气集中连锁设备正在逐步向微机连锁方向发展。

（3）闭塞设备是用来保证列车区间内运行安全的区间信号设备。它能控制列车运行，保证在一个区间内同时只有一个列车占用。

实例任务 5：了解铁路车站及枢纽

1. 车站

车站是铁路运输的基本生产单位，它集中了运输有关的各项技术设备，并参与整个运输过程的各个作业环节。车站按技术作业性质可分为中间站、区段站、编组站；按业务性质可分为客运站、货运站、客货运站；按等级可分为特等站、1~5等站。

在车站内除与区间直接连通的正线外，还有提供于接发列车用的到发线、提供于解体和编组列车用的调车线和牵出线、提供于货物装卸作业的货物线、为保证安全而设置的安全线路、避难线以及提供于其他作业的线路，如机车走行线、存车线、检修线等。

（1）中间站。中间站是为提高铁路区段通过能力，保证行车安全和为沿线城乡及工农业生产服务而设的车站。其主要任务是办理列车会让、越行和客货运业务。

中间站的主要作业有：①列车的到发、通过、会让和越行。②旅客的乘降和行包的承运、保管与交付。③货物的承运、装卸、保管与交付。④本站作业车的摘挂作业和向货场、专用线取送车辆的调车作业。⑤客货运量较大的中间站还有始发、终到客货列车的作业。

（2）区段站。区段站多设在中等城市和铁路网上牵引区段的分界处。其主要任务是办理货物列车的中转作业，进行机车的更换或机车乘务组的换班以及解体，编组区段列车和摘挂列车。

区段站主要办理以下五类作业：①客运业务：与中间站基本相同，但数量较大。②货运业务：与中间站基本相同，但作业量要大。③运转作业：主要办理旅客列车接发、货物列车的中转作业，区段、摘挂列车的编组与解编，向货场及专用线取送车作业等，某些区段站还担当少量始发直达列车的编组任务。④机车业务：主要是机车的更换或机车乘务组的换班，对机车进行整备、检修。⑤车辆业务：办理列车的技术检查和车辆检修业务。

（3）编组站。编组站是铁路网上办理大量货物列车解编和编组作业，并设有比较完善调车设备的车站，有列车工厂之称。编组站和区段站统称技术站。但二者在车流性质、作业内容和设备布置上均有明显区别。区段站以办理无改编中转货物列车为主，仅解编少量的区段、摘挂列车；而编组站主要办理各类货物列车的解编作业，且多数是直达列车和直通列车，改编作业量往往占全站作业量的60%以上，有的高达90%。

编组站的主要任务是解编各类货物列车、组织和取送本地区车流、整备检修机车、货车的日常技术保养等四项。编组站的主要作业为运转作业、机车作业和车辆作业。运转作业包括列车到达作业、车列解编作业、列车编组作业和列车出发作业。

2. 铁路枢纽

铁路枢纽是在铁路网点或铁路网端，由各种铁路线路、专业车站以及其他为运输服务的设备组成的技术设备总称。

铁路枢纽是客货流从一条铁路线转运到另一条铁路线的中转地区，也是城市、工业区客货到发和联运的地区。它除办理与各种车站有关的作业外，在货物运转方面，还办理各方向间的无调中转和改编列车的转线以及枢纽地区车流交换的小运转列车作业。此外，还要提供列车动力，进行机车车辆的检修等作业。

实训场景7：主要作业流程

知识点：作业流程
关键技能点：托运与承运、装车作业、途中作业、到达领取

实例任务1：掌握托运与承运知识

1. 托运与受理

（1）托运。托运人向承运人提出货物运单和运输要求，称为货物的托运。托运人向承运人交运货物，应该向车站按批填写货物运单一份。

（2）受理。车站对托运人填写的货物运单，经过审查符合运输要求，在货物运单上签上货

物搬入或装车日期后，即为受理。

2. 进货与验货

（1）进货。托运人凭车站签证后的货物运单，按指定日期将货物搬入货场指定的货位即为进货。托运人进货时，应根据货物运单核对是否符合签证上的搬入日期、品名与现货是否相符。经检查无误后，方准搬入货场。

（2）验货。进货验收是为了保证货物的运输安全与完整，划清承运人与托运人之间的责任，防止因检查疏忽使不符合运输要求的货物进入运输过程而造成或扩大货物的损失。

检查的内容主要有以下几项：货物的名称、件数是否与货物运单的记载相符；货物的状态是否良好；货物的运输包装和标记及加固材料是否符合规定（托运人托运货物时，应根据货物的性质、重量、运输种类、运输距离、气候以及货车装载等条件，使用符合运输要求，便于装卸和保证货物安全的运输包装）；货物的标记（货签）是否齐全、正确；货物上的旧标记是否撤换或抹消；整车货物所需要的货车装备物品或加固材料是否齐备。

3. 计点货物的件数、重量

按整车运输的货物，原则上按件数和重量承运，但有些非成件货物或一批货物数量较多且规格不同，在承运、装卸、交接和交付时，点件费时、费力，只能按重量承运，不再计算件数。托运人组织装车，到站由收货人组织卸车的货物，按托运人在货物运单上填记的件数承运。

货物的重量，不仅是承运人与托运人、收货人之间交接货物和铁路计算运费的依据，而且与货车载重量的利用和列车运行的安全都有很大的关系，同时也影响铁路运营指标，因此，货物重量的确定必须准确。

4. 货票

整车货物装车后（零担货物过秤完成后，集装箱货物装箱后），货运员将签收的运单移交货运室填制货票，核收运杂费。

货票（见表2-7）是铁路运输货物的凭证，也是一种具有财务性质的票据，以作为承运货物的依据和交接运输的凭证。

货票一式四联。甲联为发站存查联；乙联为报告联，由发站报发局；丙联为报销联；丁联为运输凭证，由发站随货物递交到站，到站由收货人签章交付，作为完成运输合同的唯一依据。

表2-7 货票甲、乙、丙、丁联式联

货票　　　　　　　　　　　　　　　　No.：
计划号码或运输号码：　　　×××铁路局　　　　　　　　甲联（发站存查）

发站		到站		车种车号		货车标重		承运人、托运人装车			
经由				货物运到期限				施封号码或铁路篷布号码			
运价里程		集装箱号码			保价金额			现付金额			
								费别	金额	费别	金额
托运人名称及地址						发到运费				运行运费	
收货人名称及地址						印花税				京九分流	
货物品名	品名代码	件数	货物重量	计费重量	运价号	运价率	建设基金			电气化附加费	
集装箱号码											
记事						合计					

货票　　　　　　　　　　No.：

计划号码或运输号码：　　　　　×××铁路局　　　　　乙联（发站到发局）

发站		到站		车种车号		货车标重		承运人、托运人装车			
经由				货物运到期限				施封号码或铁路篷布号码			
运价里程		集装箱号码				保价金额		现付金额			
								费别	金额	费别	金额
托运人名称及地址								发到运费		运行运费	
收货人名称及地址								印花税		京九分流	
货物品名	品名代码	件数	货物重量	计费重量	运价号	运价率		建设基金		电气化附加费	
集装箱号码											
记事								合计			

货票　　　　　　　　　　No.：

计划号码或运输号码：　　　　　×××铁路局　　　　　丙联（承运凭证；发站到托运人报销用）

发站		到站		车种车号		货车标重		承运人、托运人装车			
经由				货物运到期限				施封号码或铁路篷布号码			
运价里程		集装箱号码				保价金额		现付金额			
								费别	金额	费别	金额
托运人名称及地址								发到运费		运行运费	
收货人名称及地址								印花税		京九分流	
货物品名	品名代码	件数	货物重量	计费重量	运价号	运价率		建设基金		电气化附加费	
集装箱号码											
记事								合计			

<table>
<tr><td colspan="8" align="center">货票　　　　　　　　　　　　　　　No.：</td></tr>
<tr><td colspan="3">计划号码或运输号码：</td><td colspan="2" align="center">×××铁路局</td><td colspan="3">丁联（运输凭证：发站到到站存查）</td></tr>
<tr><td>发站</td><td>到站</td><td>车种车号</td><td colspan="2">货车标重</td><td colspan="3">承运人、托运人装车</td></tr>
<tr><td>经由</td><td colspan="2">货物运到期限</td><td colspan="5">施封号码或铁路篷布号码</td></tr>
<tr><td rowspan="2">运价里程</td><td rowspan="2" colspan="2">集装箱号码</td><td rowspan="2" colspan="2">保价金额</td><td colspan="4" align="center">现付金额</td></tr>
<tr><td>费别</td><td>金额</td><td>费别</td><td>金额</td></tr>
<tr><td colspan="5">托运人名称及地址</td><td>发到运费</td><td colspan="2">运行运费</td></tr>
<tr><td colspan="5">收货人名称及地址</td><td>印花税</td><td colspan="2">京九分流</td></tr>
<tr><td>货物品名</td><td>品名代码</td><td>件数</td><td>货物重量</td><td>计费重量</td><td>运价号</td><td>运价率</td><td>建设基金</td><td colspan="2">电气化附加费</td></tr>
<tr><td></td><td></td><td></td><td></td><td></td><td></td><td></td><td></td><td colspan="2"></td></tr>
<tr><td></td><td></td><td></td><td></td><td></td><td></td><td></td><td></td><td colspan="2"></td></tr>
<tr><td></td><td></td><td></td><td></td><td></td><td></td><td></td><td></td><td colspan="2"></td></tr>
<tr><td colspan="2">集装箱号码</td><td colspan="8"></td></tr>
<tr><td colspan="2">记事</td><td colspan="4"></td><td>合计</td><td colspan="2"></td></tr>
</table>

5. 货物的承运

承运前的保管，托运人将货物搬入车站，验收完毕后，一般不能立即装车，需在货场内存放，这就产生了承运前保管的问题。整车货物，发站实行承运前保管的，从收货完毕填发收货凭证起，即负责承运保管责任。零担货物和集装箱运输的货物，车站从收货完毕时即负有保管责任。

承运，零担和集装箱运输的货物由发站接收完毕，整车货物装车完毕发站在货物运单上加盖车站日期戳时起，即为承运。承运是货物运输合同的成立，从承运起承运人与托运人双方就要分别履行运输合同的权利、义务和责任。因此，承运意味着铁路负责运输的开始，是承运人与托运人划分责任的时间界线。同时承运标志着货物正式进入运输过程。

实例任务2：掌握货物的装车作业知识

1. 装卸车责任的划分

（1）承运人装卸的范围。货物装车或卸车的组织工作，在车站公共装卸场所以内由承运人负责。有些货物虽在车站公共装卸场所内进行装卸作业，由于在装卸作业中需要特殊的技术、设备或工具，仍由托运人或收货人负责组织。

（2）托运人、收货人装卸的范围。除车站公共装卸场所以外进行的装卸作业，装车由托运人、卸车由收货人负责。此外，前述由于货物性质特殊，在车站公共场所装卸也由托运人、收货人负责。其负责的情况有：①罐车运输的货物。②冻结的易腐货物。③装容器的活动物、蜜蜂、鱼苗等。④一件重量超过1吨的放射性同位素。⑤用人力装卸带有动力的机械和车辆。

其他货物由于性质特殊，经托运人或收货人要求，并经承运人同意，也可由托运人或收货人组织装车或卸车。例如，气体放射性物品、尖端保密物资、特别贵重的展览品、工艺品等。货物的装卸不论由谁负责，都应在保证安全的条件下，积极组织快装、快卸，昼夜不断地作业，以缩短货车停留时间，加速货物运输。

关于托运人装车或收货人卸车的货车，车站应在货车调到前，将调到时间通知托运人或收货人。托运人或收货人在装卸作业完成后，应将装车完成或卸车完成的时间通知车站。

托运人、收货人负责装卸的货物，超过规定的装卸车时间标准或规定的停留时间标准，承运人向托运人或收货人核收规定的货车使用费。

2. 装车作业要点

（1）装车的基本要求，有以下五点：

①货物重量应均匀分布在车地板上，不得超重、偏重和集重。

②装载应认真做到轻拿轻放、大不压小、重不压轻，堆码稳妥、紧密、捆绑牢固，在运输中不发生移动、滚动、倒塌或坠落等情况。

③使用敞车装载怕湿货物时，应堆码成屋脊形，苫盖好篷布，并将绳索捆绑牢固。

④使用棚车装载货物时，装在车门口的货物，应与车门保持适当距离，以防挤住车门或湿损货物。

⑤使用罐车及敞、平车装运货物时，应各按其规定办理。

（2）装车前的检查。为保证装车工作质量，使装车工作顺利进行，装车前应做好以下"三检"工作：

①检查运单，即检查运单的填记内容是否符合运输要求，有无漏填和错填。

②检查待装货物，即根据运单所填记的内容核对那些待装货物的品名、件数、包装，检查标志、标签和货物状态是否符合要求。集装箱还需检查箱体、箱号和封印。

③检查货车，即检查货车的技术状态和卫生状态。其主要检查内容有：是否符合使用条件；货车状态是否良好。主要检查车体（包括透光检查）、车门、车窗、盖、阀是否完整良好；车内是否干净，是否被污染。装载食品、药品、活动物和有押运人员乘坐时，还应检查车内有无恶臭异味；货车"定检"是否过期，有无扣修通知、货车洗刷回送标签或通行限制。

（3）监装工作。装卸工作前货运员应向装卸工组详细说明货物的品名、性质，布置装卸作业安全注意事项和需要准备的消防器材及安全防护用品，装卸剧毒品应通知相关部门到场监护。装卸作业时要轻拿轻放，堆码整齐牢固，防止倒塌。要严格按照规定的安全作业事项操作，严禁货物倒放、卧装（特殊容器除外），包装破损的货物不准装车。

装车后需要施封、苫盖篷布的货车由装车单位进行施封与苫盖篷布。卸完后应关闭好车门、车窗、盖、阀，整理好货车装备物品和加固材料。

（4）装车后检查。为保证正确运送货物和行车安全，装车后还需要检查下列内容：

①检查车辆装载。主要检查有无超重、偏重、超限现象，装载是否稳妥，捆绑是否牢固，施封是否符合要求，标识牌插挂是否正确。对装载货物的敞车，要检查车门插销、底开门搭扣和篷布苫盖、捆绑情况。

②检查运单。检查运单有无误填和漏填，车种、车号和运单记载是否相符。

③检查货位。检查货位有无误装或漏装的情况。

实例任务 3：掌握货物的途中作业知识

1. 货运合同的变更和解除

（1）货运合同变更。

①变更到站。货物已经装车挂运，托运人或收货人可按批向货物所在的中途站或到站提出变更到站。为保证液化气体运输安全，液化气体罐车不允许进行运输变更或重新起票办理新到站。

②变更收货人。货物已经装车挂运，托运人或收货人可按批向货物所在的中途站或到站提出变更收货人。

（2）货运合同变更的限制。铁路是按计划运输货物的，货运合同变更必然会给铁路运输工作的正常秩序带来一定的影响。所以，对于下列情况承运人不受理货运合同的变更：违反国家法律、行政法规；违反物资流向；违反运输限制；变更到站后的货物运到期限大于允许运输期限；变更一批货物中的一部分；第二次变更到站的货物。

（3）货物合同变更的处理。托运人或收货人要求变更的，应提出领货凭证和货物运输变更要求书（见表2-8），提不出领货凭证时应提供其他有效的证明文件，并在货物运输变更要求书内注明。提出领货凭证是为了防止托运人要求铁路办理变更而原收货人又持领货凭证向铁路要求交付货物的矛盾。

表2-8 货物运输变更要求书

			受理变更顺序号		第 号	
提出变更单位名称_____			印章_____		年 月 日	
变更事项						
原票据记载事项	运单号码	发站	到站	托运人	收货人	办理种别
	车种车号	货物名称		件数	重量	承运日期
	记事					
承运人记载事项						经办人

（4）货运合同的解除。整车货物和大型集装箱在承运后挂运前，零担和其他型集装箱货物在承运后装车前，托运人可向发站提出取消托运，经承运人同意，货运合同即告解除。

解除合同，发站退还全部运费与押运人员乘车费。但特种车使用费和冷藏车回送费不退。此外，还应按规定支付变更手续费、保管费等费用。

2. 运输阻碍的处理

因不可抗力的原因致使行车中断，货物运输发生阻碍时，铁路局对已承运的货物，可指示绕路运输，或者在必要时先将货物卸下妥善保管，待恢复运输时再行装车继续运输。因货物性质特殊（如危险货物发生燃烧、爆炸或动物死亡、易腐货物腐烂等）绕路运输或卸下再装，可能造成货物损失时，车站应联系托运人或收货人请其在要求的时间内提出处理办法。超过要求时间未接到答复或因等候答复将使货物造成损失时，比照无法交付货物处理，所得剩余价款（缴纳装卸、保管、运输、清扫、洗刷除污费后）通知托运人领取。

实例任务4：掌握货物的到达领取办法

1. 卸车工作

（1）卸车前检查。为使卸车作业顺利进行，防止误卸和确认货物在运输过程中的完整状态，便于划分责任，在卸车前认真做好三方面的检查工作：

①检查货位，主要检查货位能否容纳下待卸的货物，货位的清洁状态、相邻货位上的货物与卸下货物性质有无抵触。

②检查运输票据，主要检查运输票据记载的到站与货物实际到站是否相符；了解待卸货物的情况。

③检查现车，主要检查车辆状态是否良好；货物装载状态有无异状；施封是否有效；车内货物与运输票据是否相符；可能影响货物安全和车辆异状的因素等。

（2）卸车后的检查。

①检查运输票据，主要检查票据上记载的货位与实际堆放货位是否相符。

②检查货物，主要检查货物件数与运单记载是否相符；堆码是否符合要求；卸后货物安全距离是否符合规定。

③检查卸后空车，主要检查车内货物是否卸净和是否清扫干净；门、窗、端侧板是否关闭严密；标示牌是否撤除。

2. 货物的领取

（1）货物的暂存。对到达的货物，收货人有义务及时将货物搬出，铁路也有义务提供一定的免费保管期间，以便收货人安排搬运车辆，办理仓储手续。免费保管时间规定为：由承运人组织卸车的货物，收货人应于承运人发出催领通知的次日（不能实行催领通知或会同收货人卸车的货物为卸车的次日）起算，2天（铁路局规定1天的为1天）内将货物搬出，不收取保管费。超过此期限未将货物搬出，对其超过的时间核收货物暂存费。

（2）票据交付。收货人持领货凭证和规定的证件到货运室办理货物领取手续，在支付费用和在货票丁联盖章（或签字）后，留下领货凭证，在运单和货票上加盖到站交付日期戳，然后将运单交给收货人，凭此领取货物。如收货人在办理货物领取手续时领货凭证未到或丢失时，机关、企业、团体应提出本单位的证明文件；个人应提出本人居民身份证、工作证（或户口簿）或服务所在单位（或居住单位）出具的证明文件。

货物在运输途中发生的费用（如包装整修费、托运人责任的整理或换装费、货物变更手续费等）和到站发生的杂费，在到站应由收货人支付。

（3）现货交付。现货交付即承运人向收货人点交货物。收货人持货运室交回的运单到货物存放地点领取货物，货运员向收货人点交货物完毕后，在运单上加盖"货物交讫"戳记，并记明交付完毕的时间，然后将运单交还给收货人，凭此将货物搬出货场。

在实行整车货物承运前保管的车站，货物交付完毕后，如收货人不能在当日将货物全批搬出车站时，对其剩余部分，按件数和重量承运的货物，可按件数点交车站负责保管；只按重量承运的货物，可向车站声明。

收货人持加盖"货物交讫"的运单将货物搬出货场，门卫对搬出的货物应认真检查品名、件数、交付日期与运单记载是否相符，经确认无误后放行。

实训场景8：货物运单

知识点：货物运单

关键技能点：运单的组成、运单的种类、运单与领货凭证传递过程

实例任务1：掌握运单的组成

货物运单由两部分组成，即货物运单和领货凭证，见表2-9。

表 2-9　货物运单

货物指定于　月　日搬入货位： 计划号码或运输号码： 运到期限　　日	××铁路局 **货物运单** 托运人→发站→到站→收货人	装车:承运人/托运人 施封:承运人/托运人 货票　第　　号								
托运人填写						承运人填写				
发站		发站(局)			车种车号		货车标重			
到站所属省(市)自治区				施封号码							
托运人	名称				经由		铁路货车篷布号码			
	地址		电话							
收货人	名称				运价里程		集装箱号码			
	地址		地址							
货物名称	件数	包装	货物价格	托运人确定重量/千克	承运人确定重量/千克	计费重量	运价类项	运价号	运价率	现付	
											费别	金额
											运费	
											装车费	
											取送车费	
											过秤费	
											印花税	
合计										合计	
托运人记载事项				保险：			承运人记载事项				
注:本单不作为收款凭据,托运人签约须知见背面	托运人盖章或签字 　年　月　日					到站交付日期戳		发站承运日期戳			

领货凭证	
车种及车号	
货票　第　　号	
运到期限　　日	
发站	
到站	
托运人	
收货人	
货物名称	
托运人盖章或签字	
发站承运日期戳	
注:收货人领货须知见背面	

实例任务 2：熟悉运单的种类

现付运单，黑色印刷。

到付或后付运单，红色印刷。

快运货物运单，也为黑色印刷，仅将票据名称的"货物运单"改印为"快运货物运单"字样。

剧毒品专用运单，样式与现付运单一样，只是用黄色印刷，所以又称为黄色运单，并有剧毒品的标志图形（骷髅图案）。

实例任务3：熟悉运单与领货凭证传递过程

1. 运单
托运人→发站→到站→收货人

2. 领货凭证
托运人→发站→承运人→收货人→到站

【小结】

认知铁路运输概念、铁路运输的优点与缺点，根据铁路货物运输形式不同、运送条件不同铁路运输的分类，铁路运输"一批"的概念、规定、限制，货物运到期限的概念与计算、货物运到逾期的计算与违约金的支付，线路与轨道、铁路机车、车辆及其标记、信号设备、铁路车站及枢纽，主要作业流程：托运与承运、货物的装车作业、货物的途中作业、货物的到达领取，运单的组成、种类、运单与领货凭证传递过程。

【主要概念】

铁路运输　铁路运输的优点与缺点　整车、零担和集装箱运输　普通货物　超长、超重和超限的货物　危险货物　鲜活货物　铁路运输的"一批"　货物运到期限　货物发送期间　货物运输期间　特殊作业时间　货物的运到逾期　起算时间　终止时间　违约金的支付　线路　轨道　路基　桥隧　铁路机车　蒸汽机车　内燃机车　电力机车　车辆及其标记　信号设备　铁路信号　连锁设备　闭塞设备　铁路车站　枢纽　中间站　区段站　编组站　托运　受理　进货　验货　货票　货物的承运　货物的装车作业　货运合同的变更和解除　货物的到达领取　票据交付　现货交付　货物运单　领货凭证　运单的种类

【技能训练题】

一、单选题

1. 繁忙干线和主要干线基本上是电气化线路，铁路运输在我国国民经济发展中占有重要的地位，经铁路运输的货运量占到全部货物运量的_____左右。
   A. 50%　　　　B. 60%　　　　C. 70%　　　　D. 80%
   答案：C

2. _____千米以下的短途运输成本，铁路运输要比公路运输高。
   A. 50　　　　B. 100　　　　C. 150　　　　D. 200
   答案：A

3. 货物运到期限按日计算。起码日数为_____天。
   A. 1　　　　B. 2　　　　C. 3　　　　D. 4
   答案：C

4. 货物运输期间，200运价千米为_____天。
   A. 0.5　　　　B. 1　　　　C. 2　　　　D. 实际火车运行时间
   答案：B

5. 特殊作业时间的计算中，需要中途加冰，运价里程超过250千米的零担货物，另加_____天。
   A. 0.5　　　　B. 1　　　　C. 2　　　　D. 实际加冰时间
   答案：C

二、多选题

1. 根据托运人托运货物的数量、体积、形状等条件，铁路货物运输的形式可分为_____运输。
   A. 整车   B. 零担   C. 集装箱   D. 托盘
   E. 特种
   答案：ABC

2. 零担托运的货物还需要具备两个条件：一是单件货物的体积最小不得小于_____立方米，二是每批货物的件数不得超过_____件。
   A. 0.01   B. 0.02   C. 100   D. 200
   E. 300
   答案：BE

3. 铁路运输根据运送条件不同分类的按特殊条件办理的货物具体分为_____类。
   A. 鲜活货物   B. 危险货物   C. 超长货物   D. 超重货物
   E. 超限货物
   答案：ABCDE

4. 关于货票的观点正确的是_____。
   A. 货票是一种具有财务性质的票据
   B. 货票是交接运输的凭证
   C. 甲联为报销联
   D. 丙联为运输凭证
   E. 丁联为运输凭证
   答案：ABE

5. 运单的种类有_____。
   A. 普通运单   B. 现付运单   C. 后付运单   D. 快运货物运单
   E. 剧毒品专用运单
   答案：BCDE

三、简答题

1. 铁路运输有哪些主要优点？
2. 铁路运输的"一批"有什么规定？
3. 货物运到期限如何计算？
4. 货物运到逾期有什么后果？
5. 装车有哪些具体的基本要求？

【案例分析题】

题例

铁路开启大秦线空车线货物运输先河

《人民铁道》报太原5月19日电（特约记者樊康屹） 为应对国际金融危机下的货源严重短缺，太原铁路局深入京唐港、曹妃甸港及迁曹线、大秦线周边企业展开货源营销，与多家企业建立了长期战略合作机制。

今年4月月初，在唐山市政府的支持下，路、企双方达成了利用大秦线空车线运能加大迁曹线铁路运量的共识，将过去从京唐港运到遵化地区的煤炭、矿石由公路改经迁曹线、大秦线运输。此举在为太原局增加基础货源的同时开创了利用大秦线空车线运输的先河。

大秦线作为我国重载煤运通道，运营10多年来一直采用"重去空回"的运输方式。通过大秦线空车线运输，不仅使大秦线运输方式由"重去空回"变为"钟摆式"运输，运输能力得到再次提升，而且也进一步加大了迁曹线和唐港线的运输能力。

　　5月上旬，太原局共发运京唐港到达遵化北的煤炭车10列、矿石车1列，共计3.9万吨。此举在创新物流服务方式、提升服务水平的同时，实现了港口与铁路、铁路与公路多种运输方式的有效衔接，推进了节能和环保，在保证交通安全、缓解城市交通压力等方面发挥了积极作用。

分析提示：
1. 适合铁路运输的物品有哪些？
2. 如何提升铁路的运能？

学习情境 3

水路运输

【学习目标】

素质目标：水路运输根据货物包装形式、货物性质、货物装卸方式、营运方式进行的分类

知识目标：水路运输的概念、我国主要内河水运资源的分布、水路运输的技术经济特征、货船的类型、航线、航道和航标、港口的类别等水路运输的设施设备

技能目标：水路运输的作业流程：询价与报价环节、托运环节、支付费用环节、托运人向承运人交货环节、货物配积载环节、装船作业环节、承运环节、卸船作业环节、货物的领取环节、货物的退装、分运与补运环节

拓展目标：水路运输单证的使用：在装货港编制使用的单证、在卸货港编制使用的单证，船舶在港装、卸货物时常用的理货单证

【引例】

引例文章

古巴将加强海运

据悉，古巴交通部正专心研究各个机构的货运情况，以便减少燃料和其他资源的消耗。交通部主张尽量使用铁路和沿海航运，既快捷，又比公路运输节省资源。

根据古巴统计局公布的数字，2009 年在所有的运输方式中，公路运输占 79.2%，铁路运输占 18.9%，海运方式不到 1.9%。

交通部分管海运的副部长在古巴举行的泛美海军工程学院大会时，指出古巴正在利用手中有限的资金修理沿海航运船舶和拖船，这些船舶和拖船船龄都长达 25~30 年，对古巴经济做出了很大贡献。造成目前海运短缺现象的主要原因是在特殊时期投入的财政资金不足，以及多年来的原材料短缺。当前，重新建立海运就需要大量的资金投入。

所有的船舶维修工作由国营企业 Astilleros 公司负责，这家公司拥有专业人员。因为设施不够先进，需要较长时间来完成修理工作。

交通部副部长同时指出政府目前正在进行港口设施现代化的建设。古巴的主要货运港口已经确定为：哈瓦那港、努埃维塔斯港、圣地亚哥港、西恩富格斯港，建设所需资金和材料已经到位。

分析提示

1. 古巴为什么要加强海运？
2. 海运有哪些技术特征？
3. 发展海运有哪些硬件支持？

【正文】

实训场景 1：水路运输的概述

知识点：水路运输的概念
关键技能点：我国主要内河水运资源的分布

思政：尊重客观规律

实例任务 1：认知水路运输的概念

水路运输是利用船舶、排筏和其他浮运工具，在江、河、湖泊、人工水道以及海洋上运送旅客和货物的一种运输方式。水路运输适宜于运距长、运量大、对送达时间要求不高的大宗货物运输，也适合集装箱运输。

水路运输按其航行的区域，可划分为内河运输和海洋运输两种形式。内河运输与海洋运输相比，内河航道的特点是狭窄、弯曲、水浅、流急、风浪小等。海洋运输又可分为沿海运输和远洋运输。沿海运输是以船舶为运输工具，在沿海区域各地之间从事的运输。远洋运输是指以船舶为运输工具，从事本国港口与外国港口之间或者完全从事外国港口之间的货物和旅客的运输，即国与国之间的海洋运输，或者称为国际航运。远洋运输主要是集装箱和散货的运输。远洋运输的营运方式可分为两大类，即班轮运输和租船运输。

实例任务 2：了解我国主要内河水运资源的分布

我国幅员辽阔，大江大河横贯东西，支流沟通南北，江河湖海相连，构成了天然河网。流域面积在 100 平方千米以上的河流有 5 万多条，约 43 万千米长，大小湖泊 900 多个，大多水量充沛，常年不冻，为发展内河航运提供了优越的自然条件。我国内河航道主要分布在长江、珠江、黑龙江等水系以及京杭运河。

长江是我国内河通航的最大河流，整个水系有通航支流 3 500 多条，通航里程长 7 万多千米，占全国内河航道总里程的 70%。长江干流沿岸有上海、南京、武汉、重庆等大中城市和工业重镇，赣江、汉江、湘江等支流沟通众多中小城市，货运资源充足。长江干流南京至长江口的通航能力可达到通行万吨级巨轮。

珠江是我国仅次于长江的第二大通航河流。珠江水系现有通航河流 988 条，水流丰富，河汊众多，总通航里程 1.3 万千米。珠江干流和其支流西江、北江、东江都有较长的通航里程。

黑龙江水系由黑龙江、松花江、第二松花江、嫩江、乌苏里江、石喀河等组成，黑龙江是主流。黑龙江通航里程 1 890 千米，每年封冻期长 180~200 天。其他各条河流只能季节性分区段通航，不能全流域通航。

我国有世界上最古老最长的人工运河——京杭大运河，运河全长 1 794 千米，横跨北京、天津两市，直穿河北、山东、江苏、浙江等四省，从内陆将海河、黄河、淮河、长江、钱塘江五大水系沟通，是我国国内水运的大动脉，年运输能力超过京沪铁路。

实训场景 2：水路运输的技术经济特征

知识点：水路运输的技术经济特征

关键技能点：水路运输的技术经济特征

实例任务1：熟悉水路运输的技术经济特征

1. 运输能力大

在五种运输方式中，水路运输能力最大，在长江干线，一支拖驳或顶推驳船队的载运能力达3万吨，国外最大的顶推驳船队的油船达到56.3万吨。

2. 能耗低

我国水路运输中，柴油机发动机比率达95%，其中低速柴油机约占88%。低速柴油机热效率较高，一般可达40%~50%，而铁路内燃机热效率约为30%，因此，船舶单位能耗低于铁路，更低于公路。汽车的能源消耗约为内河船舶的10倍，铁路的能源消耗约为内河船舶的2倍。

3. 运输成本低

沿海船舶吨位大，运输成本一般比铁路低。长江干线的运输成本是铁路的84%，沿海运输成本只有铁路的40%。

4. 建设投资少

水路运输除需投资构造船舶、建设港口外，在一般情况下，是利用江河湖海等自然资源行船，沿海航道几乎不需投资建设，内河航道整治也只有铁路建设费用的1/5~1/3。

5. 土地占用少

与铁路、公路相比，水运占用土地少，基本不占用耕地。有些航道的整治和港口的建设可利用疏浚的泥沙回填，增加沿岸的可利用土地面积。

6. 劳动生产率高

沿海运输劳动生产率是铁路运输的6倍，长江干流运输的劳动生产率是铁路运输的1~2倍。

7. 平均运距长

水路运输平均运距分别是铁路运输的2~3倍，公路运输的60倍，管道运输的3倍，但只有航空运输的70%。

8. 运输速度慢

船舶运输平均航速较慢，在途中的时间长，不能快速将货物运达目的地，增加货主流动资金的占有量。

9. 受自然条件的影响大

水上运输易受台风或气候条件的影响，货物送到期限难以准确保证；内河航道枯竭与洪水期水位变化大；北方内河航道和有些海港冬季结冰，不能实现全年通航。

10. 可达性差

水路运输只能在固定的水路航线上进行运输，常常需要其他运输方式与之配合和衔接，才能实现"门到门"运输。

实训场景3：水路运输的种类

知识点：水路运输的种类

关键技能点：散装货物运输、成件货物运输和集装箱货物运输，散装液体货物运输，危险货物运输，笨重、长大货物运输，舱面装载货物运输，鲜活货物运输，内河拖航运输，班轮运输和租船运输

实例任务1：熟悉根据货物包装形式进行的分类方法

根据货物的包装形式，水路货物运输可以分为散装货物运输、成件货物运输和集装箱货物

运输等。

（1）散装货物运输。散装货物运输包括散装液体货物运输和散装固体货物运输。散装货物运输的条件主要有：散装货物按重量交接；对散装货物，托运人确定重量有困难时，可以要求承运人提供船舶吃水尺计量数作为申报的重量。

（2）成件货物运输。成件货物主要是指成件包装的货物。成件货物运输的条件主要有：

①成件货物按件数交接。

②成件运输的货物，承运人验收货物时，发现货物的实际重量或者体积与托运人申报的重量或者体积不符时，托运人应当按照实际重量或者体积支付运输费用并向承运人支付计量等费用。

③需要具备运输包装的货物，托运人应当保证货物的包装符合国家规定的包装标准；没有包装标准的，货物的包装应当能保证运输安全和货物质量。

④需要随附备用包装的货物，托运人应当提供足够数量的备用包装，交承运人随货免费运输。

⑤托运人应当在货物的外包装或者表面正确制作识别标志。

⑥同一托运人、收货人的整船、整舱装运的直达运输货物可以不制作识别标志。

（3）集装箱货物运输。集装箱货物运输，是指将货物装入符合国际标准或国家标准或行业标准的集装箱进行运输。集装箱运输多用于零星或件杂货物运输。集装箱货物运输的条件主要有：

①承运人与托运人进行集装箱空箱交接时，应当检查箱体并核对箱号，并且在交接单证上如实加以记载。

②根据约定由托运人负责装、拆箱的，运单上应当准确记载集装箱封志号，交接时发现封志号与运单记载不符或者封志破坏的，交接双方应当编制货运记录。

③根据约定由承运人负责装、拆箱的，承运人与托运人或者收货人对货物进行交接。

④集装箱货物需拆箱后转运的，其包装应当符合保证运输安全和货物质量。

⑤收货人提取货物后，应当按照约定将空箱归还，逾期不归还的，按照约定交纳滞箱费。

⑥集装箱货物装箱时应当做到合理积载、堆码整齐、牢固。集装箱受载不得超过其额定的负荷。

实例任务2：掌握根据货物性质进行的分类方法

根据所运货物的性质，国内水路货物运输可分为普通货物运输和特种货物运输。特种货物运输包括散装液体货物运输，危险货物运输，笨重、长大货物运输，舱面装载货物运输，鲜活货物运输，内河拖航运输等。

（1）散装液体货物运输。散装液体货物运输的条件主要有：

①散装液体货物只限于整船、整舱运输，由托运人在装舱前验舱认可后才能装载。

②散装货物按重量交接的，承运人与托运人应当约定货物重量的计量方法；没有约定的应当按船舶吃水尺数计量；不能按船舶吃水尺数计量的，运单中载明的货物重量对承运人不构成其交接货物重量的证据。

③散装液体货物装船完毕，由托运人会同承运人按照每处油舱和管道阀门进行施封，施封材料由托运人自备，并将施封的数目、印文、材料品种等在运单内载明，卸船前，由承运人与收货人凭舱封交接，托运人要求在两个以上地点装载或者卸载，或者在同一卸载地点由几个收货人接收货物时，计量分批工作及发生的重量差数均由托运人或者收货人负责。

（2）危险货物运输。危险货物运输的条件主要有：

①托运危险货物，托运人应当按照有关危险货物运输的规定，妥善包装，制作危险品标志和

标签，并将其正式名称和危险性质以及必要时应当采取的预防措施书面通知承运人。托运人未按照上述规定通知承运人或者通知有误的，承运人可以在任何时间、任何地点根据情况需要将危险货物卸下、销毁或者使之不能产生危害，而不承担赔偿责任。托运人对承运人因运输此类货物所受到的损失，应当承担赔偿责任。

②承运人知道危险货物的性质并已同意装运的，仍然可以在该项货物对于船舶、人员或者其他货物构成实际危险时，将货物卸下、销毁或者使之不能为害，而不承担赔偿责任。但该规定不影响共同海损的分摊。

（3）笨重、长大货物运输。笨重、长大货物运输的条件主要有：

①单件货物重量或者长度超过下列标准的，应当按照笨重、长大货物运输：a. 沿海：重量5吨，长度12米。b. 长江、黑龙江干线：重量3吨，长度10米。c. 各省（自治区、直辖市）交通主管部门对本省内运输的笨重、长大货物标准可以另行规定，并报国务院交通主管部门备案。

②运输笨重、长大货物，应当在运单内载明总件数、重量和体积（长、宽、高），并随附清单标明每件货物的重量、长度和体积（长、宽、高）。

③托运笨重、长大货物所需要的特殊加固、捆扎、焊接、衬垫、苫盖的物料和人工由托运人负责，卸船时由收货人拆除和收回相关物料；需要改变船上装置的，货物卸船后应当由收货人负责恢复原状。

（4）舱面装载货物运输。舱面装载货物运输的条件主要有：

①托运舱面货物所需要的特殊加固、捆扎、焊接、衬垫、苫盖的物料和人工由托运人负责，卸船时由收货人拆除和收回相关物料；需要改变船上装置的，货物卸船后应当由收货人负责恢复原状。

②承运人在舱面上装载货物，应当同托运人达成协议，或者符合航运惯例，或者符合有关法律、行政法规的规定。承运人与托运人约定将货物配装在舱面上的，应当在运单上注明"舱面货物"。承运人依照上述规定将货物装载在舱面上，对由于此种装载的特殊风险造成的货物损坏、灭失，不承担赔偿责任；违反该规定将货物装载在舱面上，造成货物损坏、灭失的，应当承担赔偿责任。

（5）鲜活货物运输。鲜活货物包括易腐货物、活动物和植物。鲜活货物运输的条件主要有：

①除另有约定外，运输过程中需要饲养、照料的活动物、植物，托运人应当向承运人申报并随船押运。托运人押运其他货物须经承运人同意。

②承运人对运输的活动物、植物，应当保证航行中所需的淡水，有关费用由托运人承担。运输活动物所需饲料，由托运人自备，承运人免费运输。

③因运输活动物、植物的固有的特殊风险造成活动物、植物损坏、灭失的，承运人不承担赔偿责任。但是，承运人应当证明已经履行托运人关于运输活动物、植物的特别要求，并证明，损坏、灭失是由于固有的特殊风险造成的。

④承运人应当将与托运人约定的运输易腐货物和活动物、植物的运到期限和运输要求，以及使用冷藏船（舱）装运易腐货物的冷藏温度在运单内载明。

（6）内河拖航运输。内河拖航运输的货物包括木（竹）排、船舶或其他水上浮物。内河拖航运输的条件主要有：托运人托运木（竹）排应当按照与承运人商定的单排数量、规格和技术要求进行编扎。托运船舶或者其他水上浮物，应当向承运人提供船舶或者其他水上浮物的吨位、吃水、长、宽、高和抗风能力等技术资料。在船舶或者其他水上浮物上加载货物，应当经承运人同意，并支付运输费用。航行中，木（竹）排、船舶或者其他水上浮物上的人员（包括船员、排工及押运人员）应当听从承运人的指挥，配合承运人保证航行安全。

实例任务3：了解根据货物装卸方式进行的分类方法

根据货物的装卸方式，水路货物运输可以分为垂直装卸的货物运输、液体货物运输和单元滚装货物运输。单元滚装运输是指以一台不论是否装载货物的机动车辆或者移动机械作为一个运输单元，由托运人或者其受雇人驾驶直接驶上、驶离船舶的水路运输方式。

实例任务4：掌握根据营运方式进行的分类方法

根据水路货物运输的营运方式，水路货物运输可以分为班轮运输和租船运输。

（1）班轮运输。班轮运输是指在特定的航线上按照预订的船期和挂靠港从事有规律的水上货物运输的运输形式。班轮运输是定期定航线的运输，即其航行日期、航线等事先已由承运人按照有关规定确定，不能由有关当事人自由协商，且班轮运送众多客户的货物，运费按运价表执行。

（2）租船运输。租船运输又称不定期船运输，是指包租整船或部分舱位进行运输。租船运输与班轮运输不同，没有预先制定的船期表，航线、停靠港口也不固定，船舶的营运是根据船舶所有人与需要船舶运输的货主双方事先签订的租船合同。因此，船舶的航线、运输货物的种类以及停靠的港口都须根据货主的要求，由船舶所有人确认而定。租船运输的租船方式主要有四种，即航次租船、定期租船、光船租船和包运租船。

实训场景4：水路运输的设施设备

知识点：水路运输的设施设备
关键技能点：货船的类型、航线、航道和航标、港口的类别

实例任务1：掌握货船的类型

（1）杂货船。它是装载一般包装、袋装、箱装和桶装货物的普通货物船，在运输船中占有较大比重。

（2）散货船。散货船是专门用来装运煤、矿砂、盐、谷物等散装货物的船舶。与杂货船不同的是，它运输的货物品种单一，货源充足，装载量大。依照不同的散货品种，装卸时可采用大抓斗、吸粮机、装煤机、带式输送机等专门的机械。散货船承运的货物不像杂货船那样装的是包装或箱装货，理货时间短。因此，散货船比杂货船的运输效率高，装卸速度快。

（3）集装箱船。集装箱船是用来专门装运规格统一的标准货箱的船舶。各种货物在装船前已装入标准货箱内，然后再装船，在装卸过程中不再出现单件货物，便于装卸。由于集装箱运输提高了运输效率、减轻了劳动强度、加速了车船周转、加快了货物送达、减少了营运费用、降低了运输成本，因此，集装箱船在近几十年来发展很快。

（4）全集装箱船。全集装箱船的全部货舱和甲板上均可装载集装箱，舱内装有格栅式货架，以适于集装箱的堆放，适应于货源充足而平衡的航线。

（5）半集装箱船。这种船舶一部分货舱设计成专供装载集装箱，另一部分货舱可供装载一般杂货，适应于集装箱业务不太多或货源不甚稳定的航线。

（6）兼用集装箱船。兼用集装箱船又称集装箱两用船，既可装载集装箱也可装其他包装货物、汽车等；这种船舶在舱内备有简易可拆装的设备，当不装运集装箱而要装运一般杂货时，可将其拆下。

（7）油船。油船是专门运载石油类液体货物的船只。石油分别装在各个密封的油舱内，油船在装卸石油时是用油泵和输油管输送的，因此它不需要起货吊杆和起货机，甲板上也不需要大的货舱开口。油船的机舱多设在尾部，这样可以避免桨轴通过油舱时可能引起的漏油和挥发出可燃气体，引起爆炸的危险，同时，烟囱排烟时带出的火星向后飘走，不致落入油舱的通气管

内而引起火灾。

（8）冷藏船。冷藏船是专门运输鲜活易腐货物的船舶。例如装运新鲜的鸡、鸭、鱼、肉、蛋、水果、蔬菜和冷冻食品等。冷藏船就像一座水上的活动冷库。专用的冷藏航速较高，船的吨位不大，通常在数百吨到数千吨。有些客船上也兼带冷藏鲜货。

实例任务 2：了解航线、航道和航标

航线是指船舶在一定港口之间从事客、货运输的路线，分客货航线、直达航线、非直达航线、国际航线、国内航线等。水运航线主要由航道和航标构成。

航道是船舶航行的通道，是指沿海、江河、湖泊、运河、水库内船舶、排筏可以通航的水域。航道可自然形成，也可人工建造，但都必须具备足够的水深和宽度，以保证船舶的安全、顺利通行。航道的宽度可根据船舶通航的频繁程度分别采用单向航道和双向航道。

航标即助航标志，是用以帮助船舶定位、引导船舶航行、表示警告和指示碍航物的人工标志。为了保证进出口船舶的航行安全，每个港口、航线附近的海岸均有各种助航设施。永久性航标的位置、特征、灯质、信号等已载入各国出版的航标和海图。

航标的主要功能是：①定位，为航行船舶提供定位信息。②警告，提供碍航物及其他航行警告信息。③交通指示，根据交通规则指示航行方向。④指示特殊区域，如锚地、测量作业区、禁区等。

航标按照工作原理可分为视觉航标、音响航标、无线电航标三种。

实例任务 3：熟悉港口的类别

港口由水域和陆域两大部分组成。水域是供船舶进出港，以及在港内运转、锚泊和装卸作业使用的，因此要求有足够的水深和面积，水面基本平静，流速和缓，以便船舶的安全操作。陆域是供旅客上下船，以及货物的装卸、堆存和转运使用的，因此陆域必须有适当的高度、岸线长度和纵深，以便在这里安置装卸设备、仓库、堆场、铁路、公路，以及各种必要相关联的生产、生活设施等。港口可以分为以下类别。

（1）商港。商港主要是指供旅客上下和货物装卸转运的港口。其中又可分为一般商港和专业商港。一般商港即用于旅客运输和装卸转运各种货物的港口，如上海港、天津港等；专业港是指专门进行某一种货物的装卸，或以某种货物装卸为主的商港，如秦皇岛港主要以煤炭和石油装卸为主。

（2）渔港。渔港是指专为渔船服务的港口。渔船在这里停靠，并卸下捕获物，同时进行淡水、冰块、燃料及其他物资的补给。

（3）工业港。工业港是指固定为某一工业企业服务的港口，它专门负责该企业进行原料、产品及所需物资的装卸转运工作。

（4）军港。军港是指专供海军舰船用的港口。

（5）避风港。避风港是指供大风情况下船舶临时避风的港口。这里一般很少有完善的停靠设施，通常仅有一些简单的设备。

实训场景 5：水路运输的作业流程

知识点：水路运输的作业流程

关键技能点：询价与报价、托运、支付费用、托运人向承运人交货、货物配积载、装船作业、承运、卸船作业、货物的领取、货物的退装、分运与补运

实例任务 1：掌握询价与报价环节

当托运人需要运输货物时，向承运人询问运输的基本情况和运输价格的行为称为询价。为保证能够得到低价优质的运输服务，托运人可以向多家承运人询价，了解多家承运人所提供的运输服务和运输价格的基本情况。

承运人在接到托运人的询价后，向托运人发出的关于运输时间、数量、运输价格和其他运输条件的回答就称为报价。

询价与报价可以采用书面形式，如信件、传真、电子邮件，也可以采用电话等口头形式。

实例任务 2：掌握托运环节

当托运人与承运人对运输的价格达成一致时，托运人就可以向承运人提出具体的托运请求。托运通常采用书面形式，如合同书、格式合同、货物运单等；当采用合同书时需要承托双方就合同的内容进行商定，但采用格式合同或货物运单时，则表明托运人已接受其中所标明的各项规定和条件。托运时托运人向承运人提交托运单证，托运单证中要注明运输货物的名称、数量、包装方式、识别标志、货物运输时限、运到时限或运期、起运港、到达港、收货人等运输事项。

实例任务 3：掌握支付费用环节

托运人按照约定向承运人支付运费。如果约定装运港船上交货，运费由收货人支付，则应当在运输单证中载明，并在货物交付时向收货人收取。如收货人约定指定目的地交货，托运人应交纳货物运输保险费、装运港口作业费等项费用。

实例任务 4：掌握托运人向承运人交货环节

承托双方在订立运输合同后，托运人应尽快准备好货物，在规定时间、规定地点交付给承运人。在交货之前托运人应根据托运合同或有关水运货物包装的要求，在保证货物运输、中转、装卸搬运安全的原则之上，对货物进行包装；并在货物包装上粘贴必要的运输标志、指示标志等货运标志。承运人在接收货物前要对货物进行验收，验收时要根据运输合同检查货物的品名、数量、件数、重量、体积等是否与运输合同一致，如一致则可接受货物。承运人接收货物后，货物的风险和责任由承运人来承担。

实例任务 5：掌握货物配积载环节

承托双方在订立运输合同后，要安排船舶对所承运货物进行运输，此过程中最重要的就是对船舶的配积载，制作货物清单和货物交接单。

船舶配载是为船舶的某一具体航次选配货物，即承运人按照托运人提出的货物托运要求和计划，将相同航线和相同装船期限的货物安排给同一艘船舶运输，并编制一张船舶配载图就是船舶配载。它所解决的是某一艘船舶应该"装什么"的问题。

船舶积载是指对货物在船上的配置和堆装方式做出合理的安排，由载货船舶的大副或船长，在货物配载的基础上确定货物在各舱各层配装的品种、数量与堆码的方法与工艺，并编制一张积载图。它所解决的是船舶配载的货物应该"如何装"的问题。

实例任务 6：掌握装船作业环节

装船前，承运人应将船舱清扫干净，准备好垫隔物料，港口经营人应准备好保障安全质量的防护措施。

承运人与港口经营人在船边进行货物交接。对于按件承运的货物，港口经营人应为承运人创造计数的条件，工班作业结束后，承运人和港口经营人应办清当班交接手续。

除承运人和港口经营人双方另有协议外，装船时应做到大票分隔，小票集中，每一大票货物应按单装船，一票一清，同一收货人的几票货物应集中在一起装船。每一大票货物或每一收货人的货物，装船开始及终了时，承运人应指导港口作业工人做好垫隔工作。

装船作业时，承运人应派人看舱，指导港口作业人员按计划装载图的装货顺序、部位装舱，堆码整齐。如发现货物残损、包装不符合标准要求或破裂、标志不清等情况，应编制货运记录。如发现港口经营人装舱混乱，或擅自变更计划积载图的装货顺序和部位，船方应即提出停装或翻舱，港口经营人应翻舱整理。在特殊情况下，不能翻舱整理时，应编制货运记录。

装船作业时，港口经营人要严格遵守操作规程和货运质量标准，合理使用装卸工具，轻搬轻放。做到破包不装船、重不压轻、木箱不压纸箱、箭头向上、堆码整齐。散装货物应按承运人要求平舱。

港口经营人应在每一票货物装完时，检查库场、舱口、作业线路有无漏装、掉件，发现漏装及时补装，发现掉件及时拣归原批。港口经营人对装船中洒漏的地脚货物，属于散装货物要随时收集进舱归位；属于袋装货物应扫集整理、灌包，并通知承运人安排舱位，分别堆放，同时在货物交接清单内注明灌包地脚货物的件数。

货物装船时，如发生实装数量与运单记载不符时，承运人与港口经营人编制货运记录。港口经营人事后发现货物漏装，应另行办理托运手续，费用由责任方承担；并在运单特约事项中注明原承运船舶的船名、航次、原运单号码、原发货件数、重量等。

装船完毕，通过港口库场装船的货物，由承运人和港口经营人在货物交接清单上签章；船边直接装船的货物，由承运人和托运人在货物交接清单上签章。未办妥交接手续，船舶不得开航。

实例任务 7：掌握承运环节

承运人在接收到托运人递交的托运单后，需要对托运单进行审核，检查托运单所填内容是否符合事实、是否填写完整和符合要求。如符合要求则可接受进行承运。如不符合要求或存在问题和疑问，就应要求托运人进行解释；对于托运人的不合理要求，承运人可提出修改意见；对无法办到的托运事项，承运人可以拒绝或要求托运人改变要求；对于违反国家法律或损害国家和他人及公共利益的要求，承运人要坚决拒绝。承托双方对于运输单证内容协商一致后，承运人签署托运单证，运输合同即告成立，对于特殊托运要求与特别协定可记录在特约事项栏中。

实例任务 8：掌握卸船作业环节

承运人应及时向港口经营人提供卸船资料。对船边直取的货物，应该事先通知收货人做好接运提货的准备工作。港口经营人根据承运人提供的资料，根据与作业委托人签订的作业合同，安排好泊位、库场、机械、工具、劳力，编制卸船计划。

船舶到港后，承运人应及时将有关货运单证交给港口经营人，并详细介绍装舱积载情况、卸船注意事项和安全措施。港口经营人应有专人负责与承运人办理联系工作，详细核对各项单证，如单证不齐，内容不一致或有其他需要了解的事项，应向承运人查询清楚。

承运人应派人指导卸货。港口作业人员应接受承运人指导，按实际积载顺序、运单、标志卸船，整批货物，应做到一票一清。几票集中装船的零星货物，应做到集中卸船。承运人发现港口经营人混卸或违章操作，应予以制止，制止不听的应编制在货运记录中。

卸船时，如在船上发现货物残损、包装破裂、松钉、包装内有碎声、分票不清、标志不清、装舱混乱以及积载不当等情况，港口经营人应及时与承运人联系，检查确认，编制货运记录证明，不得拒卸或原船带回。

卸船时，港口经营人应按规定的操作规程、质量标准操作，合理使用装卸机具，在货物堆码、报关标准、理货计数等方面创造条件，使交接双方易于计数交接，做到理货数字一班一清、一票一清、全船数字清。每一张运单或一个收货人的货物卸完后，应由库场员复点核实。

承运人和港口经营人在卸船作业中，应随时检查码头、舱内、舱面、作业线路有无漏卸货物或掉件，港口经营人应将漏卸、掉件和地脚货物按票及时收集归原批。卸船结束，港口经营人应将舱内、甲板、码头、作业线路、机具、库场的地脚货物清扫干净。

货物卸进港区库场，由承运人与港口经营人在船边进行交接。收货人船边直取货物，由承运人与收货人进行交接。卸船完毕，承运人和港口经营人或者承运人和收货人应在货物交接清单上签字盖章。未办妥交接手续，船舶不得离港。

实例任务 9：掌握货物的领取环节

收货人接到到货通知办理提货手续，主要做提交取货单证、检查验收货物、支付费用三件事。

（1）提交取货单证。

①收货人接到到货通知后，应当及时提货。接到到货通知后满 60 天，收货人不提取或托运人也没有来人处理货物时，承运人可将该批货物作为无法交付货物处理。

②收货人应向承运人提交证明收货人单位或者经办人身份的有关证件及由托运人转寄的运单提货联或有效提货凭证，供承运人审核。

③如果货物先到，而提货单未到或单证丢失的，收货人还需提供银行的保函。

（2）检查验收货物。收货人提取货物时，应当按照运输单证核对货物是否相符，检查包装是否受损、货物有无灭失等情况。发现货物损坏、灭失时，交接双方应当编制货运记录；确认不是承运人责任的，应编制普通记录。

收货人在提取货物时没有提出货物的数量和质量异议时，视为承运人已经按照运单的记载交付货物。

（3）支付费用。按照约定在提货时支付运费，并须付清滞期费、包装整修费、加固费用以及其他中途垫款等。

因货物损坏、灭失或者迟延交付所造成的损害，收货人有权向承运人索赔；承运人可依据有关法规、规定进行抗辩。托运人或者收货人不支付运费、保管费以及其他费用时，承运人对相应的运输货物享有留置权。

查验货物无误并交清所有费用后，收货人在运单提货联上签收，取走货物。

实例任务 10：掌握货物的退装、分运与补运环节

1. 退装

计划配装的货物，如因故必须退装时，退装货物另行装船，由造成退装的责任方会同托运人进行处理，同时按下列规定办理：

（1）必须按运单、货名、件数退装，不得将几张运单的货物，不分货名、合并笼统退装若干件数。

（2）一张运单的货物全部退装，应将运单抽出，并在货物交接清单内划去。

（3）一张运单的货物退装一部分时，应将退装的件数、吨数，按运单、货名编制货运记录，并在货物交接清单内注明实装件数、吨数。

2. 分运

分运是指同一运输合同上的货物，承运人将其拆分由多艘船舶进行运输。分运产生的原因主要有：承运人的运输能力不足，需要分船运输；转运中不同运输工具的装载条件存在差异，需要分运等。

承运人在办理分运业务时，需要制作分运运单。分运运单的制作是以每批实际分运的货物数量填制分运运单（格式同水路货物运单），在分运运单上注明原运单号、原船名和航次、原收货人、原重量、本次分运件数、重量等，并注明批次序号和"分运"字样。

分运是对运输合同或者原运单的执行，是以运输合同有分运约定为前提的运输，分运不得违反运输合同的约定。分运运单不对托运人产生新的权利与义务，仅仅是运输中承运人处理业务、与收货人和港口经营人交接货物所使用的单证。原运单应随第一批分运货物运往目的港交收货人，收货人凭原运单办理提货。由于分运使原运单的货物分批先后运到，收货人凭原运单分批提货时，承运人或港口经营人要在每批货物提取时在原运单的提货凭证上批注，至最后一批分运货物如数交付后，原运单的义务才履行完毕。为了简化分批提货的批注手续，也可以在每批货物运到目的港时，承运人将分运的运单交收货人，收货人凭分运运单每批结算费用和提取货物，在最后一批货物提取后，将各分运运单交回承运人换取原运单。

3. 补运

补运是指在运输中或运输后，发现货物未装运或漏装运，承运人另行将未运或漏运的货物运往目的港。补运的处理方法是：

（1）承运人或港口经营人填写补运运单（格式同货物运单），运单上注明原运单号码、原运船舶、原收货人、原发件数、重量等，补运货物件数、重量等。

（2）补运的运单仅作为补运托运人与补运承运人之间货物交接和处理运输责任的凭证，与收货人无关。

（3）补运货物交给收货人后，承运人应该收回原交付货物时签发给收货人的货物短少记录。

实训场景 6：水路运输单证

知识点：水路运输单证

关键技能点：在装货港编制使用的单证、在卸货港编制使用的单证、船舶在港装、卸货物时常用的理货单证

实例任务 1：熟悉水路运输单证

在水路运输中，班轮运输单证较多。从办理货物托运手续开始，到货物装船、卸货直至货物交付的整个过程，都需要编制各种单证。这些单证在货方（包括托运人和收货人）与船方之间起着办理货物交接的证明作用，也是货方、港方、船方等有关单位之间从事业务工作的凭证，更是划分货方、港方、船方各自责任的必要依据。

在装货港编制使用的单证有运单、装货单、收货单、提单、装货清单、载货清单、载货运费清单、危险货物清单、货物积载图、剩余舱位报告等。

在卸货港编制使用的单证有过驳清单和卸货报告、货物残损单和货物溢短单、提货单等。

在卸货港，船公司的代理人除根据装货港船公司的代理人寄来的或由船舶带来（在航线较短的情况下）的一些装船单证，预先安排船舶进口报关、卸货、理货作业准备外，与货物装船时由大副签发收货单作为船方收到货物的凭证一样，在卸货时，船方、装卸公司或收货人之间也需要相互签认一种可以作为证明船方与装卸公司或收货人交接货物实际情况的单证。

船舶在港装、卸货物时常用的理货单证有：理货计数单、日报单、现场记录、待时记录、理货证明书等。

船舶在港装货或卸货作业，都要委请当地的理货人站在船方的立场上，代表船方清点装/卸货物的数量，核对货物的标志，检查货物的残损情况，指导和监督货物的装/卸作业，并代表船

方与货方或港方办理货物交接的手续。

船舶要委请理货人代表船方理货,首先要向当地的理货机构提出书面的"理货申请书",具体的申请工作由船公司在港口的代理人办理。理货申请书的内容比较简单,为便于委托方办理委托手续,在各港口的理货机构都印有一定格式的理货申请书,但其内容都基本相同。当理货机构接受委托并派出理货人员到现场具体从事理货作业时,也需要使用具有一定格式的单证,有些单证还需送交船长或大副签字确认。

实例任务2:掌握运单知识

水路货物运单格式见表2-10。

表2-10 水路货物运单

交接清单号码:　　　　　　　　　　运单号码:　　　　　　　　　　　　　　　　月　　日

船名		起运港		到达港			到达日期承运人(章)		收货人(章)		
托运人	全称		收货人	全称							
	地址、电话			地址、电话							
	银行账号			银行账号							
货物名称	货号	件数	包装	价值	托运人确定		计费重量		等级	费率	金额(元)	应收费用		
					重量/吨	体积/立方米	重量/吨	体积/立方米				项目	费率	金额
												运费		
运到期限或约定							托运人(章)　月　日				总计			
											核算员			
特约事项							承运日期起运港承运人(章)				复核员			

一式六份,分别为:

第一份:货票(起运港存查联)。颜色为黑色。
第二份:货票(解缴联)起运港→航运企业。颜色为红色。
第三份:货票(货运人收据联)起运港→托运人。颜色为绿色。
第四份:货票(船舶存查联)起运港→船舶。颜色为黑色。
第五份:货票(收货人存查联)起运港→船舶→到达港→收货人。颜色为黑色。
第六份:货物运单(提货凭证)起运港→船舶→到达港→收货人→到达港存。颜色为黑色。

运单是指由托运人根据买卖合同和信用证的有关内容,向承运人或其代理人办理货物运输的书面凭证。经承运人或其代理人对该单的签认,即表示已接受这一托运,承运人与托运人之间对货物运输的相互关系即告建立。

在班轮运输的情况下,托运人只要口头或订舱函电向船公司或代理人预订舱位,船公司对这种预约表示承诺,运输关系即告建立,不需要任何特定的形式。但是,国际航运界的习惯做法是托运人或其代理人与船公司或其代理人约定所需的舱位后,再以书面的形式向船公司或其代理人提交详细记载有关货物情况及对运输要求等内容的托运单。船公司或其代理人接受承运后,便在托运单上编号并指定装运的船名,将托运单留下,副本退还托运人备查。

实例任务 3：掌握装货单知识

装货单（又称下货纸）是由托运人按照托运单的内容填制，交船公司或其代理人审核并签章后，据以要求船长将货物装船承运的凭证。但是，托运人凭船公司或其代理人签章后的装货单要求船长将货物装船之前，还必须先到海关办理货物装船出口的报关手续，经海关查检后，在装货单上加盖海关放行图章，表示该票货物已允许装船出口，才能要求船长将货物装船。故此时的装货单习惯上又称为"关单"，船长或大副也只能依据"关单"接受货物装船承运。

经船公司或其代理人和海关签章后的装货单，既是托运人办妥货物托运和出口手续的证明，又是船公司下达给船长接受货物装船承运的命令。货物装船时，托运人（或货运代理人）必须向船长或大副提交此单证。同时船方还要详细核对实际装船货物的情况是否与装货单上记载的内容相一致。

对于价值较高的货物或其他特种货物，也常以不同颜色（比如红色）的装货单来与一般的装货单相区别，以期在装船时能给予特别的注意。

装货单是国际航运中通用的单证，多数是由三联组成，称为"装货联单"。第一联是留底单，用于编制其他货运单证；第二联是装货单；第三联是收货单，是船方接受货物装船后由大副签发给托运人的收据。除此三联外，根据业务的需要，还可增加若干份副本。

装货单上除应记载托运人名称、编号、船名、目的港及货物的详细情况等内容外，还有货物在装船后由理货人员填写的货物装船日期，装舱位置，实装货物数量以及理货人员的签名等项内容。

装货单的流转程序是：船公司或其代理人接受货物托运后，将确定的载运船舶的船名及编号填入托运单，然后将装货联单发给托运人填写，填妥后交回船公司的代理人，经代理人审核无误后签章留下留底联，将装货单和收货单（第二联、第三联）交给托运人前往海关办理出口报关手续。

装货单一经承运人签章后，船、货双方都应受其约束，如果发生货物退关造成损失时，应由责任方承担责任。如果需要修改装货单上所记载的内容，应及时编制更正单分送有关单位作相应的更正；如果整票货物退关，除发更正单外，还要收回原装货单进行注销。

承运人签发装货单后，船、货、港各方均需要有一定的时间用来编制装货清单、积载计划，办理货物报关、查验放行，货物集中等装船的准备工作。因此，对某一具体船舶来说，在装货开始之前的一定时间内应截止为该船本航次签发装货单，具体的截止时间，视各港具体情况而定。若在截止签发装货单日之后，再为该船本航次签发装货单，则称为"加载"。"加载"通常是为了满足紧急任务、特殊情况或信用证到期等原因的需要。一般只要还没有最后编妥积载计划，或积载计划虽已编妥，但船舶的舱位尚有剩余，并且不影响原积载计划的执行时，应设法安排这种"加载"。

当货物全部装上船后，现场理货人员要立即核对理货计数单的数字，在装货单上签注实装数量、装舱位置、装船日期并签名，再由理货长审查和签名，证明该票货物如数装船无误，然后连同收货单一起送交大副，大副审核属实后在收货单上签字，留下装货单，将收货单退给理货长转交给托运人或货运代理人。

实例任务 4：熟悉收货单

收货单是指某票货物装上船舶后，由船上大副签署给托运人的、作为证明船方已收到该票货物并已装上船舶的凭证。所以，收货单又称为"大副收据"。

收货单是前述装货联单的第三联，它除了增加大副签署一栏外，它所记载的内容和格式与装货单完全一样。为了便于与装货单相识别，常用淡红色或淡蓝色并在左侧纵向增加一条较宽的线条。

实例任务 5：熟悉提单

提单是船公司或其代理人签发给托运人，证明货物已装上船舶并且保证在目的港交付货物的单据，是可以转让的证券。

托运人凭大副签字确认货物已经装上船舶的收货单，到船公司或其代理人处付清运费，换取经船公司或其代理人签字的一份或数份正本已装船提单。托运人取得正本已装船提单后，即可持提单及其他有关单证到银行办理结汇，取得货款。如果收货单上附有关于货物状况的大副批注时，船公司或其代理人需将大副批注如实地转批于提单上。

提单在班轮运输中是一份非常重要的单证。它既具有规定船公司作为承运人的权利、义务、责任和免责的运输合同的作用，又是表明承运人收到货物的货物收据，也是提单持有人转让货物所有权或据以提取货物的物权凭证。

实例任务 6：熟悉装货清单

装货清单是船公司或其代理人根据装货单的留底联，将全船待装货物按卸货港和货物的性质归类，依航次靠港顺序排列编制装货单的汇总单。

装货清单是船舶大副编制船舶积载图的主要依据。此单证内容是否正确，对于积载的正确、合理具有十分重要的影响，因此，大副应对此单证给予足够的重视。同时，装货清单又是供现场理货人员进行理货、港方安排驳运、进出库场以及掌握托运人备货及货物集中情况等的业务单据。如有增加或取消货载的情况发生，则船公司或其代理人应及时填制"加载清单"或"取消货载清单"并及时分送船舶及有关单位。

装货单的内容包括装货单号码、货名、件数及包装、毛重、估计体积及特种货物对运输的要求或注意事项的说明等。

实例任务 7：熟悉载货清单

载货清单是一份按卸货港顺序逐票列明全船实际载运货物的明细表。它是在货物装船完毕后，由船公司的代理人根据大副收据或提单编制的，编妥后再送交船长签认。

载货清单又称"舱单"。其内容除应逐票列明货物的详细情况（包括提单号、标志和号数、货名、件数及包装、重量、尺码）外，还应记明货物的装货港和卸货港。

载货清单是国际上通用的一份十分重要的单证。船舶办理出口（进口）报关手续时，必须递交一份经船长签字确认的载货清单。它是海关对出口（进口）船舶所载货物出（进）国境实施监督管理的单证。如果船舶货舱内所载运货物没有在载货清单上列明，海关可按走私论处，有权依据海关法进行处理。

根据船舶办理出口（进口）报关手续的不同，向海关递交的载货清单可分为在装货港装货出口时使用的"出口载货清单"；在卸货港进口卸货时使用的"进口载货清单"和"过境货物载货清单"。如果船舶在港口没有装货出口，在办理出口报关手续时，船舶也要向海关递交一份经船长签名并注明"无货出口"字样的载货清单。反之，船舶没有载货进口，则向海关递交一份由船长签名并注明"无货进口"字样的载货清单。

载货清单也可作为船舶载运所列货物的证明，是随船单证之一。因此，船舶装货完毕离港前，船长应主动向船公司的代理人索取若干份，以备中途挂靠港口或到达卸货港时办理进口报关手续时使用。若船舶到达卸货港时，卸货港的船舶代理人尚未接到装货港船舶代理人寄送的有关货运资料时，还可将随船所带的载货清单或复制件分送港口有关部门作为安排卸货应急之用。

实例任务 8：掌握载货运费清单知识

载货运费清单简称运费清单或运费舱单。它是由船公司在装货港的代理人按卸货港及提单顺序号逐票列明的所载货物应收运费的明细表。它是船舶代理人向船公司结算代收运费明细情况的单证，是船公司营运业务的主要资料之一。该单也可直接寄往卸货港船公司的代理人处，作为收取到付运费或处理有关业务之用。

载货运费清单的内容除包括载货清单上记载的内容外，增加了计费吨、运费率、预付或到付的运费额等项内容。由于载货运费清单上包括了载货清单上应记载的内容，所以也可以代替载货清单作为船舶出口、进口报关及在卸货港安排卸货应急之用，还可作为查对全船有关航次装载货物情况之用。因此，当前不少国家的港口，为了简化制单工作，常将"载货清单"和"载货运费清单"两单合并使用。作为载货清单使用时，则不把该单上有关运费计收的栏目填上；而作为运费清单使用时，再将有关运费计收的栏目填入具体内容。

实例任务 9：掌握危险货物清单知识

危险货物清单是专门列出船舶所载运全部危险货物的明细表。为了确保船舶、货物、港口及装卸、运输的安全，凡船舶载运危险货物都必须另外再单独编制危险货物清单。该单常用红色并附加特别标志制成，以便于识别，也是为了引起有关部门及人员在装卸作业和运输保管中予以特别注意，以确保安全。

危险货物清单记载的内容除装货清单、载货清单所应记载的内容外，特别增加了危险货物的性能和装船位置两项。按照一般港口的规定，凡船舶装运危险货物时，船方应向有关部门申请派员监督装卸。在装货港装船完毕后由监装部门签发给船方一份"危险货物安全装载证书"，这也是船舶载运危险货物时必备的单证之一。

有些港口对装、卸危险货物的地点、泊位，甚至每一航次载运的数量，以及对危险货物的包装、标志等都有明确规定。

实例任务 10：掌握货物积载图情况

货物积载图是以图示的形式来表示货物在船舱内的装载情况，使每一票货物都能形象具体地显示其在船舱内的位置。货物积载图可分为计划积载图和实际积载图。

在货物装船前，大副根据船公司或其代理人送来的装货清单上记载的货物资料制成的积载图，实质上是计划的积载图，或称货物积载计划。即用图示形式表明拟装货物的计划装舱位置。港口和装卸公司、理货人员等有关方按照此计划的要求安排装船作业。

在实际装船过程中，往往会因各种客观原因无法完全依照计划装载。常见的原因有：货物的实际尺码与原先提供的资料不一致，以致不得不改变原来计划积载的舱位；某些货物未能按时集中，为使装船作业不中断和影响船期，必须临时改变部分原定计划安排的积载顺序；原来的计划货载有所变动；临时增加新的货载，等等。这些都会导致货物实际在舱内的积载位置与原定的计划不一致，因此，当每一票货物装船后，理货长都应重新标出货物在舱内的实际装载位置，并注明卸货港名、装货单（提单）号、货名及数量，最后再重新绘制一份货物在舱内的实际积载图。实际积载图不仅是船方运送、保管货物的必备资料，也是卸货港安排卸货作业和现场理货的重要依据。

在装船过程中对原来计划的某一些改变，原则上都应征得船长或大副的同意方可实施，理货长及其他人员无权随意更改原定的积载计划。

实例任务 11：了解剩余舱位报告知识

为了使船舶舱位得到充分利用，在各挂靠港口装船完毕后，船上看舱人员应实地测量舱位的利用情况及剩余情况。之后，船长应将计算出各货舱的剩余舱位电告下一挂靠港口和船公司在各挂靠港口设置的分支机构或揽货机构，或船公司的代理人，使之能够做好补充货载的揽货及装船准备。为了对这种通知的确认，通常使用一定格式的报告纸，这就是剩余舱位报告。

实例任务 12：熟悉过驳清单和卸货报告

过驳清单是卸货港采用驳船作业时使用的，作为证明货物交接和表明所交货物实际情况，借以划分责任的单证。

过驳清单是根据卸货时的理货单证编制的，其内容包括：驳船名、货物标志、号码、件数及包装、货名、舱口号、卸货港、卸货日、过驳清单编号等。此外，还要记载所卸货物的残损情况和程度，这些记载称为过驳清单批注。过驳清单按卸货实际情况编制后，由装卸公司、收货人等接收货物的一方和作为船方责任者的大副共同签字确认。

对于那些不是采用驳船作业的港口，通常使用称为"卸货报告"作为卸货证明的单据。有些国家则称为"货物确卸报告"或"卸货记录"，其作用都是相似的。

卸货报告实际上是一份更详细的进口载货清单，它是根据船舶进口卸货提供的进口载货清单和在卸货港卸下全部货物的情况重新按票汇总而编制的。它较进口载货清单增加了卸货方式、实交数量、溢卸数量、残损数量和备注栏等项目。对货物的外表状况、内容、残损、溢短等情况，均可在卸货报告的备注栏内批注，并经装卸公司和船上大副共同签认。

实例任务 13：掌握货物残损单和货物溢短单情况

货物残损单和货物溢短单是作为卸货交接证明的单证。

货物残损单是在卸货完毕后，由理货长根据现场理货人员在卸货过程中发现货物的各种残损情况，包括货物的破损、水湿、水渍、汗湿、油渍、污染等情况的记录汇总编制成的，是表明货物残损情况的证明。

货物溢短单是在卸货时，对每票货物所卸下的数量与载货清单上所记载的数量不相符情况，待船舶卸货完毕、理清数字后，由理货长汇总编制成的，表明货物溢出或短缺情况的证明。

货物残损单和货物溢短单都是以后收货人向船公司提出损害赔偿要求的证明材料之一，也是船公司处理收货人索赔要求的原始资料和依据之一，但必须经船方（船长或大副）的签认后才有效。所以船方在签字时应认真核对，情况属实才给予签认。若对残损或溢短情况持有不同意见时，最好能当时根据现场情况与装卸、理货人员协商，尽可能取得一致意见。经协商不能取得一致意见时，也可在单证上进行适当的保留批注。

实例任务 14：掌握提货单知识

提货单是收货人或其代理人据以在现场（码头仓库或船边）提取货物的凭证。

虽然收货人或其代理人提取货物是以正本提单为交换条件，但在实际业务中采用的办法则是由收货人或其代理人先向船公司在卸货港的代理人交出正本提单，再由船公司的代理人签发一份提货单给收货人或其代理人，然后再持提货单前往码头仓库或船边提取货物。

船公司的代理人在签发提货单时，首先要认真核对提单和其他装船单证的内容是否相符，然后再详细地将船名、货物名称、件数、重量、包装标志、提单号、收货人名称等填入提货单上，并由船公司的代理人签字交给收货人到现场提货。若同意收货人在船边提货也应在提货单上注明。

提货单的性质与提单完全不同，它只不过是船公司或其代理人指令码头仓库或装卸公司向收货人交付货物的凭证而已，不具备流通及其他作用。为了慎重，一般都在提货单上记有"禁止流通"字样。

实例任务 15：掌握理货计数单知识

理货计数单是现场理货中计算装/卸货物数量最基本的一种单证，是舱口理货员登记每关（每吊）货物实际数字的原始记录。

在装货时，理货计数单是填写装货单和收货单上实装件数的依据；在卸货时，理货计数单是核对提单及载货清单数字的唯一原始依据，同时又是编制货物溢短单的依据。

理货计数单是理货长编制理货日报单、理货证明书及其他理货单证的依据，而且是日后收货人提出溢短索赔和船公司处理赔偿案件时最原始的证明单据。

实例任务 16：熟悉日报单情况

日报单是理货长每日根据各舱口的理货计数单编制的船舶每日装/卸作业进度小结的报表。日报单内记载了船舶各舱口及全船当天装/卸货物的数量（件数、吨数），以及包括当天在内已经完成的装/卸数量，理货长每天在编妥后，均送交船方一份。因此，日报单能使船方、港方及代理方都能准确了解船舶装/卸货物的进度，有利于各方及时安排各项作业。

实例任务 17：掌握现场记录

现场记录是记载进出口货物原残、混装及货物在装卸作业过程中出现的各种现场情况的原始记录。特别是进口卸货时，在打开舱口后发现货物装舱混乱、隔票不清或发现有残损等情况，理货长随即通知船方验看并做出记录，经船方签认后才开始卸货。此后，在卸货过程中又发现新的情况时，要立即通知船方会司验看再做出记录和签认。现场记录是理货长在卸货结束后编制货物残损单的依据。其特点是随时发现情况，随时记录，随时签认，当即解决对货损情况认识的分歧，避免待卸货完毕最后一起签认时发生争执。

实例任务 18：了解待时记录

待时记录是记载由于船方原因所造成的理货人员停工待时的证明。属于船方原因造成的理货人员停工待时包括：非工人责任造成的船舶吊机故障，舱内打冷气，开、关舱，铺垫舱板，隔票，拆卸加固物等。待时记录由理货长编妥后应送船方签认，以便向船方收取理货人员待时费。

实例任务 19：了解理货证明书知识

理货证明书是在理货作业完毕后，由理货长根据理货作业情况编制后送船方签认，作为计收理货费用的凭证。

【小结】

水路运输的概念、我国主要内河水运资源的分布，水路运输的技术经济特征，水路运输根据货物包装形式、货物性质、货物装卸方式、营运方式进行的分类，货船的类型、航线、航道和航标、港口的类别等水路运输的设施设备，水路运输的作业流程：询价与报价环节、托运环节、支付费用环节、托运人向承运人交货环节、货物配积载环节、装船作业环节、承运环节、卸船作业环节、货物的领取环节、货物的退装、分运与补运环节，水路运输的单证：在装货港编制使用的单证、在卸货港编制使用的单证、船舶在港装、卸货物时常用的理货单证。

【主要概念】

水路运输　我国主要内河水运资源的分布　水路运输的技术经济特征　水路运输的种类　散装货物运输　成件货物运输　集装箱货物运输　散装液体货物运输　危险货物运输　笨重、

长大货物运输　舱面装载货物运输　鲜活货物运输　内河拖航运输　班轮运输　租船运输　货船的类型　杂货船　散货船　集装箱船　全集装箱船　半集装箱船　兼用集装箱船　油船　冷藏船　航线　航道　航标　港口的类别　商港　渔港　工业港　军港　避风港　水路运输的作业流程　船舶配载　船舶积载　货物的退装　分运　补运　水路货物运单　掌握装货单　收货单　提单　装货清单　载货清单　载货运费清单　危险货物清单　货物积载图　剩余舱位报告　过驳清单　卸货报告　货物残损单　货物溢短单　提货单　理货计数单　日报单　现场记录　待时记录　理货证明书

【技能训练题】

一、单选题

1. 长江是我国内河通航的最大河流，整个水系有通航支流3 500多条，通航里程长7万多千米，占全国内河航道总里程的_____。
   A. 50%　　　　　B. 60%　　　　　C. 70%　　　　　D. 80%
   答案：C

2. _____是我国仅次于长江的第二大通航河流。
   A. 黄河　　　　　B. 珠江　　　　　C. 黑龙江　　　　D. 京杭运河
   答案：B

3. _____是装载一般包装、袋装、箱装和桶装货物的普通货物船，占有较大比重。
   A. 散货船　　　　B. 集装箱船　　　C. 全集装箱船　　D. 杂货船
   答案：D

4. _____是为船舶的某一具体航次选配货物，即承运人按照托运人提出的货物托运要求和计划，将相同航线和相同装船期限的货物安排给同一艘船舶运输，并编制一张船舶配载图的环节。
   A. 船舶积载　　　B. 船舶配载　　　C. 船舶积配载　　D. 积载图
   答案：B

5. 在_____编制使用的单证有：运单、装货单、收货单、提单等。
   A. 装货港　　　　　　　　　　　　　B. 卸货港
   C. 船公司的代理人　　　　　　　　　D. 船舶在港装、卸货物时
   答案：A

二、多选题

1. 水路运输按其航行的区域，可划分为_____形式。
   A. 内河运输　　　B. 内湖运输　　　C. 江湖运输　　　D. 沿海运输
   E. 远洋运输
   答案：ADE

2. 根据货物的包装形式，水路货物运输可以分为_____运输等。
   A. 散装货物　　　B. 成件货物　　　C. 集装箱货物　　D. 普通货物
   E. 特种货物
   答案：ABC

3. 特种货物运输包括_____等。
   A. 内河拖航运输　　　　B. 鲜活货物运输　　　C. 舱面装载货物运输
   D. 笨重、长大货物运输　　　　　　　E. 危险货物运输
   答案：ABCDE

4. 租船运输的租船方式主要有_____。
   A. 定期租船　　B. 不定期租船　　C. 光船租船　　D. 包运租船
   E. 包租租船
   答案：ACD

5. 托运时托运人向承运人提交托运单证，托运单证中要注明_____等运输事项。
   A. 到达港　　B. 货物运输时限　　C. 数量
   D. 识别标志　　E. 包装方式
   答案：ABCDE

三、简答题

1. 水路运输有哪些技术经济特征？
2. 航标的主要功能有哪些？
3. 港口可以分为哪些类别？
4. 装船作业环节要注意什么？
5. 简述运单的内容。

【案例分析题】

题例

我国沿海综合航海保障体系建设加快

截至2009年年底，我国沿海设置的各类航标达8 815座，其中直属海事系统航测部门直接管理、维护的航标数量为5 775座，航标正常率为99.94%。海事部门将进一步推广信息化遥测遥控管理系统，加快沿海综合航海保障体系建设。

交通运输部海事局常务副局长陈爱平强调，进一步依托科技信息化，开拓创新、求真务实，切实提高海事航测航海保障服务能力水平，加快建设中国沿海综合航海保障体系，推动海事航测事业快速发展、科学发展、安全发展、协调发展。

目前，我国海事航测航海保障能力与水平已位居中等发达国家前列，特别是在自主型、环保型科学技术研发与应用方面成果卓越。陈爱平表示，宏观经济以及航运经济形势的不确定性给航海保障工作提出了更高要求，航测工作如何把握机遇、迎接挑战，充分发挥航海保障服务作用，助推和适应航运经济新的繁荣，实现科学发展目标，是当前的重大课题。

陈爱平对海事航测工作提出进一步要求。一是发挥科技引领作用，加大科技投入；对海区间信息化技术进行系统性完善和研究，逐步推广国际上最先进、最方便、最可靠的信息化遥测遥控管理系统；切实加强新能源技术推广使用。二是抓管理，以提供完善助、导航服务为目标，转变服务理念，规范基础管理，全面提升综合航海保障服务能力。三是抓战略，科学谋划"十二五"发展规划。四是抓基础，提升航测履约和服务能力。五是抓队伍，建设一支高素质的航测队伍。

2008年和2009年，海事航测系统累计完成沿海港口航道图测量面积4.19万换算平方千米；制作港口航道图375幅，电子海图548幅，各类专题图156幅，基本实现了"当年测量，当年出图"，测绘产品合格率100%；发行港口航道图39.3454万张；编辑出版《港口航道图改正通告》中英文版81期，发行22.97万册。共启动航标应急预案293次，应急设标271座；承担应急扫测任务140项，扫测面积达1.5万平方千米。

分析提示：

1. 发展水运有哪些设备与设施的要求？
2. 避免海运事故的有效途径是什么？

学习情境 4

航空运输

【学习目标】

素质目标：航空运输的特点、航空运输的分类
知识目标：航空货物运输概述、航空运输的设备与设施
技能目标：航空运输货物的出口作业流程、航空公司进港、进口货物的操作程序
拓展目标：航空运单的含义与格式、性质和作用、内容、种类

【引例】

引例文章

香港空运货站货量增 42%

香港空运货站公布 2009 年 4 月货量，有 24.80 万吨，与去年同月比较大幅上升 41.9%，亦比 2008 年同期上升 9.9%。今年头 4 个月货量为 88.47 万吨，同比上升 38.7%。

空运货站对近期货运有更多形容，称自 3 月最后一周创历年单周最高货量后，4 月最后一周再破 3 月下旬创下的单周最高货量纪录，在短短 30 日内两创历史单周新高纪录。货站今年 4 月 23 日获得历来最高之单日货量，当天共处理 10 080 吨，突破万吨纪录。

4 月出口货 13.81 万吨，同比上升 53.5%。头 4 个月出口总货量为 47.657 万吨，同比上升 45.9%。

进口货比去年同月上升 32.1%，共 6.178 万吨。头 4 个月进口货量共 23.635 万吨，与去年同期比较上升 39.2%。

转口方面，4 月份处理 4.81 万吨，比去年同月增加 26.5%。头 4 个月总货量上升 21.6%，共 17.184 万吨。

分析提示

1. 航空运输有什么特点？设备与设施有哪些？
2. 香港空运货站的货运量为什么能大幅增长？

【正文】

实训场景 1：航空货物运输概述

知识点：航空货物运输
关键技能点：航空货物运输

实例任务：认知航空货物运输

航空货物运输是指采用商业飞机运输货物的商业活动。是目前国际上安全迅速的一种运输方式。

世界航空运输的发展起步较晚,是在20世纪初开始的。世界上第一架飞机是在1903年由美国人怀特兄弟发明创造的。同年,12月17日成功,从此打开了航空史的新局面。1909年,法国最先创办了商业航空运输,但由于机型小和经济不发达等原因,当时的货运仅限于少量的邮件、军需品等,而飞机的载重量也不过100千克。然而,航空运输作为一种国际贸易货物运输方式,则是在第二次世界大战以后才开始出现的。但发展十分迅速,在整个国际贸易运输中所占的地位日益显著,航空货物运输量在逐步增大。

目前,全球约有1 000余家航空公司,30 000余个民用机场,6 000余架民用喷气式飞机,货运量日渐增多,航线四通八达,遍及全球各大港口和城市。

实训场景2:航空运输的技术经济特征

知识点:航空运输的技术经济特征
关键技能点:航空运输的特点

实例任务:熟悉航空运输的特点

思政:培养职业素养

1. 具有较高的运送速度

由于在空中飞行,较少受到自然地理条件的限制,因此航线一般取两点间的最短距离,尤其在远程直达方面更能体现其优势。航空运输具有其独特的时间经济价值,随着经济发展,人均收入水平及时间价值的提高,航空运输在运输中的比例将呈上升之势。

2. 最适合于鲜活易腐商品和季节性强的商品运送

这些商品由于性质特殊,对时间要求极为敏感,如运送时间过长致使腐烂变质,商品就会失去使用价值或错过季节无法销售,滞存在仓库就要负担仓储费用,积压资金。采用航空运输,为这类商品的运输和销售争取了时间和提供了可能,并有利于开辟运输距离较远的市场,这是其他运输方式所无法比拟的。

3. 安全准确

由于航空运输管理制度比较完善,完成空运的时间短而且准确,货物破损率低,被偷窃机会少。所以是比较安全的运输方式。

4. 可节省包装、保险、利息等费用

虽然航空运费要高于其他运输费用,但由于运输速度快,商品在途时间短,周转快,周期短,库存期可相应缩短,因而可节省仓储费用,资金周转速度加快,这样,综合成本相比较而言,是节省了。

5. 受气候条件限制

航空运输在一定程度上会受到气候条件的限制,从而在一定程度上影响运输的准确性。例如,遇到大雨、大雪、台风、大雾等恶劣天气,航班的按时起飞就得不到有效保证。

6. 可达性差

由于航空运输是沿着固定的航线进行运输,而且飞机的起飞与降落需要专业的指挥和专门的区域空间,所以,航空运输难以实现货物的"门到门"运输,而必须借助其他运输工具(主要是汽车)在航空港转运,才能实现"门到门"运输。

7. 航空运输具有投资大、运输能力小、技术复杂等特点

8. 承运对象狭窄

由于运价昂贵,客货运量小,且机场分布不够广泛等原因,航空运输一般只适合下列几种运输对象:长途旅客;体积小、价值高、运费承担能力强的贵重货物,如电子设备、精密仪器等;

时令货物，如海鲜、时装、鲜花等；应急物资，如急救药品器材、救灾物资、战时军需品等。

实训场景 3：航空运输的分类

知识点：航空运输的分类
关键技能点：班机运输、包机运输、集中托运、航空快递、联合运输

实例任务 1：掌握班机运输知识

班机是指在固定的航线上定期航行的航班，所以，班机运输固定始发站、目的站和途经站。按照业务对象不同班机运输可分为客运航班和货运航班。客运航班一般采用客、货混合型飞机，一方面搭载旅客，另一方面运送小批量货物。货运航班只承揽货物运输，一般使用全货机。但考虑到货源方面因素，货运航班一般只由一些规模较大的航空公司在货运量较为集中的航线上开辟。

班机运输具有以下特点：

（1）迅速准确。由于班机运输具有固定航线、固定的始发目的港、中途挂靠港，并具有固定的班期，它可以准确、迅速地将货物送到目的港。

（2）方便货主。收发货人可以准确掌握货物的起运、到达时间，对于贸易合同的履行具有较高的保障。

（3）舱位有限。由于班机运输大多采用客货混合机型，随货运量季节的变化会出现舱位不足现象，不能满足大批量货物及时出运要求，往往只能分批运送。

班机运输的发展趋势：

近年来随着航空运输业的发展，航空公司为实现航空运输快速、准确的特点，不断加强航班的准班率，并强调快捷的地面服务，在吸引传统的鲜活货物、易腐货物、贵重货物、急需货物的基础上，又提出为企业特别是跨国企业提供后勤服务，正努力成为跨国公司分拨产品、半成品的得力助手。

实例任务 2：熟悉包机运输知识

当货物量较大，当班机运输不能满足需要时，则采用包机运输，包机可分为整包机和部分包机两类。

（1）整包机。整包机即租整架飞机，是指航空公司或包机代理公司，按照与租机人双方事先约定的条件和费率，将整架飞机租给租机人，从一个或几个航空港装运货物到指定目的港的运输方式。整包机的费用是一次一议的，它随国际市场供求情况变化而变化。一般是按每飞行一千米固定费率收取费用，并按每飞行一千米费用的80%收取放空费。因此大批量货物使用包机时，要争取来回程都有货载，这样费用会降低。

（2）部分包机。部分包机是指由几家航空货运公司（或发货人）联合包租一架飞机，或者由航空公司把一架飞机的舱位分别卖给几家航空货运公司的货物运输方式。相对而言，部分包机适合于运送1吨以上而且货量不足整机的货物，在这种形式下，货物运费较班机运输低，但由于需要等待其他货主备好货物，因此运送时间较整包机的方式长。

由于包机运输可以由承租人自行设定航程的起止点和中途停靠港，因此灵活性高，但由于各国政府为了保护本国航空公司利益，常对从事包机业务的外国航空公司实行各种限制，例如有申请入境、通过领空和降落地点等复杂烦琐的审批手续，大大增加了包机运输的营运成本。

实例任务 3：掌握集中托运方法

集中托运是指集中托运人将若干批单独发运的货物组成一整批，向航空公司办理托运，采用一份航空总运单集中发运到同一目的站，由集中托运人在指定的目的地代理收货，再根据集中托运人签发的航空分运单分拨给各收货人的运输方式，也是航空货物运输中开展最为普遍的一种运输方式。

与货运代理人不同，集中托运人的地位类似多式联运中的多式联运经营人。他承担的责任不仅仅是在始发地将货物交给航空公司，在目的地提取货物并转交给不同的收货人，而是承担了货物的全程运输责任，且在运输中具有双重角色。他对各个发货人负货物运输责任，地位相当于承运人，而在与航空公司的关系中，他又被视为集中托运的一整批货物的托运人。

集中托运作为最主要的一种航空货运方式给托运人带来了极大的便利，主要表现在：

（1）更为低廉的费率。由于航空运费的费率随托运货物数量增加而降低，因此，当集中托运人将若干小批量货物组成一大批出运时，能够争取到更为低廉的费率。集中托运人会将其中一部分支付目的地的代理费用，另一部分会返还给托运人以吸引更多的客户，其余的作为集中托运人的收益。

（2）更高的服务质量。集中托运人的专业性服务也会使托运人受益，这包括完善的地面服务网络、拓宽了的服务项目以及更高的服务质量。

（3）更快的资金周转。因为航空公司的主运单与集中托运人的分运单效力相同，集中托运形式下托运人结汇的时间提前，资金的周转加快。

但是，集中托运也有它的局限性，主要表现在：

（1）贵重物品、危险品、活动物、外交信袋、一级文物等不能办理集中托运。

（2）由于集中托运的情况下，货物的储运时间不能确定，因此，不适合易腐烂变质的货物、紧急货物或其他对时间要求高的货物的运输。

（3）对可以享受航空公司优惠运价的货物来讲，使用集中托运的形式可能不仅不能享受到运费的节约，反而使托运人运费负担加重。

实例任务 4：掌握航空快递方法

航空快递业务又称快件、快运或速递业务，是由专门经营该项业务的航空货运公司派专人用最快的速度，在货主、机场、用户之间传送急件的运输服务业务。

航空快递的特点：

（1）收件的范围不同。航空快递的收件范围主要有文件和包裹两大类。其中文件主要是指商业文件和各种印刷品，对于包裹一般要求毛重不超过 32 千克（含 32 千克）或外包装单边不超过 102 厘米，三边相加不超过 175 厘米。近年来，随着航空运输行业竞争更加激烈，快递公司为吸引更多的客户，对包裹大小的要求趋于放松，而传统的航空货运业务以贸易货物为主，规定每件货物体积不得小于 5 厘米×10 厘米×20 厘米。邮政业务则以私人信函为主要业务对象，对包裹要求每件重量不超过 20 千克，长度不超过 1 米。

（2）经营者不同。经营国际航空快递的大多为跨国公司，这些公司以独资或合资的形式将业务深入世界各地，建立起全球网络。航空快件的传送基本都是在跨国公司内部完成，而国际邮政业务则通过万国邮政联盟的形式在世界上大多数国家的邮政机构之间取得合作，邮件通过两个以上国家邮政当局的合作完成传送。国际航空货物运输则主要采用集中托运的形式，或直接由发货人委托航空货运代理人进行，货物到达目的地后，再通过发货地航空货运代理的关系人代为转交货物到收货人的手中。业务中除涉及航空公司外，还要依赖航空货运代理人的协助。

（3）经营者内部的组织形式不同。邮政运输的传统操作理论是接力式传送。航空快递公司则大多采用中心分拨理论或称转盘分拨理论组织起全球的网络。也就是快递公司根据自己业务的实际情况,在中心地区设立分拨中心,各地收集起来的快件按所到地区分拨完毕,装上飞机。当晚各地飞机飞到分拨中心,各自交换快件后飞回。第二天清晨,快件再由各地分公司用汽车送到收件人办公桌上。这种方式可以减少中间环节,快件的流向简单清楚,减少了错误,提高了操作效率,缩短了运送时间。

(4) 使用的单据不同。航空货运使用的是航空运单,邮政使用的是包裹单,航空快递业也有自己独特的运输单据——交付凭证。交付凭证一式四份:第一联留在始发地并用于出口报关;第二联贴附在货物表面,随货同行,收件人可以在此联签字表示收到货物(交付凭证由此得名),但通常快件的收件人在快递公司提供的送货记录上签字,而将此联保留;第三联作为快递公司内部结算的依据;第四联作为发件凭证留存发件人处,同时该联印有背面条款,一旦产生争议时可作为判定当事各方权益、解决争议的依据。

(5) 航空快递的服务质量更高,主要体现在以下几个方面:

速度更快。一般洲际快件运送在 1~5 天内完成;地区内部只要 1~3 天。这样的传送速度无论是传统的航空货运业还是邮政运输都是很难达到的。

更加安全、可靠。在航空快递形式下,快件运送自始至终是在同一公司内部完成,各分公司操作规程相同,服务标准也基本相同,而且同一公司内部信息交流更加方便,对客户的高价值、易破损货物的保护也会更加妥善,所以运输的安全性、可靠性也更好。与此相反,邮政运输和航空货物运输因为都涉及多位经营者,各方服务水平参差不齐,所以较容易出现货损货差的现象。

更方便。航空快递不止涉及航空运输一种运输形式,它更像是陆空联运,通过将服务由机场延伸到客户的仓库、办公桌,航空快递真正实现了门到门服务,方便了客户。此外,航空快递公司为一般包裹代为清关,针对不断发展的电子网络技术,又率先采用了 EDI 报关系统,为客户提供了更为便捷的网上服务,快递公司特有的全球性电脑跟踪查询系统为有特殊需求的客户带来了极大的便利。

(6) 航空快递同样有自己的局限性,如快递服务所覆盖的范围不如邮政运输广泛。国际邮政运输综合了各国的力量,可以这样说,有人烟的地方就有邮政运输的足迹,但航空快递毕竟是靠某个跨国公司的一己之力,因此,各快递公司的运送网络只能包括那些商业发达、对外交流频繁的地区。

实例任务 5:熟悉联合运输方式

联合运输方式主要是指陆空联运,即指包括空运在内的两种以上的运输方式紧密结合的方式,主要有三种类型:火车—飞机—卡车的联合运输方式,火车—飞机的联合运输方式,卡车—飞机的联合运输方式。

我国空运出口货物经常采用陆空联运方式。具体做法例如:用火车、卡车或船舶将货物运至香港,然后利用香港的优势,把货物经香港由飞机空运至目的地或中转地航空站,再通过当地代理,用卡车将货物运至目的地。整个运输时间缩短,一般至欧洲用 15 天左右,且费用为正常班机运费的一半或 2/3。

实训场景 4:航空运输的设备与设施

知识点:航空运输的设备与设施
关键技能点:航线、航班、航空站、航空器、通信设备、导航设备与监视设备

实例任务1：熟悉航线

航空器在空中飞行，必须有合适于航空器航行的通路，经过批准开辟的连接两个或几个地点，进行定期和不定期飞行，经营运输业务的航空交通线即为航线。

航线按飞机飞行路线的不同可分为国内航线和国际航线。国内航线是指飞机的起讫点和经停点均在一国国境的航线。一般由国家民用航空管理机构指定。国际航线是指飞机的起讫点和经停点跨越一国国境，连接其他国家的航线。国际航线因需经过其他国家的领空，因此必须事先洽商，获得同意后方可开航。

实例任务2：熟悉航班

航班是指飞机根据班机时间表在规定的航线上使用规定的机型，按照规定的日期、时刻进行飞行。从基地站出发的飞机叫去程航班，返回基地站的飞行为回程航班。

航班有定期航班和不定期航班之分。定期航班公布运价和班期，按照双边协定经营，向公众提供运输服务，对公众承担义务。不定期航班是按包机合同，分别申请、个别经营，不对公众承担义务。

实例任务3：认知航空站

航空站即机场，是供飞机起飞、降落和停放及组织、保障飞行活动的场所。机场通常由跑道、滑行道、停机坪、指挥调度塔、助航系统、输油系统、维护修检基地、消防设备、货站及航站大厦等建筑和设施组成。

实例任务4：了解航空器

1. 含义

这里主要指的是飞机。

2. 构成

飞机的构造包括机身、机翼、操纵装置、起落装置和推进装置。

3. 种类

（1）按型号分，可分为普通型和高载重型。
（2）按航行速度和航程分，可分为短途和洲际型。
（3）按用途分，可分为客机、货机和客货混合机型。

实例任务5：认知通信设备、导航设备与监视设备

通信设备包括：高频通信系统、甚高频通信系统、选择呼叫系统。高频通信系统一般采用两种制式工作，即调幅制和单边带制，以提供飞机在航路上长距离的空对地或空对空的通信；甚高频通信系统一般采用调幅方式工作，主要提供飞机与地面塔台、飞机与飞机之间近距离视线范围的话音通信；选择呼叫系统指地面塔台通过高频或甚高频通信系统对指定飞机或一组飞机进行联系。

导航设备包括：甚高频全向信标系统、无方向性信标系统、仪表着陆系统。甚高频全向信标系统是一种近程无线电导航系统。无方向性信标系统，即导航台，是用来为机上无线电罗盘提供测向信号的发射设备。仪表着陆系统能在气象条件恶劣和能见度差的条件下，给驾驶员提供引导信息，保证飞机安全进港和着陆。

监视设备是雷达。它利用无线电波发现目标，并测定其位置，监视雷达系统一般分为两种类型：一次雷达和二次雷达。

实训场景 5：航空运输货物的出口作业流程

知识点：航空运输货物的出口作业流程
关键技能点：托运环节，货物重量和尺码计算，预配舱、预订舱，制单环节，接货环节，制签、配舱、订舱及出港环节，提板箱与装货，装运通知的发出，航班跟踪，货物的到达与交付，掌握运输变更的处理

实例任务 1：掌握货物的托运环节

货物托运人在托运货物时应做到：
（1）凭单位介绍信或其他有效证件，填写货物托运单，向承运人或其代理办理托运手续。
（2）货物托运单的内容应填写清楚，如：收、发货人具体单位、姓名、地址；货物的名称、种类、包装、价值、件数；是否办理航空保险；运输要求等。
（3）如托运政府有关规定限制托运的货物，以及需要办理公安和检疫等各项手续的货物，均应附有效证明文件。
（4）托运的货物中不准夹带禁止运输和超过了限制运输的物品、危险品、贵重物品、现钞、证券等。
（5）对不同的运输条件，或根据货物性质不能同时运输的货物，则应分别填写货物货运单。

实例任务 2：掌握货物重量和尺码计算方法

对空运货物的重量、尺码计算，必须做到以下几个方面：
（1）对货物重量按毛重计算，计算单位为千克，尾数不足 1 千克的则按四舍五入方式处理。
（2）如每千克货物的尺码超过 7 000 立方厘米则为轻泡货物，以每 7 000 立方厘米折合 1 千克计重（国内航空是以每 6 000 立方厘米折合 1 千克计重）。
（3）每一件货物的重量一般不能超过 80 千克，尺码一般不能超过 40 厘米×60 厘米×100 厘米，超过者则为超限货物。每件货物的最小尺码长、宽、高合计不得少于 40 厘米，最小的一边长不得少于 5 厘米。
（4）如果发货人托运超限货物，则应该提供货物的具体重量、体积，按承运人的规定支付超限货物的附加费。

实例任务 3：熟悉预配舱、预订舱情况

预配舱、预订舱是指计算出该航班货物的件数、重量、体积，根据货物重、泡情况和航空公司不同机型对不同板箱的重量和高度要求，制定预配舱方案，并对每票货配上运单号，打印出总运单号、件数、重量、体积，向航空公司预订舱。此时货物可能还没有进入仓库，预报和实际的件数、重量、体积等都会有差别，这些情况留待配舱时再作调整。

实例任务 4：掌握制单环节

制单的内容是：审核确认的托运单、报关单证和收货凭证等，制作操作交接单，填上所收到的各种报关单证份数，给每份交接单汇总后配上一份总运单或分运单。如果此时货未到或未全到，可以按照托运单上的数据填入交接单并注明，货物到齐后再进行修改。
填制航空货运单，包括总运单和分运单。填制航空货运单是空运出口业务中最重要的环节。货运单填写得准确与否直接关系到货物能否及时、准确地运达目的地。航空货运单是发货人收

汇和结汇的主要有效凭证。因此，运单的填写必须详细、准确，严格符合"单货一致、单单一致"的要求。

填制航空货运单的主要依据是发货人提供的国际货物托运单，货运单一般用英文填写，目的地为香港地区的货物运单可以用中文填写，但货物的品名一定要用英文填写。托运书上的各项内容都应体现在航空货运单上，如：发货人和收货人的全称、详细地址、电话、电传、传真和账号；出口货物的名称、件数、重量、体积、包装方式；承运人和代理人的名称和城市名称；始发地机场和目的地机场等。货物的实际重量，以航空公司称量的重量为准。重量单位一般以千克来表示。运价类别一般用"M、N、Q、C、R、S"来表示。"M"代表最低重量；"N"代表45千克以下普通货物运价；"Q"代表45千克以上普通货物运价；"C"代表指定商品运价；"S"代表附加运价；"R"代表附减运价。

所托运货物，如果是直接发给国外收货人的单票托运货物，填开航空公司运单即可。如果货物属于以国外代理人为收货人的集中托运货物，必须先为每票货物填开集运商的分运单，然后再填开航空公司的总运单，以便国外代理人对总运单下的各票货物进行分拨。

接到移交来的交接单、托运单、报关单证后，要进行分运单、总运单分别填制。总运单上的运费填制按所适用的公布运价，并注意是否可以用较高重量点的运价；分运单上的运费和其他费用按托运单和交接单的要求。相对应的几份分运单件数应与总运单的件数相符合；总运单下有几份分运单时，需制作航空货物清单。

实例任务5：掌握接货环节

接收货物一般与接单同时进行。接货时应对货物进行过磅和丈量，并根据发票、装箱单或送货单清点货物，并核对货物的数量、品名、合同号或唛头等是否与货运单上所列一致。

货物的外包装应符合运输基本要求：

（1）货物包装要求坚固、完好、轻便，应能保证在正常的操作（运输）情况下，货物可完好地运达目的地；同时，也不损坏其他货物和设备，即包装不破裂，内装物不漏失，填塞牢固使内装物相互不摩擦、不碰撞，没有异味散发，不因气压、气温变化而引起货物变质，不伤害机上人员和操作人员，不污损飞机、设备和机上其他装载物、便于装卸。

（2）为了不使密封舱飞机的空调系统堵塞，不得用带有碎屑、草末等的材料包装，如草袋、草绳、粗麻包等；包装的内衬物，如谷糠、锯末、纸屑等不得外漏。

（3）包装外部不能有突出的棱角，也不能有钉、钩、刺等。包装外部需清洁、干燥、没有异味和油腻。

（4）每件货物的包装上详细写明收货人、通知人和托运人的姓名和地址。如果包装表面不能书写时，可写在纸板、木牌或布条上，再拴挂在货物上。填写时，字迹必须清楚、明晰。

（5）包装的材料要良好，不得用腐朽、虫蛀、锈蚀的材料。无论木箱或其他容器，为了安全，必要时可用塑料、铁箍加固。

（6）如果包装件有轻微破损，填写货运单应在相应栏标注出详细情况。

实例任务6：掌握制签办法

根据标签的作用，标签可以分为识别标签、特种货物标签和操作标签等。识别标签是用以说明货物的货运单号码、件数、重量、始发站、目的站、中转站的一种运输标志，分为挂签、贴签两种，在使用标签之前，应清除所有与运输无关的标记与标签；体积较大的货物需对贴2张标签；袋装、捆装、不规则包装除使用2个挂签外，还应在包装上写清货运单号码和目的站。特种货物标签是说明特种货物性质的各类识别标志，分为活动物标签、危险品标签和鲜活易腐物品标签。操作标签是说明货物储运注意事项的各类标志。

标签还可分为航空公司标签和分标签两种。航空公司标签是对其所承运货物的标识。航空公司的标签的内容：标签前三位阿拉伯数字是承运航空公司的代号，后八位数字是总运单号码。分标签是代理公司对分标签货物的标识。凡出具分运单的货物都要制作分标签，填制分运单号码和货物到达城市或机场的代码。每一件货物上贴一张航空公司标签，有分运单的货物，每件再贴一张分标签。

实例任务 7：熟悉配舱、订舱及出港环节

配舱、订舱是指需要运输的货物都已入库后，核对货物的实际件数、重量、体积与托运书上预报数量的差别，根据预订舱位、板箱的领用，合理搭配，按照各航班机型、板箱型号、高度、数量进行配载，并将所接收的空运货物向航空公司正式提出运输申请并订妥舱位。货物订舱需根据发货人的要求和货物标识而定。一般来说，大宗货物、紧急物资、鲜货、易腐物品、危险品、贵重物品等，必须预订舱位。

订舱时需要向航空公司的吨控部门领取并填写订舱单，提供相应的信息：货物的名称、体积、重量、件数、目的地；要求出运的时间；其他运输要求（温度要求、装卸要求、货物到达目的地时限等）。航空公司根据实际情况安排航班和舱位。航空公司舱位销售的原则是：保证有固定舱位配额的货物；保证邮件、快件舱位；优先满足运价较高的货物舱位；保留一定的零散货物舱位；未订舱的货物按交运时间的先后顺序安排舱位。订舱后，航空公司签发舱位确认书，即舱单。

出口货物根据检验检疫部门的规定和货物种类办理好相应手续，并向出境地海关办理货物出口手续后，方可出运。

配舱方案制定后应编制出仓单。出仓单上应载明出仓日期、承运航班的日期、装载板箱形式及数量、货物进仓顺序编号、总运单号、件数、重量、体积、目的地代码和备注。出仓单交给出口仓库，是从出口仓库提货的依据，是制作《国际货物交接清单》的依据，也用于向航空公司交接货物。当出仓单在报关有问题时，可有针对性地反馈，以采取相应措施。

航空公司出港货物的操作程序包括从发货方将货物交给航空公司，直到货物装上飞机的整个操作流程。航空公司出港货物的操作程序包括预审、整理单据、过磅和入库、出库等。

实例任务 8：熟悉提板箱与装货情况

除特殊情况外，航空运输的货物均是以"集装箱""集装板"形式装运。订妥舱位后，航空公司的吨控部门将根据货物数量出具发放"航空集装箱、板"的凭证，并凭此向航空公司的箱板管理部门领取与订舱货量相应的集装板、集装箱。

装板、装箱时要注意：不要用错集装箱、集装板，不要用错板型、箱型。每个航空公司为了加强本航空公司的板、箱管理，都不许可本公司的板、箱被其他航空公司的航班所用。不同公司的航空集装箱航空集装板的型号、尺寸都有差异。因此，如果用错，会出现上不了飞机的现象。同时，装箱、装板时，要注意货物的尺寸，既不超装，又要在规定的范围内用足箱、板的可用体积。要垫衬、封盖好塑料纸，防潮、防雨淋；集装箱、集装板内货物尽可能配装整齐，结构稳定，并接紧网索，防止运输途中倒塌。对于大宗货物、集中托运货物，尽可能将整票货物装在一个或几个板、箱内运输。已装妥整个板、箱后剩余的货物尽可能拼装在同一箱、板上，防止散乱、遗失。

实例任务 9：熟悉装运通知的发出方法

货物装机完毕，由中国民航签发航空总运单，外运公司签发航空分运单。航空分运单有正本 3 份、副本 12 份。正本 3 份，第一份交给发货人，第二份由外运公司留存，第三份随货同行交

给收货人。副本12份作为报关、财务结算、国外代理、中转分拨等用途。

货物装机后，即可向买方发出装运通知，以便对方准备付款赎单，办理收货。进出口公司凭中国对外贸易运输总公司的分运单或民航的运单办理结汇。如果货物在运输途中发生短少破损等事故，是属于航空公司责任的，由民航直接赔偿进出口公司；是属于航空货运代理公司责任的，由中国对外贸易运输公司负责联系赔偿。

实例任务10：了解航班跟踪

航班跟踪是指在将单、货交接给航空公司后，航空公司可能会因种种原因，例如航班取消、延误、溢载、故障、改机型、错运、倒垛，或装板不符合规定等，未能按预定时间运出，所以应从单、货交给航空公司后就对航班、货物进行跟踪。需要联程中转的货物，在货物出运后，应要求航空公司提供二、三程航班中转信息。有些货物事先已预订了二、三程，也还需要确认中转情况。有时需直接发传真或电话与航空公司的海外办事处联系货物中转情况。

实例任务11：掌握货物的到达与交付

货物到达和交付是货物运输的最后环节。到达站应迅速、准确地办理提货通知和货物交付，以便于收货人及时使用。

货物到达后，应分清货物是在机场提取还是在市区提取。对于在市区提取的货物，应逐批填写货物交接清单（舱单）。市内货运处在接收到达货物时，应根据清单（舱单）交接。如货物有不正常情况，应该在到达清单（舱单）上做记录，以备查证和明确责任。如发现到达货物的重量和货运单所列不符，需补退运费时，应通知出发站向托运人补退运费。如果出发站无法办理时，可在交付时向收货人补退。

货物运至到达站后，除另有约定外，承运人或其代理人应当及时向收货人发出到货通知。急件货物的到货通知应当在货物到达后2小时内发出，普通货物应当在24小时内发出。如货运单未随货到达，应根据货物外包装的发货标记通知收货人提货；如有疑问，直发电查问清楚或待收到货运单后再作处理，以免通知错误。

通知提货可采用电话通知或书面通知。凡能用电话通知的应尽量用电话通知。在用电话通知时，应交代有关事项，问明受话人姓名，并将通知日期和受话人姓名记录在货运单有关栏内，以备查证。对于不使用电话通知的收货人，可采用邮寄提货通知的办法进行通知。提货通知书采取单页卡片式，交邮局时一律按挂号明信片形式交寄。

收货人提取货物应提供下列证明：

（1）收货人凭到货通知单和本人身份证或其他有效身份证件提货。委托他人提货时，凭到货通知单和货运单指定的收货人及提货人的身份证或其他有效身份证件提货。如承运人或其代理人要求出具单位介绍信或其他有效证明时，收货人应予提供。

（2）收货人提取海关监管和需要检疫的货物时，应办妥有关手续，并携带放行和检疫等证件来提货。

（3）收货人如遗失提货证明，应向承运人声明，并提供有效证明文件前来提货。

（4）经常有货物到达的单位，与承运人协商同意后可以出具委托书指定专人凭印鉴提货，不必每次开具证明。

货物交付程序：

（1）查验收货人的身份证明和其他证件及印鉴，注意防止冒提和误交；查核收货人提货是否超过免费保管期限。

（2）收清应当向收货人收取的运费、保管费和其他费用。

（3）根据货运单核对发货标记和货物标签无误后，将货物点件、对号交给收货人。请收货人查看货物是否完整无损,如发现不正常情况,按下列办法处理:①若货物包装破损,内件缺少或损坏,重量不符,应和收货人当面检查和复评,填制事故记录。如属承运人责任事故,应按有关赔偿规定办理。②如货物的缺少或损失、损坏责任不明,应进行调查,明确责任,并按调查结果处理。③保险货物若发生短少、损坏应告知收货人,应在承运人出具事故记录的 10 天内向所在地保险公司申请办理赔偿。

(4) 将货物点交以后,如收货人对货物的完整无损未提出异议,则视为货物已经完好交付,请其在货运单收货人栏内签收。如货运单未随货到达,应请收货人在货物分批发运单收货人栏内签收。

(5) 收货人提取货物并在货运单上签收后,承运人即完成该次承运任务,解除运输责任。

(6) 承运人在货运单或分批发运单交付人栏签字,并在提货日期栏注明日期。

(7) 到达站应将已交付货物的货运单逐日整理,按日期装订,妥善保存,以备查证。

(8) 为了便于查询提取情况,承运人一般要编制"提取货物登记簿"。在交付货物时,双方应同时在该登记簿登记签字。

货物保管期限与保管费:

(1) 从发出到货通知的次日起,货物可由承运人免费保管 3 日。逾期提取,承运人或其代理人可按规定核收保管费。

(2) 货物被检察机关扣留或因违章等待处理存放在承运人仓库内,应由收货人或托运人负担保管费和其他有关费用。

(3) 动物、鲜活易腐物品及其他指定日期和航班运输的货物,托运人应当负责通知收货人在到达站机场等候提取。

(4) 对于 14 日无人提取、又无托运人意见的货物,按无法交付货物处理。

实例任务 12:掌握运输变更的处理

航空货物自承运人接受运输后,货物托运人或收货人由于某种原因可以要求变更原定的运输,但此种变更应具备以下条件:

(1) 货物承运后,货物托运人可提出:变更到达站;变更收货人;运回原出发站;运输前取消托运。

(2) 无论哪一种变更,仅以一次为限。

(3) 提出运输变更,应出具书面要求与货运单。

(4) 要求变更运输的货物,应当是一张货运单上填写的全部货物。

(5) 如果变更运输属于违反政府有关法令或运输限制的情况,承运人有权不予办理。

一旦承运人同意变更,则应及时处理变更,更改或重开货运单,并重新核收运费;对运输前取消托运的货物,则应核收退运手续费。

实训场景 6:航空运输货物的进口作业流程

知识点:航空运输货物的进口作业流程
关键技能点:进港货物的操作程序、进口货运业务程序

实例任务 1:掌握航空公司进港货物的操作程序

航空公司进港货物的操作程序,是指从飞机到达目的地机场,承运人把货物卸下飞机直到交给收货方的整个操作流程,包括进港航班预报、办理货物海关监管、分单业务、核对运单和舱

单、电脑输入、交接等。

进港航班预报是航空公司及其地面代理人填写航班预报记录本，以当日航班进港预报为依据，在航班预报册中逐项填写航班号、机号、预计到达时间。

办理货物海关监管是指在收到业务袋后，检查业务袋的文件是否完备，并将货运单送到海关，由海关人员在货运单上加盖海关监管章的手续。业务袋中通常包括货运单、货邮舱单、邮件路单等运输文件。

分单业务是指在每份货运单的正本上加盖或书写到达航班的航班号和日期。在办理分单业务时，要求认真审核货运单，注意运单上所列的目的港、代理公司、品名和运输保管的注意事项。

核对运单和舱单时，要求根据分单情况，在整理出的舱单上标明每票运单的去向。若舱单上有分批货，则应把分批货的总件数标在运单号之后，并注明分批标志；把舱单上面列出的特种货物、联程货物圈出。核对运单份数与舱单份数是否一致，做好多单、少单的记录，将多单运单号码加在舱单上，多单运单交查询部门查询。然后根据标好的一套舱单，将航班号、日期、运单号、数量、重量、特种货物、代理商、分批货、不正常现象等信息输入电脑，打印出国际进口货物航班交接单。最后进行货物、单证的交接工作，将中转货物和中转运单、舱单交出港操作部门；将邮件和邮件路单交邮局。

实例任务2：掌握收货方的进口货运业务程序

收货方的航空货物进口货运程序通常由航空货运代理人来完成，它是指对于货物从入境到提取或转运整个流程的各个环节，准备所需办理的手续及相关单证的全过程。该业务程序包括到货预报、交接单货、理货与仓储、理单与到货通知、制单与报关、收费与发货、送货与转运等。

（1）到货预报

在国外发货之前，由外方将运单、航班、件数、重量、品名、实际收货人及其地址、联系电话等内容通过传真或E-mail发至目的地，这一过程被称为预报。到货预报的目的是让目的地做好接货前的所有准备工作。对于到货预报，要注意中转航班和分批货物的情况。中转点航班的延误会使实际到达时间和预报时间出现差异；从国外一次性运来的货物在国内中转时，由于国内装载量与运输量的限制，往往采用分批的方式运输。

（2）交接单货

航空货物入境时，与货物相关的单据（运单、发票、装箱单等）也随机到达，运输工具及货物处于海关监管之下。货物卸下后，被存入航空公司或机场的监管仓库。航空公司进行进口货物舱单录入，将舱单上的总运单号、收货人、始发站、目的站、件数、重量、货物品名、航班号等信息通过电脑传输给海关留存，供报关用。航空公司或其地面代理人根据运单上的收货人及地址寄发提货通知。若运单上收货人或通知人为某航空集运商时，则将运输单据及与之相关的货物交给该集运商。

航空公司的地面代理人与集运商进行国际货物交接清单、总运单、随机文件和货物的交接。交接时要进行单、单核对（交接清单与总运单核对），单、货核对（交接清单与货物核对）。另外还需注意分批货物，做好空运进口分批货物登记。集运商在与航空公司办理交接手续时，应根据运单及交接清单核对实际货物，若存在有单无货或有货无单的情况，应在交接清单上注明，以便航空公司组织查询并通知入境地海关。

当发现货物短缺、破损或存在其他异常情况时，应向航空公司索要商务事故记录，作为交涉索赔事宜的依据。要求航空公司开具商务事故证明的通常有：包装货物受损，如纸箱开裂、破损、包装内货物散落（含大包装损坏后散落为小包装，数量不详）；木箱开裂、破损，有明显受撞击迹象；纸箱、木箱未见开裂、破损，但其中液体漏出；裸装货物受损，如金属管、塑料管压扁、断裂、折弯；机器部件失落，仪表表面破裂等；木箱或精密仪器上防震、防倒置标志泛红；货物件数短缺。

（3）理货与仓储

理货与仓储是指集运商自航空公司接货后，立即短途驳运进入自己的监管仓库，组织理货及仓储。

理货的内容主要包括：逐一核对每票件数，再次检查货物破损情况，遇有异常，确属接货时未发现的问题，可向民航提出交涉；按大货、小货，重货、轻货，单票货、混载货，危险品、贵重品，冷冻、冷藏品等不同情况分别堆存、进仓；堆存时要注意货物箭头的朝向，总运单、分运单标志的朝向，注意重不压轻、大不压小；登记每票货存区号，并输入电脑。

由于航空进口货物的贵重性、特殊性，其仓储要求较高。应该注意的问题有：货物不能露天放置，不能无垫托置于地上；纸箱、木箱均应有叠高限制；防温升变质；生物制剂、化学试剂、针剂药品等部分特殊物品，要防止阳光曝晒；一般情况下，冷冻品置于-15 ℃~-20 ℃冷冻库（俗称低温库），冷藏品置放于2 ℃~8 ℃冷藏库；应设立独立的危险品库，易燃易爆品、毒品、腐蚀品、放射品均应分库安全置放；为防贵重品被盗，贵重品应设专库，由双人进行制约保管。

（4）理单与到货通知

理单、发出到货通知是指集运商整理有关单证和向收货人发出到货通知的工作。

集运商会根据不同情况进行理单。集中托运时，需在总运单项下进行拆单，将集中托运进口的每票总运单项下的分运单分理出来，审核与到货情况是否一致，并制成清单输入电脑；将集中托运总运单项下的发运清单输入海关电脑，以便实施按分运单分别报关、报检、提货。集运商将总运单、分运单与其他各类单证等进行编配；凡单证齐全、符合报关条件的即可转入制单、报关程序。

货物到目的港后，为减少货主仓储费，避免海关滞报金，应尽早、尽快、尽妥当地通知货主到货情况，提请货主配齐有关单证，尽快报关。

到货通知应向货主提供到达货物的以下信息：运单号、分运单号、货运公司；件数、重量、体积、品名、发货公司、发货地；运单、发票上已编注的合同号，随机已有单证数量及尚缺的报关单证；运费到付数额，地面服务收费标准；集运商及仓库的地址、电话、传真、联系人；提示货主关于海关超过14天报关收取滞报金，以及超过3个月未报关货物上交海关处理的规定。

（5）制单与报关

制单是指按海关要求，依据运单、发票、装箱单及证明货物合法进口的有关批准文件，制作"进口货物报关单"等单证。要求异地清关时，在符合海关规定的情况下，制作《转关运输申报单》，办理转关手续，然后办理进口报关。

（6）收费与发货

办完报检、报关等进口手续后，货主须凭盖有海关放行章、检验检疫章的进口提货单到所属监管仓库付费提货。仓库发货时，要检验提货单据上各类报关、报验章是否齐全，并登记提货人的单位、姓名、身份证号以确保发货安全。对分批到达货，收回原提货单，出具分批到达提货单，待后续货物到达后，通知货主再次提取。因航空公司责任造成的破损、短缺，应由航空公司签发商务记录。因集运商责任造成的破损、短缺，应由代理公司签发商务记录，并应尽可能会同货主、商检单位立即在仓库进行商品检验，确定货损程度，避免以后运输中货损情况加剧。

发货时一般要收取有关费用，收费项目有：到付运费及垫付佣金；单证、报关费；仓储费；装卸、铲车费；航空公司到港仓储费；海关预录入、检验等代收代付费用；关税及垫付佣金。

（7）送货与转运

集运商可以为货主提供送货与转运服务。送货上门服务是指将进口清关后的货物直接运送至货主单位，运输工具一般为汽车。转运业务是指将进口清关后的货物转运至内地的货运代理公司，运输方式主要为飞机、汽车、火车、水运、邮政。办理转运业务，需由内地货运代理公司协助收回相关费用。

实训场景 7：航空运单

知识点：航空运单
关键技能点：航空运单的含义与格式、性质和作用、内容、种类
实例任务：掌握航空运单

1. 含义与格式

航空运单是一种运输合同，是由承运人或其代理人签发的一份重要的货物单据。它有别于海运提单，并非代表货物所有权的物权凭证，是不可议付的单据，见表 2-11。

表 2-11　航空货运单

×××_12345675　　　　　　　　　　　　　　　　　　　　　　　　　　　×××_12345675

始发站		目的站		不得转让 航空货运单　　　航空公司中文名称 航徽　　　　　　英文名称 印发人　　地址　　　　邮编			
托运人姓名、地址、邮编、电话号码				航空货运单一、二、三联为正本，并具有同等法律效力			
收货人姓名、地址、邮编、电话号码				结算注意事项及其他			
				填开代理人名称			
航线	到达站		第一承运人	到达站	承运人	到达站	承运人
航班/日期		运输声明价值		运输保险价值			
储运注意事项及其他							
件数、运价点	毛重	运价种类	商品代号	计费重量	费率	航空运费	货物品名（包括包装、尺寸或体积）
预付		到付		其他费用			
		航空运费		本人郑重声明			
	声明价值附加费			托运人或代理人签字、盖章			
	地面运费						
	其他费用						
	总额（人民币）			填开日期 填开地点 填开人或代理人签字、盖章			
	付款方式						

2. 性质和作用

（1）承运合同。航空运单是发货人与承运人之间的运输合同，一旦签发，便成为签署承运合同的书面证据，该承运合同必须由发货人或其代理与承运人或其代理签署后才能生效。

（2）货物收据。当发货人将其货物发运后，承运人或其代理将一份航空运单正本交给发货人，作为已接受其货物的证明，也就是一份货物收据。

（3）运费账单。航空运单上分别记载着属于收货人应负担的费用和属于代理的费用，因此可以作为运费账单和发票，承运人可将一份运单正本作为记账凭证。

（4）报关单据。当航空货物运达目的地后，应向当地海关报关，在报关所需各种单证中，航空运单通常是海关放行查验时的基本单据。

（5）保险证书。若承运人承办保险或者发货人要求承运人代办保险，则航空运单即可作为保险证书。载有保险条款的航空运单又称为红色运单。

（6）承运人内部业务的依据。航空运单是承运人在办理该运单项下货物的发货、转运、交付的依据，承运人根据运单上所记载的有关内容办理有关事项。

3. 内容

航空运单通常每套12联，其中正本3联，副本9联，每联上都注明该联的用途。第一联，货物托运后由承运人或空运货代将该联交托运人作为接收货物的证明；第二联，载有收、发货人应负担的费用和代理费用，由承运人留存作为运费账单和记账凭证；第三联，随货同行，货到目的地将此联交收货人作为核收货物的依据。

在发货人或其代理和承运人或其代理履行签署手续并注明日期后，运单即开始生效。只要运单上没有注明日期和签字盖章，承运人就可不承担对货物的任何责任，货物也不受承运合同的约束。当货物一旦交给运单上所记载的收货人后，运单作为承运合同即宣布终止，即承运人完成了货物的全程运输责任。

4. 航空运单的种类

（1）航空主运单。由航空公司签发的航空运单称为主（或总）运单。每一批由航空运输公司发运的货物都须具备主运单，它是承运人办理该运单项下货物的发运和交付的依据。是承运人与托运人之间订立的运输契约。

（2）航空分运单。航空分运单是由航空货运代理人在办理集中托运业务时签发给各位发货人的运单。航空分运单运输合同的当事人双方，一方是航空货运代理公司，另一方是发货人；而航空主运单的运输合同的当事人双方，一方是航空公司（实际承运人），另一方是航空货运代理公司（作为托运人）。货物到达目的站后，由航空货运代理公司在该地的分公司或其代理凭主运单向当地航空公司提取货物，然后按分运单分别拨交给各收货人。所以发货人和收货人与航空公司不发生直接关系。

【小结】

航空货物运输概述，航空运输的特点，航空运输的分类；航空运输的设备与设施：航线、航班、航空站、航空器、通信设备、导航设备与监视设备。

航空运输货物的出口作业流程：托运环节，货物重量和尺码计算，预配舱、预订舱，制单环节，接货环节，制签、配舱、订舱及出港环节，提板箱与装货，装运通知的发出，航班跟踪，货物的到达与交付，掌握运输变更的处理。

航空公司进港、进口货物的操作程序；航空运单的含义与格式、性质和作用、内容、种类。

【主要概念】

航空货物运输　航空运输的特点　航空运输的分类　班机运输　包机运输　整包机　部分包机　集中托运　航空快递　联合运输　航空运输的设备与设施　航线　航班　航空站　航空器　通信设备　导航设备　监视设备　航空运输货物的出口作业流程　预配舱　预订舱　制单　制签　配舱　订舱　出港环节　提板箱　装货　运输变更　航空公司进港货物的操作程序　货方的进口货运业务程序　到货预报　交接单货　理货　仓储　理单　到货通知　制单　报关　收费　发货　送货　转运　航空运单含义与格式　性质　作用　内容　种类

【技能训练题】

一、单选题

1. 世界上第一架飞机是在 1903 年由美国人_____兄弟发明创造的。
   A. 蒙特戈·菲尔 B. 莱特 C. 戴姆勒 D. 齐伯林
   答案：B

2. 整包机的费用是一次一议的，它随国际市场供求情况变化而变化，一般是按每飞行一千米固定费率收取费用，并按每飞行一千米费用的_____收取放空费。
   A. 50% B. 60% C. 70% D. 80%
   答案：D

3. 航空快递业也有自己独特的运输单据——交付凭证。交付凭证一式_____份。
   A. 两 B. 三 C. 四 D. 五
   答案：C

4. 我国空运出口货物经营采用陆空联运方式，整个运输时间缩短，一般至欧洲用 15 天左右，且费用为正常班机运费的_____。
   A. 20% B. 40% C. 60% D. 80%
   答案：C

5. 航空公司称量的重量单位一般以千克来表示。运价类别一般用"_____"来表示。
   A. ABCDEF B. 一二三四五六 C. 甲乙丙丁戊 D. MNQCRS
   答案：D

二、多选题

1. 航空运输一般适合_____为运输对象。
   A. 军服 B. 救灾物资 C. 草鱼 D. 战时军需品
   E. 精密仪器
   答案：BDE

2. 班机运输具有_____特点。
   A. 迅速准确 B. 方便货主 C. 舱位较多 D. 舱位有限
   E. 时间灵活
   答案：ABD

3. 配舱、订舱是根据预订舱位、板箱的领用，合理搭配，按照各_____进行配载，并将所接收的空运货物向航空公司正式提出运输申请并订妥舱位。
   A. 航班公司 B. 航班机型 C. 板箱型号 D. 板箱高度
   E. 板箱数量
   答案：BCDE

4. 航空公司出港货物的操作程序包括_____等环节。
   A. 整理单据 B. 过磅 C. 预审 D. 入库
   E. 出库
   答案：ABCDE

5. 航空运单通常每套12联，其中正本_____联，副本_____联。
   A. 3 B. 5 C. 6 D. 8
   E. 9
   答案：AE

【案例分析题】

题例

航空租赁成首都临空经济发展的"黄金产业"

近日，中国国际航空股份有限公司（简称"国航"）通过中国工商银行租赁引进的1架编号为B5507的波音737-800飞机在位于北京首都国际机场（简称"首都机场"）北侧的北京天竺综合保税区内成功交付使用，这是我国通过境内保税地区以金融租赁方式引进的首架飞机。据悉，近期我国民航还将通过这种方式引进1架波音737-800飞机和1架空客321飞机，3架飞机项目总金额约为1.4亿美元。

航空租赁业是现代服务业中的朝阳产业，兼具经济带动巨大、创税能力强、产业结构提升、关联产业拉动等特点，是天竺综合保税区、首都临空经济区乃至北京市经济发展的"黄金产业"。国航通过中国工商银行租赁引进的这架波音737-800飞机的成功交付，标志着天竺综合保税区已在打造我国发展航空金融租赁产业世界级聚集平台的道路上，迈出了坚实的一步。

开创国内飞机租赁业先河

飞机租赁业务是指租赁机构通过贷款、融资等一系列方式向飞机制造商购买飞机，之后租赁给航空公司并收取租金的业务形式。由于飞机租赁业务市场前景好，发展潜力大，历来为国外租赁机构所看重。长期以来，飞机租赁业务一直被国外大公司所垄断。

金融租赁机构直接开展飞机租赁业务（即由金融租赁机构设立单独的项目公司，对外购买飞机，租赁给国内或国际的航空公司）有利于培育我国的现代租赁业，带动与飞机租赁相关的现代服务业的发展，有利于培植新税源，也有利于减少我国的贸易顺差压力。从长远看，还有利于为我国自产飞机进入国际市场提前积累经验并进行探索。

天竺综合保税区于2008年7月23日获得国务院批复，2009年7月28日一期正式通过海关总署等国家十部委联合验收，是我国建设周期最短、验收通过最早的空港型综合保税区，也是北京市目前唯一的海关特殊监管区域。天竺综合保税区管委会成立之初，就提出了打造我国航空金融租赁产业发展世界级平台的思路，得到了有关各方的大力支持。北京海关率先批准同意天竺综合保税区开展飞机租赁业务，银监会于今年年初正式下发了《关于金融租赁公司在境内保税地区设立项目公司开展融资租赁业务有关问题的通知》（银监发〔2010〕2号）。

4月27日，全新的B5507号波音737-800飞机在天竺综合保税区成功交付，国航与中国工商银行租赁合作的飞机租赁项目在天竺综合保税区的支持下取得圆满成功。该项目是银监会今年2号文批准金融租赁公司在保税区设立项目公司后的第一个落户北京的飞机租赁项目，也是我国利用综合保税区政策优势开展的第一个飞机租赁项目，开创了国内飞机租赁业的先河。

五大优势助推飞机租赁业发展

北京天竺综合保税区作为突破航空租赁业发展瓶颈、做大做强航空租赁业的最佳平台，是北京建设世界城市的重要因素，是首都机场建设国际航空枢纽的重要基础。

北京天竺综合保税区管委会主任、顺义区区长刘剑在4月27日举行的飞机交付仪式上说，首架通过天竺综合保税区运作的租赁飞机交付使用，标志着天竺综合保税区飞机租赁业务全面启动。他把天竺综合保税区发展飞机租赁业的独特优势概括为五大优势：

①拥有全国首家空港型综合保税区的政策优势。境内航空公司向注册在综保区内的金融租赁项目公司租赁飞机时，可以视同跨境租赁，因此可以享受航空公司直接跨境租赁所享有的优惠税率。这样，我国的金融租赁机构就可与境外租赁机构在同一起跑线上竞争。

②独享与首都机场停机坪无缝对接的区位优势。天竺综合保税区与首都机场跑道无缝对接，飞机真正可以实现在综保区内交接，并保证海关监管安全。

③坐拥首都机场航线丰富、航班密集、连通性好的资源优势。飞机租赁公司通常会选择国际航线丰富的枢纽型机场作为合同约定的飞机交接地。因此，首都机场作为亚洲第一、世界第三大机场，无疑是飞机交接的首选地。

④具有依托临空经济区发展的产业优势。天竺综合保税区位于北京六大高端产业功能区之一——临空经济区的核心区。首都机场丰富的口岸资源和航空产业资源为天竺综合保税区发展飞机租赁业提供了必要条件。

⑤具有依托首都金融中心发展的环境优势。金融产业是北京经济发展的重要战略产业，充足的金融资本和金融人才为发展资金密集型的飞机租赁业提供了有力保障，也为天竺综合保税区发展飞机租赁业创造了良好的外部环境。

我国飞机租赁市场需求广阔

据预测，到 2020 年中国民航要补充的新飞机在 2 500 架以上，飞机租赁所涉及资金至少 830 亿美元。据统计，全球航空运输业所使用的飞机三分之二以上通过租赁方式获得。以国航为例，截止到 2010 年 3 月底国航共有飞机 269 架，其中租赁飞机 133 架。

国航股份公司党委书记谭植洪在 4 月 27 日的飞机交付仪式上说，国航未来 3 年将要引进约 100 架新飞机，融资需求巨大。与国内金融租赁公司的合作必将成为国航在飞机引进和融资渠道方面一个新的选择。

随着 2007 年 3 月 1 日新《金融租赁公司管理办法》的实施，国家对银行开展金融租赁业务逐步放开，国内金融租赁机构跃跃欲试纷纷投资成立金融租赁公司，而飞机租赁业务是这些机构关注的重点。

4 月 26 日，北京天竺综合保税区与 11 家企业在北京举行了集中入区签约仪式。此次共有 11 个企业签约，总投资额达 10.78 亿元人民币，每年可实现进出口贸易额 30 亿元人民币、租赁额 6 亿美元。

此次集中签约的企业涵盖了航空、医药、贸易、金融租赁、高科技研发、投资六大领域，签约的 11 家企业除了巴航（中国）飞机技术服务有限公司、中国南方航空股份有限公司两个航空企业外，记者注意到其余 9 家企业中，就有 5 家是金融租赁企业，分别是工银金融租赁有限公司、建信金融租赁股份有限公司、民生金融租赁股份有限公司、中航国际租赁有限公司、恒嘉盈国际融资租赁有限公司。

众多金融租赁企业集体进驻北京天竺综合保税区，正是看好这里发展飞机租赁业务的独有优势。以工银金融租赁有限公司为代表的金融租赁企业，近年来快速发展，已经成为国内乃至国际飞机融资和飞机租赁市场上一支不可忽视的生力军。4 月 27 日交付的 B5507 号波音 737-800 飞机，是工银金融租赁有限公司与境内外航空公司合作引进的第 46 架飞机。这架崭新的飞机投入运营，掀开了我国民航飞机租赁历史的新篇章。

我国民航业的发展，离不开金融租赁业的支持。随着国内飞机租赁产业的不断聚集，未来将有更多的飞机从北京天竺综合保税区飞上希望的蓝天，为建设民航强国增添新的动力。

分析提示：
1. 飞机租赁市场需求广阔与航空运输的什么技术特点是相符合的？
2. 飞机租赁市场要具备哪些条件？

学习情境 5

管道运输

【学习目标】

素质目标：管道的生产管理内容、实施管道生产管理的技术手段
知识目标：管道运输的概念、种类，管道运输系统的设备设施：管道、输油站
技能目标：管道运输的特点
拓展目标：滴灌技术概念、特点、分类、组成，管道物流运输发展趋势

【引例】

引例文章

中国现有油气管道运输存在的主要问题

"十五"以来，中国油气管道运输业得到极大的发展，但与国外管道运输较为发达的国家相比，还存在相当的差距。

（一）原油管道发展存在的主要问题

1. 管道网络化程度低

中国原油管道主要分布在东部、西部、华北和沿江等地区。东部和华北地区原油管网比较完善，西部地区管网建设刚刚起步，还需进一步加强管网建设。

2. 部分管线老化

中国东部原油管网已经运行了30年以上，存在管线老化、自动化程度低、通信设施落后、储存设施超期服役等问题，因此，需要不断对老化管线进行调整改造，以满足原油的外输要求。

3. 现有管线运能不足

华北和沿江原油管网不能满足当地炼油企业发展的需求，安全隐患多，存在码头接卸与管道输、转、储能力不足等问题。同时，随着新疆地区原油产量的不断提高，预计2010年后新疆自产原油出疆量将达到2 000万吨以上，外输能力将不能完全满足要求。

4. 现有管道设施不能满足陆上原油进口的要求

随着中哈原油管道的投产和未来中俄、中缅原油管道的建成投产，现有的管道设施将难以满足要求。

（二）成品油管道发展存在的主要问题

1. 成品油管道建设滞后

目前，我国成品油仍以铁路运输为主，管道运输比例较低。由于资源产地与市场分布不均衡，造成油品调运不及时、不灵活。近年来，随着中国成品油供应和需求的较快增长，成品油管道建设滞后的问题突出。因此，未来应加强成品油管网建设。

2. 管道运输技术与国外先进水平相比仍存在一定差距

我国成品油管道尚不能实现灵活的多批次、多品种运输；SCADA软件的应用受到国外专利技术限制。未来要紧密跟踪国外先进技术，对SCADA软件的应用需进一步消化吸收技术，逐步掌握控制方案和规律。

3. 管道运营监管机制不完善

与管道发达国家相比，中国在管道运营、市场准入、安全、环保及管道运输费用和服务等方面尚未建立全面完善的监管制度。

（三）天然气管道发展存在的主要问题

1. 联络线建设尚不完善

目前，西气东输—陕京二线、西气东输—涩宁兰、陕京二线榆林—靖边、西气东输—忠武线等联络线的建设已经开始实施。随着市场用气量的大幅增长，联络线的功能越来越重要。未来需要加快建设和完善各主干管道之间的联络线，以保障下游用户的用气安全。

2. 储气库等调峰设施配套不健全，导致管道的调峰应急能力仍显不足

地下储气库作为天然气的主要调峰方式，受到地质条件的限制。未来除华北和东北地区外，在其他地区难以大规模建设地下储气库。即使在天然气市场发展较为成熟的华北地区，天然气管道的调峰应急能力也仍显不足。因此，加快调峰储气设施建设，充分发挥地下储气库、LNG接收站、区域管网系统的调峰作用，确保下游用户用气安全显得尤为重要。

此外，油气管道保护工作面临更加严峻的形势。油气管道是国家重要的基础设施和公用设施，关系到国家能源安全和社会稳定。"十一五"期间，将是中国油气管道建设的高峰期。当前，油气管道占压、打孔盗油、破坏管道及附属设施的犯罪行为严重。一方面，需进一步加强维护抢修体系建设，健全精干高效、响应迅速和保障有力的统一维护抢修体系，提高管道维护抢修队伍水平，保证管道的安全运行；另一方面，需要充分运用法律、行政、科技等手段，积极配合国家和地方政府搞好天然气管道的保护工作，打击打孔盗油、盗气和其他破坏活动。

分析提示

1. 管道运输主要运输具有什么特征的物品？具体指哪些？
2. 你认为现有油气管道运输存在主要问题的解决办法是什么？

【正文】

实训场景 1：管道运输概述

知识点：管道运输
关键技能点：管道运输概念、种类

实例任务 1：了解管道运输概念

思政：使命担当

管道运输是随着石油工业的生产而产生和发展的。这是一种独特的运输方式，它的运输工具就是管道，是固定不动的，只是物质本身在管道内移动。即它是运输通道和运输工具合二为一的一种专门运输方式。

管道运输是货物在管道内借高压气泵的压力向目的地输送的一种运输方式。为了增加运量，加速周转，现代管道管径和气压泵功率都有很大增加，管道里程愈来愈长，最长达数千千米。现代管道不仅可以输送原油、各种石油成品、化学品、天然气等液体和气体物品，而且可以运送矿砂、洗煤浆等。我国的管道运输目前多用于运输石油和天然气。

实例任务 2：了解管道运输种类

按铺设工程：可分为架空管道、地面管道和地下管道；按地理范围：可分为原油管道、成品油管道、河泊管道；按运输对象：可分为液体管道、气体管道、水浆管道。

实训场景 2：管道运输的技术经济特征

知识点：管道运输的技术经济特征
关键技能点：管道运输的特点

实例任务：熟悉管道运输的特点

（1）运输通道与运输工具合二为一。
（2）高度专业化，适用于运输气体和液体货物。
（3）永远是单方向运输，起讫点固定，无回空运输问题。
（4）不受地面气候影响，可连续作业。
（5）运输的货物不需包装，节省包装费用。

货物在管道内移动，货损货差率低，环境污染小。石油在其他运输方式的装卸车过程中，大量的油、气从槽车的装卸口挥发到大气中，夏季挥发量更大，影响油品质量，污染环境。而管道运输石油，油品蒸发损耗小，能保证油品质量，同时又能减少环境污染。

费用省、成本低、运量大。一条管道可以源源不断地完成输送任务，根据油管线管径的大小，每年的输油量可达数百万吨到几千万吨，甚至超过亿吨。一条直径为1 020毫米的输油管道，年输油能力可达5 000万吨（当运距为3 000千米时），相当于一条双轨铁路的运输量，而铁路还需配备1 400多台机车，5.5万辆油槽车。因此，管道运输不仅运量大，而且能节约大量机车和油槽车。

管道建设周期短，投资费用低。管道建设只需要铺设管线、修建泵站，土石方工程量等较修建铁路小。在相同运量条件下，其建设周期与铁路相比要短1/3以上。据有关资料统计，管道建设费用比铁路低60%左右。

占地少。根据地面条件，管道可建在地面，也可埋在地下，管道埋藏于地下的部分约占管道总长度的95%左右，因而占用的土地少，分别仅为公路的3%和铁路的10%左右。

实训场景 3：管道运输系统的设备设施

知识点：管道运输系统的设备设施
关键技能点：管道、输油站的首站、中间站和末站

实例任务 1：认知管道

管道一般使用钢管焊接而成，能承受较大压力。运输管道通常按所运输物品不同分为原油管道、成品油管道、天然气管道和固体料浆管道（前两种常统称为油品管道或输油管道）。根据运输货物种类和运量的不同，管径和管道压力有大有小。例如，原油管道的管径为273～1 020毫米，成品油管道的管径为59～920毫米。

实例任务 2：了解输油站

管道运输站点分为首站、中间站和末站。
首站位于管线的首端，其作用一般为汇集气体或液体，然后计量、加压送往中间站。除加压设备外，首站还应具备较强的储存能力和运输中的计量和预处理能力。首站由油罐区、计量系统和输油泵房组成。

中间站位于管线上首站和末站之间，长距离运输时中间站不止一个。中间站的主要作用是给管线加压，为管道内货物的流动提供能量。对于某些货物还需进行其他处理，例如运输易凝高黏的原油，中间站还必须给原油加热以增加其流动性。

末站位于管线的末端，其作用是接收管道输送的货物，然后送往使用单位或转至其他运输方式。有些货物在末站还需进行处理，如煤浆的脱水、成型，因此，管道的末站应具备较强的储存能力、转运能力以及必要的作业能力。

管道运输过程比较典型的是原油的运输。原油运输管道首站一般设在油田附近。开采出来的原油汇集到首站，首站经计量、脱水、脱杂质，必要时给原油加热，然后送往管道加压输送到中间站。在运输过程中，管道内的压力逐渐降低，中间站给管道加压，恢复其流动所需能量，这样一站一站接力将货物运往末站。末站一般设在炼油厂或港口附近，末站用容器将原油收集，然后用管线或其他运输工具将原油转运出去。

实训场景 4：管道运输生产管理

知识点：管道运输生产管理
关键技能点：管道的生产管理内容、实施技术手段

实例任务 1：认知管道的生产管理内容

生产管理是管道在最优化状态下长期安全而平稳运行的保证，管道的生产管理包括管道输送计划管理、输送技术管理、输送设备管理和管道线路管理。

管道输送计划管理是按管道承担的运输任务及管道设备状况编制输送的年度计划及月计划、批次计划、周期计划等，并据以安排管道全线的运行计划及其他有关计划。

管道输送技术管理是根据所输货物的特性，确定输送方式、工艺流程和管道运行的基本参数等，以实现管道运输最优化。

管道输送设备管理是对管道输油站、输气站进行维护和修理，以保证管道正常运行。

管道线路管理是对管道线路进行巡线检查和维修，防止线路受到自然灾害和其他因素的破坏。

实例任务 2：认知管道生产管理的实施技术手段

实施管道生产管理的技术手段主要有管道监控、管道流体计量和管道通信。

管道监控是利用仪表和信息传输技术对管道运行状况进行监测，将测得的参数作为就地控制的依据，或输给控制室作为对全线运行进行监视和管理的依据。

管道流体计量是利用流量计测量管道运输的流体货物的流动量，为管道管理提供运输量和油、气质量的基本参数，是履行油品交接、转运和气体调配所必需的。

管道通信是利用通信系统交流管道全系统的情况，传递各种参数信息，下达调度指令，实现监控。

实训场景 5：
管道运输在农业生产中的应用——滴灌技术

知识点：滴灌技术
关键技能点：滴灌技术概念、滴灌技术特点、滴灌技术分类、滴灌技术组成

实例任务 1：认知滴灌技术概念

滴灌技术是通过干管、支管和毛管上的滴头，在低压下向土壤经常缓慢地滴水；是直接向土壤供应已过滤的水分、肥料或其他化学剂等的一种灌溉系统。它没有喷水或沟渠流水，只让水慢慢滴出，并在重力和毛细管的作用下进入土壤。滴入作物根部附近的水，使作物主要根区的土壤经常保持最优含水状况。这是一种先进的灌溉方法。我们可以借鉴用在运输、仓储等环节的通风、保湿等方面。

实例任务 2：了解滴灌技术特点

省水省工，增产增收。因为滴灌时，水不在空中运动，不打湿叶面，也没有有效湿润面积以外的土壤表面蒸发，故直接损耗于蒸发的水量最少；容易控制水量，不致产生地面径流和土壤深层渗漏，故可以比喷灌节省水 35%~75%。对水源少和缺水的山区实现水利化开辟了新途径。由于株间未供应充足的水分，杂草不易生长，因而作物与杂草争夺养分的干扰大为减轻，减少了除草用工。由于作物根区能够保持着最佳供水状态和供肥的状态，故能增产。

滴灌系统造价较高。由于杂质、矿物质的沉淀的影响会使毛管滴头堵塞；滴灌的均匀度也不易保证。这些都是目前大面积推广滴灌技术的障碍。目前一般用于茶叶、花卉等经济作物。

实例任务 3：认知滴灌技术分类

1. 固定式滴灌系统

这是最常见的。在这种系统中，毛管和滴头在整个灌水期内是不动的。所以，对于滴灌密植作物毛管和滴头的用量很大，系统的设备投资较高。

2. 移动式滴灌系统

塑料管固定在一些支架上，通过某些设备移动管道支架。另一种是类似时针式喷灌机，绕中心旋转的支管长 200 米，由五个塔架支承。以上属于机械移动式系统。人工移动式滴灌系统是支管和毛管由人工进行昼夜移动的一种滴灌系统，其投资最少，但不省工。

实例任务 4：了解滴灌技术组成

1. 首部枢纽

包括水泵（及动力机）、化肥罐过滤器、控制与测量仪表等。其作用是抽水、施肥、过滤，以一定的压力将一定数量的水送入干线管路。

2. 管路

包括干管、支管、毛管以及必要的调节设备（如压力表、闸阀、流量调节器等）。其作用是将加压水均匀地输送到滴头。

3. 滴头

其作用是使水流经过微小的孔道，形成能量损失，减小其压力，使它以点滴的方式滴入土壤中。滴头通常放在土壤表面，亦可以浅埋保护。

实训场景 6：管道物流运输发展趋势

知识点：管道物流运输发展趋势

关键技能点：气力输送管道、浆体输送管道、囊体运输管道、Cargo Cap 地下管道物流配送系统

实例任务：了解管道物流运输发展趋势

管道运输由于具有运量大、运输成本低、易于管理等特点而备受青睐，呈快速发展的趋势。但随着科学技术的发展，各国愈来愈重视发展城市地下物流以及管道物流的研究和应用。随着运行管理的自动化，进入 21 世纪后，城市地下物流以及管道物流将会发挥愈来愈大的作用。

（1）气力输送管道。气力管道输送是利用气体为传输介质，通过气体的高速流动来携带颗粒状或粉末状的物质完成物流过程的管道运输方法。

气力输送管道多见于港口、车站、码头和大型工厂等，用于装卸大批量的货物。美国土木工程师学会（ASCE）在报告中预测：在 21 世纪，废物的管道气力输送系统将成为许多建筑物（包括家庭、医院、公寓和办公场所等）常规管道系统的一部分，可取代卡车，将垃圾通过管道直接输送到处理厂。这种新型的垃圾输送方法有望成为一个快速增长的产业。

（2）浆体输送管道。浆体管道输送是将颗粒状的固体物质与液体输送介质混合，采用泵送的方法运输，并在目的地将其分离出来而完成物流过程的管道运输方法。浆体管道输送的介质通常采用清水。

浆体管道一般可分为两种类型，即粗颗粒浆体管道和细颗粒浆体管道。

①粗颗粒浆体管道借助于液体的紊流使得较粗的固体颗粒在浆体中呈悬浮状态并通过管道进行输送。

②细颗粒浆体管道输送的较细颗粒一般为粉末状，有时可均匀悬浮于浆体中，类似于气力输送。

③粗颗粒浆体管道的能耗和对管道的磨损都较大，通常只适用于特殊材料（如卵石或混凝土）的短距离输送；而细颗粒浆体管道则相反，由于能耗低、磨损小，在运输距离超过 100 千米时，其经济性也比较好。

（3）囊体运输管道。囊体运输管道又可分为气力囊体运输管道（PCP）和水力囊体运输管道（HCP）两类。

PCP 是利用空气作为驱动介质，囊状体作为货物的运载工具而完成物流过程的管道运输方法。PCP 运输管道分为圆形和方形管道两种。

PCP 系统中的囊体运行速度（10 米/秒）远高于 HCP 系统（2 米/秒）。所以，PCP 系统更适合于需要快速输送的货物（如邮件或包裹、新鲜的蔬菜、水果等）；而 HCP 系统在运输成本上则比 PCP 系统更有竞争力，适合于输送如固体废物等不需要即时运输的大批量货物。

（4）Cargo Cap 地下管道物流配送系统。德国于 1998 年开始研究 Cargo Cap 地下管道物流配送系统，这一系统应该是目前管道物流系统的最高级形式。运输工具按照空气动力学的原理进行设计，下面采用滚轮来承受荷载，在侧面安装导向轮来控制运行轨迹，所需的有关辅助装置直接安装于管道中。

该系统的最终发展目标是形成一个连接城市各居民楼和生活小区的地下管道物流运输网络，并达到高度智能化，人们购买任何商品都只需点一下鼠标，所购商品就像自来水一样通过地下管道很快地"流入"家中。

【小结】

管道运输的概念、种类，管道运输的特点，管道运输系统的设备设施：管道、输油站，管道的生产管理内容、管道生产管理的实施技术手段，滴灌技术概念、特点、分类、组成，管道物流运输发展趋势。

【主要概念】

管道运输概念　管道运输种类　管道运输特点　管道运输系统的设备设施　管道　输油站

首站　中间站　末站　管道运输生产管理内容　管道生产管理的实施技术手段　滴灌技术概念　滴灌技术特点　滴灌技术分类　滴灌技术组成　首部枢纽　管路　滴头　气力输送管道　浆体输送管道　囊体运输管道　Cargo Cap 地下管道物流配送系统

【技能训练题】

一、单选题

1. 管道运输为了增加运量，加速周转，现代管道管径和气压泵功率都有很大增加，管道里程愈来愈长，最长达_____千米。
   A. 800　　　　　　B. 1 500　　　　　　C. 5 000　　　　　　D. 10 000
   答案：C

2. 管道建设费用比铁路低_____左右。
   A. 30%　　　　　　B. 40%　　　　　　C. 50%　　　　　　D. 60%
   答案：D

3. 根据运输货物种类和运量的不同，管径和管道压力有大有小，管道的管径可能为_____。
   A. 原油管道的管径为 273～1 020 mm
   B. 原油管道的管径为 59～920 mm
   C. 成品油管道的管径为 273～1 020 mm
   D. 成品油管道的管径为 759～920 mm
   答案：A

4. 在运用滴灌技术时，水不在空中运动，不打湿叶面，也没有有效湿润面积以外的土壤表面蒸发，容易控制水量，不致产生地面径流和土壤深层渗漏，故可以比喷灌节省水_____。
   A. 35%～50%　　　B. 35%～75%　　　C. 55%～75%　　　D. 45%～65%
   答案：B

5. 移动式滴灌系统的塑料管固定在一些支架上，通过某些设备移动管道支架。另一种是类似时针式喷灌机，绕中心旋转的支管长_____米，由五个塔架支承。以上属于机械移动式系统。
   A. 100　　　　　　B. 150　　　　　　C. 200　　　　　　D. 250
   答案：C

二、多选题

1. 我国的管道运输目前多用于运输_____。
   A. 石油　　　　　B. 化学品　　　　C. 天然气　　　　D. 矿砂
   E. 洗煤浆
   答案：AC

2. 管道运输种类按铺设工程可分为_____。
   A. 液体管道　　　B. 气体管道　　　C. 水浆管道　　　D. 地面管道
   E. 地下管道
   答案：DE

3. 管道运输不具有_____的特点。
   A. 可连续作业　　B. 节省包装费用　　C. 运量大
   D. 机动灵活性强　　　　　　　　　　E. 占地多
   答案：DE

4. 管道运输站点分为_____。
   A. 首站　　　　B. 一级站　　　　C. 二级站　　　　D. 中间站
   E. 末站
   答案：ADE
5. 实施管道生产管理的技术手段主要有_____。
   A. 管道通信　　B. 输送技术管理　　C. 管道流体计量
   D. 管道线路管理　　　　　　　　　E. 管道监控
   答案：ACE

三、简答题

1. 简述管道运输的种类。
2. 管道运输的特点有哪些？
3. 简述管道的生产管理内容。
4. 简述滴灌技术的特点。
5. Cargo Cap 地下管道物流配送系统是什么？

【案例分析题】

题例

中国管道运输业 35 年发展纪实

8月3日，是中国管道建设35周年的纪念日。35年，在人类的发展史上只是短暂一瞬，然而，它对于中国运输管道来说，却是一个从零的突破到争雄国内、走向世界的飞跃历程。

从1970年8月3日的"八三会战"开始，中国石油天然气管道局就伴随着中国管道运输业的诞生、发展，从稚嫩走向成熟，成长壮大为我国管道建设的主力军。

管道运输业从大庆起步

为解决大庆原油外输困难，缓解东三省以及华北十分紧张的动力燃料问题，1970年，党中央决定抢建东北输油管道。建设长距离、大口径的输油管道在我国尚属首创，一系列技术问题均无章可循，材料设备必须从零开始。靠人拉肩扛和气吞山河的军民大会战，完成了北起黑龙江大庆、南达辽宁抚顺的中国第一条千里油龙的建设。

1975年9月，管道建设者又完成了大庆至铁岭、铁岭至大连、铁岭至秦皇岛、抚顺至四平、抚顺至鞍山、盘山到锦西和中朝输油管道，这8条管道，编织成了东北输油管网。

正当东北管网紧张地建设之中，筹备成立统一建设和管理管道的职能机关——管道局的工作，也在紧锣密鼓地进行。1973年4月16日，中国石油天然气管道局在河北廊坊诞生。这就意味着，继铁路、海运、公路、航空之后，一个新兴的运输行业——管道运输业的兴起。

今天的奋斗结出硕果

随着国家进行西部大开发，管道局又把目光投在了西部。

1990年建设新疆塔里木第一条轮南到库尔勒输油管道，1995承建我国第一条长距离、大口径沙漠管道，紧接着是鄯乌天然气管道、库鄯输油管道。1996年3月陕京天然气管道开工，然后是涩宁兰、兰成渝、陕京二线、忠武管道等。

2002年7月，全长4 000千米的西气东输工程正式开工了。管道局全方位参与了西气东输工程建设，并创造了多项中国管道的新纪录。目前，连通陕京二线与西气东输的冀宁支管道、从阿拉山口到独山子的输油管道，以及总长近4 000千米的西部管道工程，正在如火如荼的建设之中。

回顾管道局的发展史,更不应该忘记他们走出国门、开发国际市场的历史。从1981年伊拉克800千米水管道的劳务输出开始,到1995年突尼斯282千米天然气管道项目,1999年苏丹1/2/4区1 506千米原油管道项目,为管道局在国际上赢得了声誉。

2000年开始,管道局将国际市场开发纳入企业的发展规划,制定了国际市场开发战略。

他们设立了苏丹、利比亚、阿联酋、伊拉克、印度尼西亚、委内瑞拉和哈萨克斯坦等7个办事处。分别成立了苏丹工程项目部、监理项目部,利比亚工程项目部,哈萨克斯坦工程项目部。

新战略将打造响亮品牌

新的时期,管道局确立了"创新思维,实现超越,争雄国内,走向世界"的企业精神,并将企业重新进行了定位:代表国家的先进水平、引领行业技术进步、具有国际驰名品牌的管道工程专业化公司。

在发展战略指导思想上,管道局实现了由国内重点工程建设为主向国内重点工程和国际工程并重转变,由施工型工程公司向施工加管理型工程公司转变。他们站在管道事业持续发展的战略高度,提出了"布网(建管道网络)、建库(参与国家地下储备库建设)、进城(加强城市燃气建设)、下海(开发海洋管道)"的发展方向,确立了打造世界驰名的管道专业化公司的宏伟目标。

分析提示:

1. 管道运输的技术特征有哪些?
2. 你如何看待管道运输的发展前景?

【拓展阅读】

水路交通

模块三　运输作业管理

学习情境 1

整车运输

【学习目标】

素质目标：整车货物运输的运用，整车货物运输生产过程的构成
知识目标：整车运输货物的分类，整车货物运输的概念，一车一票与一车二票，整车货物运输过程的基本要求
技能目标：整车货物运输的站务工作
拓展目标：整车载重量的计重，整车货运的主要单证

【引例】

引例文章

安吉天地汽车物流有限公司整车 TMS 项目

　　安吉天地汽车物流有限公司是由上海汽车工业销售总公司（SAISC）和国际著名跨国集团——TPG 集团下属的荷兰天地物流控股有限公司（TNT Logistics Holdings B.V）各出资 50%组建而成的国内首家汽车物流合资企业，注册资本为 3 000 万美元。

　　公司主要从事汽车、零部件物流以及相关物流策划、物流技术咨询、规划、管理、培训等服务。是一家专业化运作，能为客户提供一体化、技术化、网络化、可靠的、独特解决方案的第三方物流供应商。安吉汽车物流有限公司是国内目前最大的汽车物流服务供应商，在国内拥有船务、铁路、公路等 6 家专业化的轿车运输公司以及 25 家仓库配送中心，仓库面积近 80 万平方米，年运输和吞吐量超过 50 万辆，并且全部实现联网运营。公司共有雇员 2 500 人，目前主要服务于上汽大众（SVWSC）、上海通用（SGM）、华晨金杯等汽车厂商。2001 年物流销售收入达 7.2 亿元。

　　安吉天地之前选择了上海某公司为其开发的中央调度系统，由于该公司不具备大型 B/S 系统开发的经验，没有可靠、稳定的底层开发平台保证软件的质量和性能，经过 2 年多的尝试后，系统从功能、性能、可维护性、可扩展性等多个方面都已经明显不能适应安吉物流运作和业务发展的要求。安吉物流被迫开始寻找新的解决方案。在认真地分析和测试了多个厂商的技术平台、开发框架后，最终选择某公司的 vTradEx E-Logistic Framework，重新开发中央调度系统。该公司技术人员在 3 个月内，通过艰苦的努力，依托 Framework 开发平台的技术优势成功地完成了系统的开发和实施工作。

安吉天地整车 TMS 实现了客户订单管理、运输调度管理、质损管理、财务结算管理、综合报表管理等，同时集成了 GPS 监控功能。

同时，作为安吉天地的中央调度系统，该系统实现与各相关系统的接口：

（1）上汽大众、上海通用等重要客户的订单系统接口，用于自动接收客户订单并反馈订单的执行情况以及商品车的状态信息。

（2）仓库 WMS 接口，用于下发调度信息，同时接受商品车出入库信息和商品车状态信息。

（3）分供方系统接口，用于向运输公司下发运输车辆的调度信息。

（4）财务系统接口，转发结算相关信息。

在实施过程中，我公司针对汽车物流特点帮安吉整理出标准业务流程，并通过工作流技术将原本看来完全不同的大众和通用的处理流程纳入统一的管理体系，实现了统一的订单处理平台的设计目标。这种灵活可扩展的设计为安吉今后承接其他汽车制造商的物流订单打下了良好的基础。

业务上，新系统中处理每笔交易的时间小于 0.5 秒，安吉天地的操作人员日均通过中央调度系统完成 4 000 多张订单、6 000 多辆商品车的调度任务，日调度车（船、火车）达 1 000 次左右。系统操作简单快捷，而且因其高度的集成性和自动处理功能，极大地提高了工作效率。系统后台每天处理 40 000 条各种接口数据，减少了人工操作，降低了人工成本，同时也降低了出错概率。

系统实现了自动结算和成本分摊，不但减少了财务人员的结算工作，而且解决了财务分析中的难题。

系统采集了整车运输关键的时间点信息，为 OTD 考核提供数据信息，帮助安吉天地提高仓储和运输的服务水平。

此外，依靠 vTradEx E-Logistic Framework 良好的可维护性和扩展性，系统很好地满足了安吉天地业务发展的需要。

分析提示

1. 安吉天地汽车物流有限公司整车运输管理系统 TMS 有哪些鲜明的特点？
2. 安吉天地汽车物流有限公司整车货物运输过程的基本要求是什么？

【正文】

实训场景 1：整车运输货物的分类

知识点：为方便企业对运输生产过程的组织管理，需将货物按一定的目 思政：大庆精神
的和要求进行分类

关键技能点：件装货物、散装货物、普通货物、特种货物、整车货物、零担货物

实例任务 1：熟悉按货物的装卸方法分类

（1）件装货物。件装货物是指可以用件计数的货物。每一件货物都有一定的重量、形状和体积，可按件重或体积计量装运。这类货物又可分为有包装的货物和无包装的货物，装运时应注意点件交接，防止差错。

（2）散装货物。散装货物是指可以用堆积或罐装等方法进行装卸的货物，又分为堆积货物和罐装货物。从事大批量运输或专门运输此类货物的运输企业，对车辆性能、装卸设施和承载工具均有一定的要求。

实例任务 2：熟悉按货物的运输条件分类

（1）普通货物。普通货物是指在运输、配送、保管及装卸过程中，不必采用特殊方式和手段进行特别防护的货物，如一般钢材、木材、煤炭和建筑材料等。

（2）特种货物。特种货物是指在运输、保管及装卸过程中具有特殊要求的货物，在运输过程中必须采取相应措施、特殊工艺，以确保货物的安全。特种货物又分为危险货物、长大笨重货物、鲜活易腐货物和贵重货物。

实例任务 3：熟悉按货物托运批量的大小分类

（1）整车货物。凡一次托运批量货物的重量在 3 吨及 3 吨以上，或虽不足 3 吨，但其性质、体积和形状需要一辆 3 吨以上的车辆运输的，称为整车货物。

（2）零担货物。凡一次托运批量货物的重量不足 3 吨的，为零担货物。特殊单件货物不作零担货物受理，各类危险货物、易污染货物和鲜活货物也不作零担货物处理。

实训场景 2：整车货物运输过程的含义

知识点：整车货物运输过程的概念
关键技能点：一车一票与一车二票，整车载重量的计重

实例任务 1：掌握整车货物运输的概念

整车货物运输过程（简称"货运过程"）是指货物从受理托运开始，到交付收货人为止的生产活动。货运过程一般包括货物装运前的准备工作、装车、运送、卸车、保管和交付等环节。货物只有在完成了上述各项作业后，才能完成空间的位移。货运车站则是开始并结束货物运输的营业场所。

实例任务 2：理解一车一票与一车二票的不同

为明确运输责任，整车货物运输通常是一车一张货票、一个发货人。为装运整车货物，公路货物运输企业应选派额定载重量与托运量相适应的车辆，车辆的额定载重量以车辆管理机关核发的行车执照上所标记的载重量为准。一个托运人托运整车货物的重量（毛重）低于车辆额定载重量时，为合理使用车辆的载重能力，可以拼装另一托运人托运的货物，即一车二票或多票，但货物总重量不得超过车辆额定载重量。

实例任务 3：掌握整车载重量的计重方法

当整车货物多点装卸时，按全程合计最大载重量计重，当最大载重量不足车辆额定载重量时，按车辆额定载重量计算。

当托运整车货物由托运人自理装车时，未装足车辆标记载重量时，按车辆标记载重量核收运费。

实例任务 4：了解整车货物运输的运用

整车货物运输一般不需中间环节或中间环节很少，送达时间短、相应的货运集散成本较低。涉及城市之间或过境贸易的长途运输与集散，如国际贸易中的进出口商通常乐意采用以整车为基本单位签订贸易合同，以便充分利用整车货物运输的快捷、方便、经济、可靠等优点。

实训场景 3：整车货物运输过程的构成

知识点：整车货物运输的组成部分
关键技能点：四个组成部分作业环节的构成、区别与联系

实例任务 1：熟悉运输准备过程

熟悉运输准备过程又称运输生产技术准备过程，是运输货物之前所做的各项技术性准备工作，包括运输经济调查、货源的组织与落实、运力配备、运输线路选择、装卸设备配置和运输过程的装卸工艺设计等。

实例任务 2：掌握基本运输过程

基本运输过程也称狭义的运输过程，是运输生产过程的主体，是指劳动者直接运用车辆，将货物从始发地运至目的地完成其空间位移的生产过程。它包括在起运站装货、车辆负载运行和终点站卸货等作业环节。

在运输准备过程、基本运输过程、辅助运输过程、运输服务过程的四个组成部分，既有区别，又有联系，构成了汽车运输过程的一个有机整体。其中基本运输过程是主要的，其他过程围绕基本运输过程进行，为基本运输过程服务，而且只有负载运行才有生产效益。因此，汽车运输组织的一切工作，都要为保证负载运行的数量和质量而努力，使运输生产过程的质量得以提高。

实例任务 3：了解辅助运输过程

辅助运输过程是指保证基本运输过程正常进行所必需的各种辅助生产活动，如车辆技术保养、维修和站务工作等。辅助运输过程本身不直接构成货物位移的活动，它贯穿在运输准备过程、基本运输过程，以至运行结束工作的全过程中。

实例任务 4：了解运输服务过程

运输服务过程是指为基本运输过程和辅助运输过程提供各种服务性的活动，如行车用燃润料、轮胎、配件、随车工具、保修用的原料和工具设备等的供应和保管工作。

实训场景 4：整车货物运输的基本要求

知识点：以系统的观念看待运输生产过程的各项基本要求
关键技能点：连续性、协调性、均衡性、经济性

实例任务 1：掌握运输过程的连续性特点

连续性是指车辆运输生产的各个环节、各项作业工序之间，在时间上紧密衔接和连续进行，不发生或很少发生不合理的中断现象，使货物在接受运输服务过程中各项作业能较好地衔接起来。也就是说，所运送的货物在运输过程中，始终处于运动状态，没有或很少有不必要的停留或等待现象。运输生产过程的连续性，是获得较高劳动生产率的重要因素。因此，要尽量减少无效停车时间，缩短货物在途时间，加速车辆周转，以提高车辆、站场等利用效率，使运输生产率保持较高水平。

为提高运输过程的连续性，要做好以下几方面的工作。

（1）组织平行交叉作业。比如：将准备车辆工作与办理货物、行李托运工作平行进行；组织运行与商务作业平行，使各个生产环节在时间上尽可能保持衔接和协调。

（2）加强运输车辆、运输设施和装卸设备等的标准化、系列化和通用化，提高物流过程中的包装、装卸、运输、储存和分送等各项作业环节的连续性，使其与其他运输方式有效衔接，避免换装等作业引起的停滞。

（3）提高经营管理水平，经常调查研究货物运输市场的情况，配备相适应的业务设施，最大限度地方便货主，以优越的技术条件和先进的管理方法组织车辆运行，提高整车运输的连续性。

（4）提高职工业务技术水平和组织能力，及时解决生产中临时出现的问题，消除或减少运输过程的延误时间。

实例任务2：掌握运输过程的协调性特点

协调性是指运输过程中各个生产环节和工序之间以及业务发展与站点、场地、仓储和服务设施等方面的适当比例关系，要求人、财和物等方面配置协调，这是社会化大生产的客观要求，是保证运输生产顺利进行的前提。

将运输过程的各个环节、各项作业，在安排生产能力上保持协调性，既可以大大提高货物的运送速度，又可以提高车辆、设备和站场等的利用率和劳动生产率，从而进一步提高运输过程的连续性。

随着货物运输形势的发展和变化，劳动者技术水平的提高，运输过程中的各环节间会出现比例关系的不协调。要根据客观情况的变化采取有效措施，及时加以调整，以取得新的协调，保证生产的顺利进行。

实例任务3：掌握运输过程的均衡性特点

均衡性是指运输企业及其内部各个生产环节在同一时期内完成大致相等的工作量，或稳步递增的工作量，不出现时紧时松、前松后紧的不正常现象。

保持运输生产的均衡性，能充分利用车辆、设备和站场的生产能力，保证车辆的正常运行和维修，维护正常的运输秩序，避免由于突击而造成的行车事故和业务差错，保证运输质量，避免车辆早期损坏造成经济损失，以及由此而造成保修生产的被动现象。

在企业中，影响均衡生产的因素很多，如计划的前松后紧、车况不良、生产组织上的突击会战、货运调度不当造成的车辆拥挤、间断，以及货物的流量、流速、流向在时间和空间上分布不均等原因，都可能带来运输生产的不均衡性。对整个运输生产过程来说，应力求达到均衡，并随时准备应付客观上可能出现的不均衡状况，保证运输均衡生产，满足社会需要。

实例任务4：掌握运输过程的经济性特点

经济性就是要讲究经济效益，用尽可能小的消耗取得尽可能大的生产成果。以上所阐明的连续性、协调性和均衡性，多指运输过程时间上的组织。而时间的节约，最终将通过经济效益反映出来。

运输生产过程还有一个空间组织问题：由于在运输过程中，货物的流向不同、特性不同，常常不能充分利用车辆的回空行程，这就要求调度机构应周密地编制车辆运行计划，在较大的空间范围内组织循环运输，尽可能减少车辆的空驶行程，提高车辆的行程利用和吨位利用；同时，合理安排货物运输任务，避免或减少迂回、对流、重复和过远等不合理的运输现象，节约社会运输费用，最终达到提高整个企业经济效益和整个社会效益的目的。

实训场景 5：整车货物运输的站务工作

知识点：整车货物运输的三个阶段的站务工作
关键技能点：站务工作的具体工作环节

实例任务 1：掌握发送站务工作情况

实例任务 1-1：掌握发送站务工作——受理托运知识

实例任务 1-1-1：掌握发送站务工作——受理托运和货物包装知识

货物的包装属物资部门的职责范围。为了保证货物在运输过程中的完好和便于装载，发货人在托运货物之前，应按国家标准以及有关规定进行包装，凡在"标准"内没被列入的货物，发货人应根据托运货物质量、性质、运距、道路、气候等条件，按照运输工作的需要做好包装工作。

车站对发货人托运的货物，应认真检查其包装质量，发现货物包装不合要求时，应建议并督促发货人将其货物按有关规定改变包装，然后再进行承运。

凡在搬运、装卸、运送或保管过程中，需要加以特别注意的货物，托运方除必须改善包装外，还应在每件货物包装物外表明显处，贴上货物运输指示标志。

实例任务 1-1-2：掌握发送站务工作——受理托运——确定重量方法

货物的重量不仅是企业统计运输工作量和核算货物运费的依据，与车辆车载重量的充分利用，保证行车安全和货物完好也有关。

货物重量分为实际重量和计费重量，货物重量应包括其包装重量在内，货物重量的确定必须准确，以免引起商务纠纷。

货物有实重货物与轻泡货物之分。凡平均每立方米质量不足 333 kg 的货物认定为轻泡货物；否则为实重货物。公路货物运输经营者承运有标准重量的整车实重货物，一般由发货人提出重量或件数，经车站认可后承运。

实例任务 1-1-3：掌握发送站务工作——受理托运——办理单据方法

发货人托运货物时，应向起运地车站办理托运手续，并填写货物托运单（简称"运单"）作为书面申请。

实例任务 1-2：掌握发送站务工作——组织装车方法

货物装车前必须对车辆进行技术检查和货运检查，以确保其运输安全和货物完好。装车时要注意码放货物，努力改进装载技术，在严格执行货物装载规定的前提下，充分利用车辆的车载重量和容积。货物装车完了后，应严格检查货物的装载情况是否符合规定的技术条件。

实例任务 1-3：掌握发送站务工作——核算制票方法

发货人办理货物托运时，应按规定向发运车站交纳运杂费，并领取承运凭证——货票。

货票是一种财务性质的票据，是根据货物托运单填写的，是发运车站向发货人核收运费的收费依据，在到达车站它是与收货人办理货物交付的凭证之一。

货票也是企业统计完成货运量、核算营运收入及计算有关货运工作指标的原始凭证。

始发站在货物托运单和货票上加盖承运日期之时起即算承运，承运标志着企业对发货人托运的货物开始承担运送义务和责任。

实例任务 2：掌握途中站务工作情况

实例任务 2-1：掌握途中站务工作——途中货物交接方法

为了保证货物运输的安全与完好，便于划清企业内部的运输责任，货物在运输途中如发生装卸、换装、保管等作业，驾驶员之间、驾驶员与站务人员之间应认真办理交接检查手续。一般情况下交接双方可按货车现状及货物装载状态进行交接，必要时可按货物件数和重量交接，如接收方发现有异，则由交出方编制记录备案。

实例任务 2-2：掌握途中站务工作——途中货物整理或换装方法

货物在运输途中如发现有装载偏重、超重、货物撒漏、车辆技术状况不良而影响运行安全、货物装载状态有异状、加固材料折断或损坏、货车篷布遮盖不严或捆绑不牢等情况出现，且有可能危及行车安全和货物完好时，应采取及时措施，对货物加以及时整理或换装，必要时调换车辆，同时登记备案。

为方便货主，整车货物还可允许中途拼装或分卸作业，考虑到车辆周转的及时性，对整车拼装或分卸应加以严密组织。

实例任务 3：掌握到达站站务工作情况

货物在到达车站发生的各项货运作业统称为到达站站务工作。到达站站务工作包括货运票据的交接、货物卸车、保管和交付等内容。

车辆装运货物抵达卸车地点后，收货人或车站货运人员应立即组织卸车。卸车时要严格核对检查卸下货物的品名、件数、包装和货物状态等。

整车货物一般直接卸在收货人仓库或货场内，并由收货人自理。收货人确认卸下货物无误并在货票上签收后，货物交付即完毕。货物在到达地向收货人办理交付手续后，该批货物的全部运输过程即告完成。

实训场景 6：整车货运的主要单证

知识点：整车货运的主要单证
关键技能点：托运单、货票、行车路单

实例任务 1：掌握托运单知识

发货人托运货物时，应向起运地车站办理托运手续，并填写货物托运单（或称运单）作为书面申请。

托运单是托运人与运输企业之间的契约，是发货人托运货物的原始依据，也是车站承运货物的原始凭证。它明确规定了承托双方在货物运输过程中的权利、义务和责任。整车货物托运单的填写应填明收货单位全称或收货人姓名、地址、电话、行驶路线、运距、货物名称、标志、包装件数和质量等。

车站接到发货人提供的货物托运单后，应进行认真审查。货运员还应根据货物托运单的记载内容，认真验收货物；并应注意检查货物的品名、质量、件数、包装和货物标记等是否正确齐全；按规定应附的证明文件和单据是否齐全，发货人声明栏填记内容是否符合规定等；并确定运输里程和运价费率，约定运杂费结算方法。

托运人填写的托运单，必须逐日顺号收齐，按月装订成册，妥善保管备查，一般留存 1~2 年。托运单的表格式样见表 3-1。

表 3-1　公路汽车货物运输托运单

年　　月　　日　　星期　　第　　号

托运人:		地址:		电话:		装货地点:			
收货人:		地址:		电话:		卸货地点:			
货物名称	货物性质	包装或规格	件数	实际重量	计费重量	计费里程	运费结算方式	货物核实记录	
约定事项:				运输记录	日期	装运车号	待运吨数	附记	

托运人:　　　　　　　　　　　　　　　　站长:　　　　　　　　　　经办人:

托运单的填写份数，一般为一式四份，一份交托运人作为托运凭证，三份交承运单位：一份受托部门存查，一份交财务部门凭以收款和结算运费，一份交调度部门作为派车依据。

填写托运单，必须注意以下几点：

（1）填写本单必须详细、清楚和真实。由托运人填写的各栏，若因填写不实，造成错运或其他事故，概由托运人负责。

（2）托运单每单以运到同一目的地交同一收货人为限。托运两种或两种以上货物时，应在托运单内按货物种类分别填写。

（3）托运长大、笨重货物、危险货物和鲜活易腐货物时，应将货物性质记入"货物性质"栏内。

（4）除"货规"规定外，托运人如有特约事宜经双方商定填入"约定事项"栏内。

（5）托运人托运的货物，应按规定包装完整、标志清楚，并做好交运前的准备工作，按托运单商定运输日期交运。

实例任务 2：掌握货票知识

货票是一种财务性质的票据，根据货物托运单填写。在始发地，它是向发货人核收运费的收费依据，在目的地，它是与收货人办理货物交付的凭证之一，也是企业统计货运量，核算营运收入及计算有关货运工作指标的依据。货票的填写内容一般包括：货物装卸地点、收发货人姓名和地址、货物名称、包装、件数和质量、计费里程和计费重量、运费与杂费等。

货票一式四联，第一联起票站存查；第二联运费收据交托运人作报销凭证；第三联随营运收缴单送车属单位；第四联随货同行。货物到站后，随货同行的货票经收货单位签收后，由到达站验货合格后收回，最后统一寄回起票站进行结案。

整车货票的使用规定及填制应当注意的事项：

（1）凡属于整车运输，无论长途运输、短途运输或计时（日）运输包车，均属于本票使用范围。

（2）货票采用一车填一票的原则进行。一般情况下，运输一车次填一次票，但对于托运单位和收货单位都为同一个的短途运输或计时（日）包车，可以根据运输任务记录单，采用一车多趟次汇总后填制在同一张货票上的方法。

(3) 不属于同一个单位的货物拼装在一辆车中运输时，应当分别填票，并且注明相关票号。

(4) 代办不属于本企业的其他车辆，货票应当专本使用，货票上应当注明车属单位的全称、地址以及开户银行、账号，以便汇结运费。

(5) 货票必须顺号使用，不得跳号、漏号和缺号。货票票面各栏目要填写齐全，不可以任意简写或者略写。字迹应当清晰容易辨析，并且应当按照《汽车运价规则》的规定，正确计算运杂费。金额大小写都不得涂改，凡是涂改过的货票都视为无效票。其他与金额无关地方的涂改，必须在涂改处加盖填票人的业务专用印章，以明确责任。

(6) 货票开好后，应当对其进行逐项逐栏复核，以防错漏。事后检查发现差错，应当及时订正，多退少补。

(7) 填票人一律使用各自的专用业务印章，不得用签字代替，也不得转借他人使用。

公路运输货票式样见表3-2。

表3-2 公路运输货票

托运单位：						车属单位：				牌照号：
装货地点			发货单位				地址		电话	
卸货地点			收货单位				地址		电话	
发货单号		计费里程	付款单位				地址		电话	
货物名称	包装	件数	实际重量	计费运输量		吨公里运价		运费金额	其他费用	运杂费合计
				吨	吨公里	货物等级	道路等级	运价率		费目	金额
运杂费合计金额（大写）：						￥				
备注：						收货单位签收盖章				
开票单位（盖章）：			开票人：		承运驾驶员：				年　月　日	

实例任务3：熟悉行车路单

行车路单是调度部门代表企业签发的行车命令，是记录车辆运行的原始凭证，行车路单所记载的内容及随附的单证是统计运量、考核单车完成任务情况及各项效率指标的原始依据，是整车货物运输生产中的一项最重要的记录。行车路单由车队调度员签发，车辆完成任务回队后由车队调度员审核，经审核无误的行车路单交车队统计员计入统计台账，计算运输工作量和运行消耗等各项经济指标。

行车路单的式样和内容，各地大同小异。内容主要有：车号、驾驶员姓名、运输起讫站、货物装卸起讫地点、收发货单位、货物名称、件数、实际重量、运距和运量统计等。行车路单的格式见模块二学习情境1公路运输的篇章内容。

【小结】

整车运输货物的分类，整车货物运输的概念，一车一票与一车二票，整车载重量的计重，整车货物运输的运用，整车货物运输生产过程的构成。

整车货物运输过程的基本要求：连续性、协调性、均衡性、经济性。

整车货物运输的发送站务工作有：货物包装、确定重量、办理单据等的受理托运，组织装车，核算制票。整车货物运输的途中站务工作有：途中货物交接、途中货物整理或换装等。整车货物运输的到达站站务工作。

整车货运的主要单证：托运单、货票、行车路单。

【主要概念】

整车运输货物的分类　件装货物　散装货物　普通货物　特种货物　整车货物　零担货物　整车货物运输的概念　一车一票与一车二票　整车载重量的计重　整车货物运输生产过程的构成　运输准备过程　基本运输过程　辅助运输过程　运输服务过程　整车货物运输过程的基本要求　整车货物运输的站务工作　发送站务工作——受理托运——货物包装　发送站务工作——受理托运——确定重量　发送站务工作——受理托运——办理单据　发送站务工作——组织装车　发送站务工作——核算制票　途中站务工作——途中货物交接　途中站务工作——途中货物整理或换装　到达站站务工作　托运单　货票　行车路单

【技能训练题】

一、单选题

1. 凡一次托运批量货物的质量不足_____的，为零担货物。
   A. 1 吨　　　　B. 3 吨　　　　C. 鲜活货物　　　　D. 易污染货物
   答案：B

2. 行车用燃润料的供应和保管工作属于整车货物运输生产过程中的_____。
   A. 运输准备过程　B. 基本运输过程　C. 辅助运输过程　D. 运输服务过程
   答案：D

3. _____是指运输过程中各个生产环节和工序之间以及业务发展与站点、场地、仓储和服务设施等方面的适当比例关系。
   A. 连续性　　　B. 协调性　　　C. 均衡性　　　D. 经济性
   答案：B

4. 凡平均每立方米质量不足_____千克的货物认定为轻泡货物。
   A. 200　　　　B. 250　　　　C. 300　　　　D. 333
   答案：D

5. _____是托运人与运输企业之间的契约，是发货人托运货物的原始依据，也是车站承运货物的原始凭证。
   A. 货票　　　　B. 行车路单　　C. 交接单　　　D. 托运单
   答案：D

二、多选题

1. 整车运输货物的特种货物分为_____。
   A. 贵重货物　　　B. 鲜活易腐货物　　C. 易碎货物
   D. 长大笨重货物　E. 危险货物
   答案：ABDE

2. 凡一次托运批量货物的重量在_____，称为整车货物运输。
   A. 3 吨以上　　　B. 3 吨
   C. 或虽不足 3 吨，但其性质需要一辆 3 吨以上的车辆运输的

D. 或虽不足 3 吨，但其体积需要一辆 3 吨以上的车辆运输的

E. 或虽不足 3 吨，但其形状需要一辆 3 吨以上的车辆运输的

答案：ABCDE

3. 整车货物运输生产过程由_____构成了汽车运输过程的一个有机整体。

 A. 运输准备过程　　　　　　　　B. 基本运输过程
 C. 辅助运输过程　　　　　　　　D. 运输延伸过程
 E. 运输服务过程

答案：ABCE

4. 为提高整车货物运输过程的连续性，要做好_____方面的工作。

 A. 提高职工组织能力
 B. 经常调查研究货物运输市场的情况
 C. 加强运输车辆等的标准化
 D. 加强运输车辆等的通用化
 E. 组织平行不交叉作业

答案：ABCD

5. 货票是一种_____的票据。

 A. 财务性质　　　B. 非财务性质　　　C. 核收运费的收费依据
 D. 报销凭证之一　　E. 办理货物交付的凭证之一

答案：ACE

三、简答题

1. 整车运输货物可以如何进行分类？
2. 整车货物运输生产过程由哪几部分构成？
3. 整车货物运输过程有什么基本要求？
4. 简述整车货物运输的站务工作。
5. 整车货运主要有哪些单证？

【案例分析题】

题例

货物安全，物流业的痛

  物流行业有着最基本的行业操作要求：安全性、及时性和成本适应度。这三个基本要求是每个客户的要求，同时也是每个物流企业都要达到的基本要求，只有在此之上的其他服务才是增值服务，如果这三点都达不到的话，那增值服务的提法就等于没有任何实际意义。然而市场的急剧竞争迫使很多物流企业都丧失了对于物流操作最基本要求的关心，唯一可关心的就是成本和利润问题。其实不管是国际四大物流巨头还是国内众多物流企业，不管是物流技术多么先进的企业还是骑着三轮车的送货人都应该把这些东西当作自己安身立命的基本准则。然而说句实话，我们做得并不是特好。

  笔者在进入物流行业的一段时间里，一直在考虑这三大要求的关系，并不是对这三个要求存在质疑，我更关心他们的顺序问题，但是经过一段时间的实践之后，我最终明白了安全性是必须排在第一位的。安全性包括货物破损、丢失等可能引起货物功能丧失或者灭失的各种情况，安全性被客户要求为第一位是有绝对理由的，货物损坏导致产品不能正常使用，即使以快的速度到达客户手中也没有任何意义。更别说货物丢失了，那就更谈不上时间的意义了。因此我们必须要加强对于货物安全性的重视。

所有的客户一说到物流服务，言必谈国外企业，然而对于任何人、任何企业来说都存在着奉献的问题。每个企业都有丢货、货物破损的情况，每个客户都有丢失货物的风险。只不过对于国外企业，由于从业时间较长，各种情况都基本遇到过，因此有一整套的措施予以保证，同时由于国外企业对于操作的流程比较清晰，而且操作的工艺和工艺流程都能够做到责任明确，因此在客户货物的安全性方面有较高的保证，但是并不说明安全性就达到百分之百。

前一段时间，国际物流巨头DHL就发生了一件被国内企业炒作得沸沸扬扬的事情：DHL从杭州给一个客户发送到阿联酋迪拜港一份提单，但是提单丢失了，最后导致客户几十万美元有可能不能正常收回的风险。这件事情其实国内企业没有必要作隔岸观火的态度，同时也不要抱着看乐子的心态，DHL真真正正地给我上了一堂突发事件处理的公关课。在这件事情发生之后的一段时间里，客户对DHL不依不饶，要求赔偿25万元，然而DHL始终按照运单条款、行业惯例以及国际条约有关规定做出1 800元的赔付，并承诺今后客户发运货物按照6.5折计费。这么严重的分歧，记者满以为会有大的炒作可以发挥，然而大概过了一个礼拜的时间，记者给客户通电话，发现当初声称要将DHL告上法庭的客户的态度却来了个大转变，声称此事已经得到圆满答复，然后就没了下文。我们通过这个案例能够看出国际物流巨头多年的操作经验和对于突发事件的处理能力，而国内的企业基本上不能做到这个地步，顶多是在公司架构中挂个客服部的职位来处理这些事情。

然而在实际的操作过程中，我们并没有过多的好的经验可谈，笔者曾负责整个企业集团的客户服务工作，对于此类事情有着切身的体会，在此和各位交流，其中有的方法是有规律可循的，而且我想说的是我们的客户有时候也是存在着不当的地方，如果能够把握时机，有些事情可以达到一个较为满意的答复。物流企业常用的手法如下：

一、货物破损、丢失赔付方法

1. 延时法。延时法是物流企业在赔付的时候经常使用的一种方法，这种方法最为简单也就是一个字"拖"，尽量拖延时间，最后使客户失去耐心，但是此种方法一般应用在索赔金额较小的客户身上；

2. 太极法。这种方法的秘诀在于"推"，也就是学习太极推手的意义，这个部门推那个部门，那个部门推别的部门，到最后再问，可能会有如此答复：对不起，当初接手处理的那个人走了，不知道啊。气得你没辙。

3. 条款法。条款法是一种举着大棒子给你胡萝卜的方法，物流企业动不动就搬出一大堆的条文，有些是公司规定，基本上客户是不认可的，还有就是什么"国家规定的……铁路规定的……航空公司规定的……"等等，使你觉得它这样做具有法律意义上的正确，如果客户不认可，就可以告知：你可以和国家去交涉啊！看看，多么大的一顶帽子就扣上了。

4. 江湖法。江湖法是一种比较灰暗的操作方法，如果真的有客户不依不饶的话，有些物流企业可能会找一些人给其打电话，告诉客户如果不注意自己的言行什么的，可能人身要出现……

5. 分解法。分解法是一种较为积极的做法，只不过是对其货物丢失、破损之类的事情希望将条件下降，最终使双方都认可。

6. 平衡法。平衡法是一种灰暗的积极做法，它也强调赔付，但是赔付的多少就是物流企业自己确定了，一般只是对于客户心理上的安慰，远远达不到客户的要求。

7. 裁定法。裁定法是到了最终进入法庭阶段才出现的状况，一般谁都不愿意出现这种事情，因为毕竟此类事情对于物流企业的名声和信誉都是一个打击，所以不到万不得已客户也不愿意将其告上法庭，物流企业也不愿意上法庭。

这七种方法是在实际解决问题的过程中经常遇到的，其精髓就是能推就推、能拖就拖，从而达到能不赔就不赔，能少赔就少赔的目的。其实，我们的客户只要在填写运单的时候或者是签订合同的时候看清楚某些条款，是可以避免此类事情的发生的，而且客户在遇到此类事情的时候，应该本着沟通的态度和物流企业进行交流，如果客户没有大笔的应付账款在手里的话，客户往往处于劣势。

二、处理事故时经常应用的语句

1. 按照铁路（航空、国家）规定，我们只能赔付您多少多少钱。
2. 您未上保险，所以我们不能给您赔付。
3. 外包装完好，内物我们不能确定是谁的责任。

从这些语言语句完全可以看出，物流企业的操作手法就是推脱责任。对于有些条款，国家是有规定，但是物流企业利用客户对于货运知识缺乏的情况进行欺骗，真正非常明确赔付的规定只有航空规定，对于未上保险的货物国内货物每千克赔付20元，国际货物每千克赔付20美金，最高限额分别为2 000元人民币和2 000元美金。虽然说这是一个霸王条款，但是它确实是比较明确地规定了赔付的比例，在实际过程中是有法可依的。至于铁路、公路物流丢失、破损赔偿，上述两个部门根本就没有任何明确的描述，只是模模糊糊地提到了这些事情。

对于保险的事情，《中华人民共和国民法典》明确规定只要签订合同或者是填写完运输单据就表明客户与物流企业双方的权利、义务正式成立，企业不能以客户未上保险就没有义务予以完整无损保管客户货物的权利，所以说即使没有上保险，物流企业也不能以此要挟客户不予理赔。至于有些人员对于宅急送为什么不给上保险存在质疑，其实这完全是企业自身的定义，有些货物价值非常高，物流企业不想上保险（即使是收了保险费，也不一定真正交给保险公司或者是降低保险金额），可万一出了事都是自己的问题。若是不上保险呢，物流企业就有理由了。对于一些货物类型，物流企业一般是不予上保险的：旧的家电产品、家具产品、古董字画、工艺品等这些不易鉴定价值同时风险性又较大的产品，物流企业一般不予上保险，同时是现款现结、不作应收和到付，这是一个惯例的问题，因此如果要想避免此类事情发生必须要和物流企业讲清楚，同时看清楚合同或者是运单上面的各项条款，才能减少此类纠纷。

物流企业对于外包装完好，而内物破损、丢失的这种说辞更是于理于法说不过去，只要是签订合同或者是填写完运单，就表明双方的权利、义务成立，就表明物流企业认可货物是完好无损的，否则物流企业可以开箱进行检验。

货物安全是物流企业一个心中永远的痛，至少是隐隐作痛，因为谁也不知道明天会发生什么事情，谁也不能保证自己的运作万无一失，所以与保险公司签订正式的合同进行风险转嫁是一条可行的道路，然而真正上物流险的企业并不多，大多是采取预约险的方式进行操作，此险种对于物流企业资格的认证非常严格，而且骗保的风险也比较大，所以一般不对中小企业开办。所以物流企业真正的改进措施就是加强自身运作的管理，同时使各个流程明细、透明，实行岗位责任制，只有这样才能降低货物丢失、破损的风险。同时在我国的物流理念中，尤其是客户的理念存在着一定的问题，客户要求安全率达到百分之百是没有任何错误的，然而世界上的事情不可能做到百分之百，所以才要有安全率的概念，只要控制在安全率之内的事情都是可以接受的，只是安全率是必须年年要提高的，这就是物流企业持续改进的方向，所以我们必须正视这个问题，它不仅仅是物流企业的问题，同时也是客户的问题。

分析提示：

1. 为什么说物流的首要工作是安全？
2. 当出现货损货差时，有哪些处理与预防办法？

学习情境 2

零担运输

【学习目标】

素质目标： 零担货物运输的生存土壤，零担货物运输的网络建设，运输车辆的组织形式
知识目标： 零担货物运输的概念，零担货物运输的特点，零担货物运输的基本条件
技能目标： 零担货物运输业务作业程序
拓展目标： 承运日期表的优点、编制原则及其编制

【引例】

引例文章

德邦物流的成功之道

美国的《财富》杂志曾经有一项调研结论称：中国中小企业的平均寿命不到 2.5 年，集团企业的平均寿命为 7~8 年，而民营企业能够经营超过 10 年的更是不到 5%。在这个大背景之下呈现给我们的另一现实是，中国每年有超过 100 万家的企业倒闭。

十余年间，德邦从 8 平方米 4 个人起步，到拥有几万名员工；从广州海印桥头的小门面，到遍布全国的数千家网点；从包揽中山小榄镇到北京毛衣空运的一个名不见经传的小公司，到如今成为中国公路零担物流行业的中坚力量，加之物流行业的风云变幻和急剧整合，德邦物流始终能以勇者的姿态阔步前行，并保持年均 60% 的增长速度……其中必然包含着值得去深思的东西，这背后的力量与信念到底是什么？

一切的偶然都有其必然的因素。

回顾历史，追根溯源，除了创业者们的满腔激情之外，我们看到更多的是德邦在发展过程中所形成的独一无二的经营哲学。德邦注重事物的本质，化繁为简，用最大的努力做自己最擅长的事情。归结起来，大致有以下两个方面：

1. 精准定位，专一聚焦

德邦是做航空货运代理起家的，但是做航空货运代理，不仅本小利薄，而且处处受航空公司的牵制，再加上国家对航空货运代理人的审批政策放宽，航空货运代理人竞争越来越激烈，点对点的航空货运利润急速下降。继续做航空货运代理，虽然能过上小康日子，但其实没有太大的发展前景（后来的事实是，航空货运代理行业在公路零担货运与快递的夹击下几近消失），而当时的汽运市场却正在迎来一场前所未有的发展契机。从 1998 年开始，中国高速公路兴建规模开始逐年扩大，并连续 3 年投资规模突破 2 000 亿元。到 2001 年年底，全国高速公路通车里程达到 1.9 万千米，这些都为汽运物流市场的发展创造了良好的条件。再从国内的待运货物来看，由于对时效要求不高而对运价更敏感，所以上了量的货物多数不会选择空运。由此，德邦抓住时机，果断进入了公路货运领域。

开始进入公路货运行业时，德邦没有太多选择，不管什么客户，只要有钱赚就干。但随着业务的不断扩大，公司发现给大客户提供定制化的物流服务和给中小企业提供标准化的物流服务，其能力要求存在很大的差异。

2004年9月，某大客户在德邦广州机场路营业部发货费用近500万元，一天之内装满了十几辆九米六卡车，如此大的货量貌似让德邦尝到了甜头。但由于一直无法收回货款，磨了一年多后，德邦最终才以减免70万元的方式追回了欠款。无独有偶，深圳金立手机、海洋王灯具、新市的圣洁玉兰油等德邦大客户虽然发货很多，但是个性化要求也多。

同样考虑到应收账款的回收风险，经过痛苦的思想挣扎，德邦意识到30千克以下的运输可能快递公司做得更专业，1吨以上的可能做整车业务或者服务大客户的人做得更专业，自己应该把30千克到1吨之间比较零散货物的运输作为自己的专长，将目光锁定于广大中小客户，从事"既不算快递，也不属于整车运输"的零担物流。德邦由此开始开辟出一片真正属于自己的蓝海——公路零担物流。

德邦的零担物流服务是一种介于合约物流（大客户物流）和快递中间的物流模式，以实体网络规模和集约化经营为特点，专吃蛋糕顶端的奶油部分，以对价钱不敏感而对时效和服务比较敏感的中小企业为主要服务对象，即海量的"小B"（小企业），将不同托运人的货物拼车运输，零收整发。

所以，后来当很多大客户以至大企业，如宝洁、好又多、TCL和科勒等找上门来谈定制化的物流合作时，德邦都婉拒了。随着企业的发展和实力的增强，德邦物流也有进入物流地产等其他行业的机会，但德邦依然选择了坚守自己的定位。

其背后的逻辑，正如崔维星所讲的："一年干不成什么事，十年干成任何事。我们的管理就是要做到简单、准确、有效，始终专注自己的核心竞争能力，而不去轻易分散精力和资源。"

2. 创新发展，极致取胜

德邦历经十余年发展，其实都是在与困难的不断斗争中成长起来的。1998年的全球经济危机中，德邦开创了"空运合大票"的运营新模式，将全行业低盈利水平的铁幕撕开了一道口子；2003年公路货运行业低价恶性竞争，德邦却推出行业第一款快运产品——卡车航班（即现在的精准卡航），领先至今；2008—2009年在全球经济危机再次袭来，物流行业哀鸿遍野、急剧震荡整合的时候，德邦却实现了逆势增长，一跃成为行业第一。不因整体商业环境的繁荣而崛起，反而是因为低迷或萧条而中兴，靠什么？靠的就是内力，靠的就是日复一日积累出的扎实基础。

2002—2004年的中国物流界，大小物流公司蜂拥进入汽运行业，造成行业的激烈竞争，让许多小货运企业不惜一切代价，争相压低价格，展开了近似肉搏的价格战，至今让人心有余悸。彼时的德邦汽运刚刚起步，打价格战能支撑多久？德邦决定剑走偏锋、刀刀见血，打差异化之战，不仅不能降价打价格战，而且应该走高端路线，于是开始试图寻找一种介于汽运和空运之间的产品。这种产品的价格比汽运高一点，但速度不能比空运慢太多，突出"快速和准时"。卡车航班，即德邦四大精品业务之一——精准卡航的前身应运而生了。卡车航班由此成为中国公路货运领域第一款快运产品，领先同行5年以上。

如果只做区域物流，物流行业的门槛的确不高——极端情况下，一个人几辆车就可以开一个运输公司，但如果想做业务遍布全国的物流企业，那么行业门槛就非常高。这种门槛主要不是资金——在资本过剩的年代，让一些财团拿出几十亿元甚至上百亿元铺设遍布全国的物流网络并不是难题——而是如何管理一张遍布全国的庞大物流网络，以及如何管理规模达数万的基层员工队伍。

德邦物流很早就意识到了这一点，所以采取的是直营化的管理和发展模式——网点自建、车辆自购、人才自培，这样更利于管控和保证执行力；在战略上做专一聚焦减法的同时，在核心能力建设上做足加法，即通过持续不断地改善，努力将产品做到最优、做到极致。

物流这个行业里的产品最优,其实说来也简单,就是按时到货、不丢不损和客户满意。但如何保障数以百万计的客户的货物都能按时到达、不丢货、不破损,且运营成本最低,这并不容易。德邦的做法主要有以下三点。

一是非常重视逻辑思考和方法研究。德邦会把复杂的问题细分成若干小课题,针对每个小课题组织专门人员进行研究,然后把研究出来的成果推广到全国,通过这种方式培育了管理复杂物流网络的能力。这种办法看上去并不先进,但持之以恒地做下来,德邦取得了令人瞩目的成果。一个小例子是德邦物流的单千米油耗指标在全球都居于领先地位。而且在这个过程中,德邦非常注重"求真",力求把握事物的内在规律,而不是不懂装懂、浅尝辄止。比如崔维星在听汇报时,常说的一句话就是"我没有听懂"——讲的不是如何制作原子弹,况且他是厦门大学毕业的高才生,所以真的是没有听懂吗?其实是对所汇报内容背后的机理还没有完全弄明白,或者说汇报人还没有让他完全相信报告中所传递的信息罢了。

二是建立全程全网的标准化运营。曾有业内人员评价德邦时说:"德邦对我们物流行业最大的贡献是标准化。"诚然,在"低、小、散、乱"的物流行业,要在全国几千家直营门店打造统一的门店形象和服务水平,没有强大的标准化运营能力是不可能做到的。德邦擅长将处理问题的方法固化为标准,然后全网推行。为了保证标准得到执行,德邦的做法是标准统一由总部研究和制订,并设置强大的督导机制,保障各地都按统一的步调用同一标准运营。

三是基于问题的持续改善。为了提升网络运营效率,德邦建立了详细的指标监测体系,所监测的指标多达两三百项。通过目视化看板或小组晨会的方式每日盘点,根据指标变化,随时进行整改。通过指标的纵横对比发现先进和落后,然后分析原因,把先进经验总结出来并推广到全网,把落后问题分析出来并制定相应整改措施,然后告知全网,这样企业的运营效率,就随时处在一个可视和可控的状态。在改善目标上,德邦以结果导向,强调实效、务求实用,始终把效益作为决策的最高标准。德邦领导在决策改善方法时的第一反应往往是这个东西管不管用,能不能给客户、给公司创造效益,否则不管汇报的人研究得如何辛苦,汇报得如何天花乱坠,都没有用。

十几年来,面对种种诱惑,经受各种冷嘲热讽,德邦却始终专注于中国公路零担领域,从未动摇;面对漫漫前路,在没有任何参考模式的情形下,却能依靠自身的坚忍和信念,持续改善创新,最终在中国物流界占据了一席之地,无论肩负荣耀还是悲壮独行,这或许都是对德邦今天为什么能够成功的最好诠释。

分析提示

1. 德邦公司的主营产品有哪些?
2. 精准卡航是如何运营的?

【正文】

实训场景1:零担货物运输的概述

知识点:零担货物运输的概念
关键技能点:零担货物运输出现的原因和其内涵

实例任务1:认知零担货物运输的概况

零担货物运输是相对于整车运输而言的,由于货物的流动无论从时间还是空间上都发生了根本的变化，目前零星用户、零星货物、零星整车的"三零"货急剧增加，是为适应社会零星货物运输的需要，采用一车多票、集零为整、分线路经营的货运方式，零担货物以件包装货物居多，包装质量差别较大，有时几批甚至十几批货物才能配载成一辆零担车，因此零担货运组织工作要比整车货运复杂。普通零担货物运输已成为货物运输的重要形式之一。

实例任务 2：掌握零担货物运输的概念

零担货物运输是对于托运人一次托运的货物在 3 吨（不含 3 吨）以下或虽不足 3 吨，但其性质、体积、形状是不需要一辆 3 吨以上汽车运输的情况，换言之，零担货物运输是指托运人一次托运的货物数量不足一个整车的运输。

实训场景 2：零担货物运输的特点

知识点：零担货物运输的特点、基本条件
关键技能点：零担货物运输的特点

实例任务 1：认知零担货物运输的基本条件

公路承运的零担货物具有数量小、批次多、包装不一、到站（流向）分散的特点，并且品种繁多，许多商品价格较高。另一方面，经营零担货运又需要库房、货棚、货场等基本设施以及与之配套的装卸、搬运、堆码机具和苫垫设备。所以这些基本条件的限定，使零担货物运输形成了自己独有的特点，概括表现在以下几个方面。

实例任务 2：熟悉零担货物运输的特点

1. 货源不确定性和来源的广泛性

零担货物运输不仅货物来源、货物种类繁杂，而且面对如此繁杂的货物和各式各样的运输要求，必须采取相应的组织形式，才能满足人们货运的需求，这样就使零担货物运输货运环节多，作业工程细致，设备条件繁杂，对货物配载和装载要求较高。因此，作为零担货物作业的主要执行者——货运站，要完成零担货物的确认和货物的配载等大量的业务组织工作。

2. 单位运输成本较高

为了适应零担货物运输的需求，货运站要配备一定的仓库、货棚、站台，以及相应的装卸、搬运、堆置的机具和专用厢式车辆。此外，相对于整车货物运输而言，零担货物周转环节多，更易于出现货损、货差，赔偿费用较高，因此，零担货物运输成本较高。

3. 适用于千家万户的需要

零担货物运输具有品种繁多、小批量、多批次、价格较高、时间紧迫、到站分散的特点，因此，能满足各层次商品流通的要求，方便物资生产和流通。

4. 运输安全、迅速、方便

零担货物运输由于其细致的工作环节和业务范围，可承担一定行李、包裹的运输。零担班车一般都有固定的车厢，所装货物不至于受到日晒雨淋，一方面为客运工作提供有力支持，另一方面体现了安全、迅速、方便的优越性。

5. 零担货物运输机动灵活

零担货物运输都是定线、定期、定点运行，业务人员和托运单位对运输情况都比较清楚，便于沿途各站点组织货源，往返实载率高，经济效益显著。对于竞争性、时令性和急需的零星货物运输具有尤为重要的意义。

实训场景 3：零担货物运输的发展趋势

知识点：零担货物运输的生存土壤
关键技能点：零担货物运输的网络建设

实例任务 1：认知零担货物运输的生存土壤

思政：服从社会发展需要

零担货物运输业必须建立零担货物运输网络，充分发挥零担货物运输网络化规模经营的优势，取得最大的企业效益与社会效益。零担货运网是指由零担货运站（点）、零担货运班线组成的供零担货物流通的循环网络系统。根据我国情况，发展零担货运网应根据地区经济发展状况、产业构成、公路网状况等确定零担货运站数量、分布状况、货运班线等，依托行政区域，建立相应的各层次零担货运网，进而形成全国范围内的零担货运网络。

实例任务 2：熟悉零担货物运输的网络建设

1. 建立县内网络

建立县内网络，是指以县城为中心，以乡镇村零担货运站为网点的网络，对区域内企业产品、日用消费品进行集结和疏散。

2. 建立城市（地区）网络

建立城市（地区）网络指以中心城市为中心，以县内网络为基础，以市县、县城间交通干线为脉络形成市（地区）内的网络系统。它对于发挥中心城市的作用，加快流通速度具有一定作用。

3. 建立省（自治区）网络

省（自治区）网络指以省（自治区）、直辖市或经济中心城市为中心，依托公路干道，形成省（自治区）内完整的循环系统。

4. 建立片区网络

片区网络是指跨越数省（市、自治区）以片区内的经济中心城市为连接点，以沟通城市之间干线为脉络组成的网络，片区网络的建立为发展远距离的零担货物运输创造了必要条件。

5. 建立全国网络

建立全国网络指以大城市为中心，以干线为骨干形成的四通八达的全国范围内的零担货物运输网。只有建立全国零担货运网络，才能最大限度地方便货主，使零担货物在全国范围内流通，实现零担货物运输现代化。

实训场景 4：运输车辆的组织形式

知识点：运输车辆的组织形式
关键技能点：直达式零担班车、中转式零担班车和沿途式零担班车

实例任务 1：掌握运输车辆的组织形式——固定式零担车

固定式零担车是指车辆运行采取定线路、定班期、定车辆、定时间的一种零担车，也叫"四定运输"。通常又称为汽车零担货运班车，简称零担班车。零担班车一般是以营运范围内零担货物流量、流速、流向以及货主的实际要求为基础组织运行，固定式零担货运班车一般可分为

直达式零担班车、中转式零担班车和沿途式零担班车三种。

（1）直达式零担班车。直达式零担班车是指在起运站将各个发货人托运的货物集中到同一站点，并且性质允许配载的零担货物，同车装运后直接送达目的地的一种货运班车，如图3-1所示。

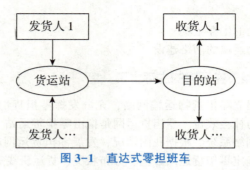

图 3-1　直达式零担班车

（2）中转式零担班车。中转式零担班车是指在起运站将各个发货人托运的同一线路、不同到达站，但性质允许配装的各种零担货物，同车装运到规定中转站，卸货后复装，重新组成新的零担班车运往目的地的一种货运班车，如图3-2所示。

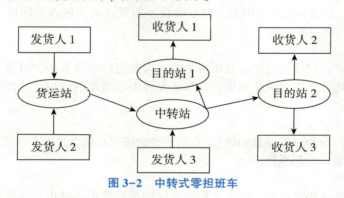

图 3-2　中转式零担班车

（3）沿途式零担班车。沿途式零担班车是指在起运站将多个发货人托运的同一线路、不同到达站，但性质允许配装的各种零担货物，同车装货后，在沿途各计划停靠站卸下或装上零担货物再继续前进，直至最后终点站的一种货运班车，如图3-3所示。

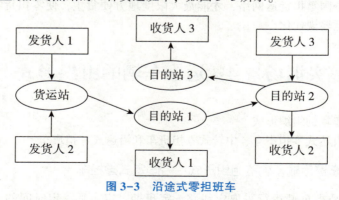

图 3-3　沿途式零担班车

上述三种零担班车运行模式中，以直达式零担班车经济性最好，是零担班车的基本形式。它具有以下四个特点：
(1) 避免了不必要的换装作业，节省了中转费用，减轻了中转站的作业负担。
(2) 减少了货物的在途时间，提高了零担货物运送速度，有利于加速车辆周转和物资的调拨。
(3) 减少了货物在中转站的作业，有利于运输安全和货物的完好，减少事故，保证运输质量。
(4) 货物在仓库内的集结时间少，充分发挥仓库货位的利用程度。

实例任务2：熟悉运输车辆的组织形式——非固定式零担车

非固定式零担班车是指按照零担物流的具体情况，临时组织而成的一种零担车，通常在新辟零担货运线路或季节性零担货物线路上使用。非固定式零担车计划性差，运输过程效率较低，因此应加强对货源的调查并收集货运相关的信息，改非固定式零担车为固定式零担车，来提高企业的运输效率。

实训场景5：承运日期表及其编制

知识点：承运日期表
关键技能点：承运日期表的优点、编制原则、所需要的资料、编制步骤

实例任务1：了解承运日期表的优点

承运日期表具体规定了车站受理承运某到达站或某方向上零担货物的日期。按承运日期表上所规定的日期受理零担货物，对有计划、有组织地运输零担货物有着重要的作用，其优点是：
(1) 便于将去向和到站比较分散的零担货流合理集中，为组织直达零担班车创造有利条件；
(2) 可以均衡地安排起运站每日承运零担货物的数量，合理使用车站的货运设备，为日常零担承运、仓库管理、计划配装、装车组织、劳动力的调配营造有利的环境；
(3) 便于物资部门安排产品生产和物资调拨计划，提前做好货物托运前的准备工作。

实例任务2：熟悉承运日期表编制的原则

编制承运日期表时，应遵循一些基本原则，如：应尽最大可能组织直达零担班车，杜绝不合理的中转环节；尽量缩短承运间隔期；保证车站作业的均衡性等。

实例任务3：掌握承运日期表编制所需要的资料

具体编制时，必须掌握下列资料：
(1) 零担货物发送量。为了掌握这方面的货流资料，可根据历年实际完成的统计资料，结合货源调查后加以分析。有了零担货物发送量，才能进一步确定组织某到达站直达零担班车的平均每日发送量。
(2) 零担货物构成。主要掌握轻重货物的比例，以便采用相应的厢式车型或确定使用的成组工具，并计算平均净载重量。
(3) 车站发送仓库的容积、货位数目以及管理方法。这对发送量大、仓库容量小的货运站十分重要。因此编制承运日期表时，必须充分考虑仓库的使用和管理方法，以便保证货物的及时发送。
(4) 车辆运行技术参数。这是确定车辆运行周期和零担车班期的重要依托，它与车辆配备数量以及最大承运间隔日期的确定也有很大关系。

(5)主要发货单位(货主)以及对方对本零担货运站的要求。

实例任务 4：掌握承运日期表的编制步骤

编制承运日期表的参考步骤：

1. 计算组织到达某货运站一个直达零担班车零担货物所需要的集结时间，其计算公式为

$$T = g/Q$$

式中，T 为货物集结时间；g 为平均货物装载量；Q 为平均日发送量。

(2)根据有关规定和要求、零担货物的变化规律、车站作业能力以及车辆运行周期等资料，合理确定最大承运间隔期。

(3)比较零担货物计算时间和最大承运间隔期，初步确定零担货物承运间隔期。

零担货物集结时间如小于或等于最大承运间隔期，则可按集结时间作为组织直达零担班车的承运间隔期；集结时间超过最大承运间隔期时，可考虑将同一方向上两个适宜到达站的货源进行合并，重新计算它们的集结时间，最后确定组织发往两个到达站直达零担班车的承运间隔期。

(4)根据车站仓库作业能力的大小、设备使用的合理性，在确保作业均衡和方便货主的原则下，对已确定的承运间隔日期进行调整，最后编制承运日期表。

承运日期表原则上应保持相对的稳定性，当货源货流发生变化或其他原因需要调整时，应提前编制并及时公布新的承运日期表。

实训场景 6：作业程序

知识点：作业程序
关键技能点：作业程序的工作环节

实例任务 1：掌握零担货物运输业务作业程序

零担货物运输业务是根据零担货运工作的特点，按照流水作业构成的一种作业程序，可用图 3-4 来表示。

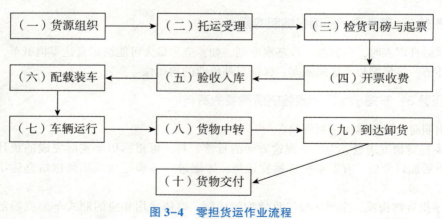

图 3-4 零担货运作业流程

实例任务 2：掌握货源组织的办法

零担货物运输的起点是零担货物货源组织工作，它是为寻找、落实货物而进行的工作，是开

展货物运输非常关键的一环。

实例任务 2-1：掌握进行货源市场调查的方法

零担货物货源市场调查主要是进行货流起讫点调查，货流起讫点调查是对货物发生及到达地点的分布、货物流向与流量的调查，通常称为 OD 调查。调查的主要项目有：货物种类、数量及流向；货流起讫点及地理位置；货流按时间及空间分布；货物托运、保管、装卸的地点及分布。通过 OD 调查，了解零担货物运输需求情况，合理安排货运站及营业网点的分布，组织货运服务。

实例任务 2-2：掌握零担货源组织方法

（1）实行合同运输。合同运输是公路运输部门行之有效的货源组织方式，是承运人与托运人针对运输的货物数量、种类、运输服务等方面共同签订合同进行运输的一种方式。合同运输有利于逐步稳定一定数量的货物；有利于合理安排运输；有利于简化运输手续，减少费用支出；有利于加强企业责任感，提高运输服务水平；有利于改进产、供、销的关系，优化资源配置。

（2）设立零担货运代办站。零担货物有零星、分散、品种多、批量小、流向广的特点，零担货物运输企业可以自行设置货运站，也可以与其他社会部门或企业联合设立零担货运代办站，既可加大零担货运站点的密度，又可以有效利用社会资源，减少企业成本，弥补企业在发展中资金、人力的不足。在设立零担货运代办站时，一定要经过广泛的社会调查，了解货源情况。

（3）委托社会相关企业代理零担货运业务。零担货运企业可以委托货物联运公司、日杂百货公司、邮局等单位代理零担货运受理业务，利用这些单位的既有设施及其社会关系网络，取得相对稳定货源。这些单位在代理零担货运业务时，一般向托运人收取一定的业务手续费或向零担货运企业收取劳务费。

（4）聘用货运信息联络员，建立货源情报网络。从事零担运输的企业可以聘用专门人员从事货运信息联络服务，货运信息联络员可以是本企业专职人员，也可以是兼职人员，或者是某一个合作企业。通过货运信息联络员传递的货源信息，建立货源情报，组织零担货源。

（5）网上受理业务。这是现代科技条件下非常快捷、方便的一种方式。通过开通网上受理业务，可以扩大业务受理的范围，加快业务受理的速度，提高运输效率。

实例任务 3：掌握托运受理知识

实例任务 3-1：了解托运受理的工作内容

托运受理是指零担货物承运人根据经营范围内的线路、站点、运距、中转车站、各车站的装卸能力、货物的性质及受理限制等业务规则和有关规定接受托运零担货物，办理托运手续。受理托运是零担货物运输作业中的首要一环。由于零担货运线路长、站点多、货物品类繁杂、包装形状各异、性质不一，因此受理人必须熟知运营区域范围内的线路、站点、运距、中转范围、车站装卸能力、货物的理化性质及收运限制等一系列业务及有关规定。

实例任务 3-2：熟悉受理托运的必备条件

公布办理零担的线路、站点（包括联运、中转站点）、班期及里程运价；张贴托运须知、包装要求和限运规定。

实例任务 3-3：掌握受理托运的方法

在受理托运时，可根据受理零担货物数量、运距以及车站作业能力采用不同的受理制度和方法，如随时受理制、预先审批制、日历承运制等，或站点受理、上门受理、预约受理等。

(1) 随时受理制。这种受理制度对托运日期无具体的规定，在营业时间内，发货人均可随时将货物送到货运站办理托运。这种方式极大地方便了货主，但也有其局限性，如事先不能组织货源，缺乏计划性。因此货物在库的停滞时间较长，设备使用率低。在实际零担货物运输中，这一受理制度常被作业量小的货运站、急运货运站，以及始发量小、中转量大的中转货运站采用。

(2) 预先审批制。预先审批制要求发货人事先向货运站提出申请，车站再根据各个发货方向及站别的运量，结合站内设备和作业能力加以平衡，分别指定日期进货集结，组成零担班车。

(3) 日历承运制。日历承运制指货运站根据零担货物流量和流向规律，编写承运日期表，事先公布，发货人则按规定日期来站办理托运手续。采用日历承运制可以有计划、有组织地进行零担货物运输，便于将去向和到站比较分散的零担货流合理集中，组织直达零担班车，可以均衡安排起运站每日承担零担货物的数量，合理使用货运设备，便于物资部门安排生产和物资调拨计划，提前做好货物托运准备工作。

实例任务 3-4：掌握托运单的填写

受理托运时，必须由托运人认真填写托运单，承运人审核无误后方可承运。零担货物托运单至少一式两份，一份起运站仓库存查，一份开票后随货同行。凡货物到站在零担班车运行线路范围以内的，称为"直达零担"，可填写"零担货运托运单"；需通过中转换装的，称为"联运零担"，可填写"联运零担货物托运单"。

零担货物托运单格式见表 3-3。

表 3-3　公路汽车零担货物托运单

托运日期：20　　年　　月　　日
起运站＿＿＿＿＿＿＿＿＿＿　　到达站＿＿＿＿＿＿＿＿＿＿
托运单位＿＿＿＿＿＿＿　详细地址＿＿＿＿＿＿＿　电话＿＿＿＿＿＿
收货单位（人）＿＿＿＿＿　详细地址＿＿＿＿＿＿＿　电话＿＿＿＿＿＿

货物名称	包装	件数	实际重量	计费重量	托运人注意事项
					(1)托运单填写至少一式两份；(2)托运货物必须包装完好捆扎牢固；(3)不得谎报货物名称，否则在运输过程中发生一切损失，均由托运人负责赔偿；(4)托运货物不得夹带易燃等危险品
合计					
收货人记载事项：					起运站记载事项：

进货仓位＿＿＿＿＿仓库理货验收员＿＿＿＿＿发运日期＿＿＿＿＿到站交付日＿＿＿＿＿托运人（签章）＿＿＿＿＿

托运单原则上由发货人填写，承运方不予代填，对托运人填写的托运单还必须认真审核。

实例任务 3-5：掌握托运单的审核方法

审核托运单的要求是：

(1) 检查核对托运单的各栏有无涂改，对涂改不清的应重新填写。

(2) 审核到站与收货人地址是否相符，以免误运。

(3) 对货物的品名和属性进行鉴别，注意区别普通和笨重零担货物（同时注意它们的长、宽、高能否适应零担货车的装卸及起运站、中转站、到达站的装卸能力等）、普通物品与危险品（如属危险品则应按《危险物品规则》办理）。

(4) 对一批货物多种包装的应认真核对，详细记载，以免错提、错交。

（5）对托运人在声明事项栏内填写的内容应特别注意货主的要求是否符合有关规定，能否承担。

实例任务4：掌握检货司磅与起票方法

检货司磅与起票的作业就是零担货物受理人员在收到托运单后，审核托运单填写内容与货物实际情况是否相符，检查包装，过磅量方，扣、贴标签和标志。

实例任务4-1：熟悉运单的核对

核对货物品名、件数、规格、包装标志是否与托运单相符。注意是否夹带限制运输货物或危险货物，做到逐件清点件数，防止发生差错。对长大、笨重的零担货物要特别区别其不同到站，终点站，长大件不超过零担班车车厢的长度和高度；中途站，长大件不超过零担车后门宽度和高度。笨重零担货物，不超过发运站和到达站的自有或委托装卸能力。单件重量，一般在人力搬运装卸的条件下，以不超过40千克为宜，笨重零担货物应按起运、中转、到达站的起重装卸能力受理。

实例任务4-2：熟悉货物包装的检查

货物包装是货物在运输、装卸、仓储、中转过程中保护货物质量必须具备的物质条件。货物包装的优劣，直接关系到运输质量和货物自身的安全，因此必须按货物的特性和要求进行包装，要达到零担货运的关于货物包装的规定。如发现应包装的货物没有包装或应有内包装而只有外包装的，应请货主重新包装。对包装不良或无包装但不影响装卸及行车安全的，经货运站同意可予以受理，但请货主在托运单中注明包装不良状况及损坏免责事项。对使用旧包装的应请货主清除旧标志、旧标签。

检查货物虽然是一些十分琐碎的工作，但却是较为重要的工作。如果在接收货物时检查疏忽，就会使原来已经残破短少或变质的货物进入运送过程，不仅加剧货物的损坏程度，而且不能保证承运期间的安全，甚至会转化为运输部门的责任事故，影响企业信誉，造成不应有的损失。检查货物包装的步骤可以如下进行：

（1）看：包装是否符合相关规定要求，有无破损、异迹。笨重货物包装上面是否用醒目标记标明重心点和机械装卸作业的起吊位置。

（2）听：有无异声。

（3）闻：有无不正常的气味。

（4）摇：包装内的衬垫是否充实，货物在包装内是否晃动。

实例任务4-3：掌握过磅量方的知识

货物重量是正确装载、核算运费和发生事故后正确处理赔偿费用的重要依据。因此必须随票过磅（量方），确保准确无误。货物重量分实际重量、计费重量和标定重量。

（1）实际重量。货物的实际重量是根据货物过磅后（包括包装在内）的毛重来确定的。

（2）计费重量。计费重量可分为不折算重量和折算重量，不折算重量就是货物的实际重量。关于折算重量的计算可参考相关规定。

（3）标定重量。标定重量是对特定的货物所规定的统一计费标准。同一托运人一次托运轻泡和实重两种货物至同一到站者，可以合并称重或合并量方折重计费（不能拼装者例外）。

过磅或量方后，应将重量或体积填入托运单内。一张托运单的货物分批过磅、量方时，应将重量和长、宽、高体积尺寸记在托运单内，以备查考，然后将总重量和总体积填入托运单告知货主。零担货物过磅量方后，司磅、收货人员应在托运单上签字证明并指定货位将货物搬入仓库，然后在托运单上签注货位号，加盖承运日期戳，将托运单留存一份备查，另一份交还货主持其向财务核算部门付款开票。

实例任务 4-4：掌握扣、贴标签和标志的方法

零担标签、标志是建立货物本身与其运输票据间的联系，是标明货物本身性质，也是理货、装卸、中转、交付货物的重要识别凭证。标签的各栏必须认真详细填写，在每件货物的两端或正、侧两面明显处各扣（贴）一张。

标签、货票式样见表 3-4、表 3-5、表 3-6。

表 3-4　零担标签

车次	
起点	
终点	
票号	
总件数	
	站发　年　月　日

表 3-5　公路汽车行李与包裹的标签

	站至　　　　站	
票号	总件数	
		站　年　月　日

表 3-6　零担货物运输货票

起点站		中转站			到达站		公里数		备注
托运人				详细地址					
收货人				详细地址					
货名	包装	件数	体积/立方米		实际重量	计费重量	每百公里千克运价	合计	
			长	宽	高				
									托运人签章
合计									

货运站：　　　　　填票人：　　　　　复核人：　　　　　经办人：

实例任务 5：掌握开票收费知识

零担货物运输的开票收费作业，是在零担货物托运收货后，根据司磅人员和仓库保管人员签字的零担货物托运单进行的；开票收费环节包括运费和杂费的计算；运费的计算有既定计算公式，在计算时可以套用。

零担货运的杂费项目：

(1) 过路过桥费。零担运输车辆如需要过路过桥运行，由起运站代收。

(2) 标签费。

(3) 标志费。

(4) 联运服务费。通过两种以上的运输工具的联合运输以及跨省（市）的公路联运，核收

联运服务费。

（5）中转包干费。联运中转换装所产生的装卸、搬运、仓储、整理包装劳务等费用，实行全程包干，起运站一次核收。

（6）退票费。受理承运后若货主要求退运，按规定收取已发生的劳务费用及消耗票证的印制成本费用。

（7）保管费。

（8）快件费。应货主要求办理快件运输的，收取快件费。

（9）保价（保险）费。对贵重物品实行保价运输，收费标准按货物价值的百分比核收。

营收报解与营收审核，营收人员每日工作完毕，必须将当天开出的货票核查联中的营收进款累计数与所收的现金、支票金额进行核对。

实例任务6：掌握验收入库知识

零担货物验收入库是车站对货物履行运输、保管责任的开始。把好验收关，就能有效地杜绝差错。

零担仓库的货位配置可根据通道位置，分成单列式排列和双列式排列，也可分为待运货位、急运货位、到达待交货位等。零担货物仓库要具备良好的通风条件、防潮条件、防火和灯光设备及安全保卫能力。

验收入库必须做到：凡未办理托运手续的货物，一律不准进入仓库；认真核对运单、货物，坚持照单验收入库；货物必须按流向堆码在指定的货位上；一批货物不要堆放两处，库内要做到层次分明，留有通道，标签向外，箭头向上；露天堆放的货物要注意下垫上盖。

验收时必须逐件查收，按指定货位堆放，堆码整齐，经复点无错后在托运单上注明货位，经办人签章后生效。经常检查仓库四周，不可将有碍货物安全的物品堆放在仓库周围，保持仓库内外整洁。货物在仓库待运期间，要经常进行检视核对，以票对货、货票相符、票票不漏。

实例任务7：掌握配载装车知识

零担货物装车必须根据车辆吨位、体积、货物性质和运送方向，做好装车前的配载工作。

实例任务7-1：掌握零担货物的配载原则

（1）应坚持中转先运、急件先运、先托先运和合同先运的原则。

（2）一张托运单和一次中转的货物，须一次运清，不得分批运送。

（3）凡是可以直达运送的货物，必须直达运送，必须中转的货物，应按合理流向配载，不得任意增加中转环节，更不得迂回中转。

（4）有效利用车辆的载重量和容积，做到轻重配装，大小配装，合理搭配。

（5）认真执行货物混装限制规定，确保运输安全与货物完好。对于危险零担货物，应严格按危险货物运输规则办理。

实例任务7-2：掌握填制零担货物配装单和货物交接清单的知识

根据车辆容积、装载量和货物的形状、性质进行合理配载，填制配装单和货物交接清单。填货物交接清单时应按先远后近、先重后轻、先大后小、先方后圆的顺序填写。这样做是为了按单顺次装车。不同目的站和中转的货物要分单填制。整理各种随货单证，并附于交接清单后。

货物交接清单的格式见表3-7。

表 3-7 零担货物交接及运费结算清单

车属单位：_____　　　　　　　　　　　　　　　　　　编　号：
车　号：　　　　　　　吨位：　　　　　　　　　　　　　　　　　20　年　月　日

原票记录			中转记录		票号	收货人、单位	品名	包装	承运路段				备注
原票起站	目的站	里程	中转站	目的站					件数	里程	计费重量	运费	
合计													
附件	零担货票	货票	证明	上列货物已于　　月　　日经点件验收所随带附件，收讫无误。中转站：　　　　　目的站：　　　　（盖章）　　月　　日									

填发站：　　　　　　　填单人：　　　　　　　　　　　驾驶员：　　　　　　　　（盖章）

实例任务 7-3：掌握装车环节

（1）备货。货运仓库接到"货物装车交接清单"后，应逐批核对货物台账、货位、货物品名、到站，点清件数，检查包装标志、标签或贴票。

（2）交代装车任务。货物装车前，仓库保管人员要将待装货物按货位、按批量向承运车辆的随车理货员或驾驶员和装车工人交代货物品名、件数、性能及具体装车次序、装载要求、防护要领、消防方法等。

（3）监装。实际装车时，可采用"点筹对装法"，由仓库保管员发筹，随车理货员或驾驶员收筹，按筹点数核对。零担货物配运员与随车理货员（或驾驶员）根据零担货物配运计划监装，并以随货同行的托运单及附件为凭证按批点交。装车时应注意如下四点：

①检查零担车车体、车门、车窗是否良好，车内是否干净。

②根据车辆容积，均衡地分布货物，防止偏重；对某些集重货物和畸形偏轻偏重货物，下面应垫以一定厚度的木板或钢板，并使起重心尽可能位于车辆纵横中心线的交叉点。

③紧密地堆放货件，充分利用车辆载重量和容积，巧装满载，防止车辆运行中因振动造成的货物倒塌、破损。

④每批货物要堆放在一起，并按公—铁、公—水、公—航空、公—公联运中转零担和直达零担次序装车，为到站和中转快速卸货提供便利。

（4）复核。货物装车完毕，驾驶员或随车理货员应仔细检查货物的装载状况，并详细清点随货单证，确认无误后在货物交接单上签字，准备发车。

中途站装卸零担货物，应先卸后装，依次进行，避免货物混乱，产生差错。无论卸货进仓或装货上车均按起运站装卸作业程序办理。在装车前还应将车上的货物按目的站的远近适当整理，以减少下一站的卸货困难。

实例任务 8：掌握车辆运行的知识

零担车必须按期发车，不得延误。如属有意或过失责任造成误班的，必须按规定对责任人给予处分。定期零担班车应按规定路线行驶，凡是要停靠的中途站，车辆必须进站，并由中途站值班人员进行行车路单签证。行车途中，驾驶员、随车理货员要经常检查车辆装载情况，如发现异常情况，应及时处理或报请就近车站协助办理。

零担车出发后，起运站应与沿途有关站点（包括中转站）尽量取得联系，告知本车装载情况等信息，以便前方站事先做好装卸货准备工作，提高装卸作业的效率，缩短车辆的停歇时间。

沿途零担车停靠站点多，作业也比较频繁，如有可能应选派随车货运员跟车押运，负责监督和指导装卸作业，随时检查装载情况，在条件许可的零担车营运线路上可考虑采用甩挂作业或选择适当的集装单元，沿途有计划地组织装卸作业，以加速车辆周转，加快货物送达。

实例任务 9：掌握货物中转的知识

对于需要中转的货物，需以中转零担班车或沿途零担班车的形式运到规定的中转站进行中转。中转作业主要是将来自各个方向仍要继续运输的零担货物卸车后重新集结待运，继续运至终点站。零担货物中转作业一般有三种基本方法。

（1）落地法。将到达车辆上的全部零担货物卸下入库，按方向或到达站在货位上重新集结，再重新配装。这种方法简便易行，车辆载货量利用较好，但装卸作业量大，作业速度慢，仓库和场地的占用面积大。

（2）坐车法。将到达车辆上运往前面同一到站且中转数量较多或卸车困难的那部分核心货物留在车上，将其余货物卸下后再加装同一到站的其他货物。在这种方法下，其核心货物不用卸车，减少了装卸作业量，加快了中转作业速度，节约了装卸劳力和货位，但对留在车上的核心货物的装载情况和数量是不易检验和清点的，在加装货物较多时也难免发生卸车和倒装等附加作业。

（3）过车法。当几辆零担车同时到站进行中转作业时，将车内的部分中转货物由一辆车直接换装到另一辆车。组织过车时，可以向空车上过，也可以向留有核心货物的重车上过，这种方法在完成卸车作业的同时即完成了装车作业，减少了零担货物的装卸作业量，提高了作业效率，加快了中转速度，但对到达车辆与发运车辆的时间衔接要求较高，容易遭受意外因素的干扰。

以上三种方法各自有其优缺点，应根据实际情况将三者结合在一起，发挥每种方法的优势，提高中转效率。

零担货物中转站除了承担货物的保管工作外，还需进行一些与中转环节有关的理货、堆码、整理、倒载等作业，因此中转站应配备一定的仓库或货棚等设施。零担货物的仓库或货棚应具有良好的通风、防潮、防火、采光、照明等条件，以保证货物的完好和适应各项作业的需要。

实例任务 10：掌握到达卸货的知识

实例任务 10-1：检查车辆的装载情况

零担班车到站后，仓库人员应会同驾驶员检查车辆在运输途中的状态及完整的程度，以便在发生货物差错时追究责任。确认货物无异常后，在交接单上签字并加盖业务章。若有异常情况发生，应采取相应的措施处理，处理办法如下：

（1）有单无货，双方签注情况后，在交接单上注明，将原单返回。

（2）有货无单，确认货物到站后，由仓库人员签发收货清单，双方盖章，清单寄回起运站。

（3）货物到站错误，将货物原车运回起运站。

（4）货物短缺、破损、受潮、污染和腐烂时，由双方共同签字确认，填写事故清单，进行处理。

实例任务 10-2：组织卸车、验收入库

零担货物的卸车交货注意事项：

（1）车站货运员在货车到站时，应向随车理货员或驾驶员索阅货物交接单以及随车的有关单证，并与实际装载情况核对。如有不符应在交接清单上注明。

（2）卸车时，根据随货同行的运单等逐批、逐件验收。卸车完毕后，收货员与驾驶员或随车理货员办理交接手续，并在交接清单上签字。

（3）货物卸完后，复查货物件数，检查标签、标志，在交接清单上签字，并在到货的台账上登记，注明发站、到站、车号、车属单位和驾驶员姓名等。对到达的货物填入"零担货物到货登记表"，并迅速发出到货通知，催促收货人前来提货。

（4）交货完毕，收回货票提货联，公路运输的责任即告终止。

实例任务 11：掌握货物交付的知识

实例任务 11-1：掌握如何进行到货通知

对零担到达货进行理货、验货完毕后，到达本站的货物，应登入"零担货物到货登记表"并迅速以"到货通知单"或电话发出通知，催促收货人提货，同时将通知的方式和日期记录到货物登记簿内备查。对合同运输单位的货物，应立即组织送货上门。

实例任务 11-2：掌握如何进行收票交货

收票交货是零担货物运输的最后一道工序，货物交付完备，收回货票提货联，公路汽车的运输责任才告结束。它包括内交付（随货同行单证交付）和外交付（现货交付）。为了防止误差，应做到：

（1）不得白条提货、信用交付。

（2）凭货票提货联交付者，由收件人在提货联上加盖与收货人名称相同的印章并提供有效的身份证件交付。

（3）凭到货通知单交付的，由收货人在到货通知单上加盖与收货人名称相同的印章并验看提货经办人的有效身份证件，在货票提取联签字交付。

（4）凭电话通知交付的，凭收货单位介绍信经货运站认可后由提货经办人在货票提货联上签字交付。

（5）委托其他单位代提的，应有收货人盖有相同印章向车站提出的委托书，经车站认可后，由代提单位在货票上签章交付。

（6）零担货物交付时，应认真核对货物品名、件数和票签号码，如货物件数较多，要取货后集中点交，以免差错。

【小结】

零担货物运输的概念，零担货物运输的特点，零担货物运输的基本条件，零担货物运输的生存土壤，零担货物运输的网络建设。

运输车辆的组织形式，承运日期表的优点、编制原则及其编制。

零担货物运输业务作业程序：货源市场调查与货源组织方法，托运受理的工作内容、必备条件、具体方法与托运单的填写、审核，运单的核对、货物包装的检查、过磅量方、扣贴标签和标志，开票收费，掌握验收入库，零担货物的配载原则、填制零担货物配装单和货物交接清单、配载装车，车辆运行，货物中转，检查车辆的装载情况、组织卸车验收入库等到达卸货，到货通知、收票交货等货物交付。

【主要概念】

零担货物运输　零担货物运输的基本条件　零担货物运输的特点　零担货物运输的生存土壤　零担货物运输的网络建设　固定式零担车　非固定式零担车　直达式零担班车、中转式零担班车和沿途式零担班车　承运日期表的优点　编制原则　所需要的资料　编制步骤　零担货物发送量　零担货物构成　货源组织的进行　货源市场调查　零担货源组织方法　托运受理的工作内容　受理托运的必备条件　受理托运的方法　随时受理制　预先审批制　日历承运制　零担货物托运单　检货司磅与起票　货物包装的检查　过磅量方　标签和标志　开票收费　验收入库　配载装车　零担货物配装单　货物交接清单　装车环节　车辆运行　货物中转　落地法　坐车法　过车法　到达卸货　货物交付

【技能训练题】

一、单选题

1. 零担货物以_____包装货物居多，包装质量差别较大。
   A. 箱　　　　　　B. 件　　　　　　C. 桶　　　　　　D. 编织袋
   答案：B

2. 零担班车运行模式中，以_____零担班车经济性最好，是零担班车的基本形式。
   A. 直达式　　　　B. 非直达式　　　C. 中转式　　　　D. 沿途式
   答案：A

3. 零担货物货源市场调查主要是进行货流起讫点调查，货流起讫点调查是对货物发生及到达地点的分布、货物流向与流量的调查，通常称为_____调查。
   A. AK　　　　　　B. CD　　　　　　C. OD　　　　　　D. AP
   答案：C

4. 单件重量，一般在人力搬运装卸的条件下，以不超过_____kg为宜。
   A. 20　　　　　　B. 30　　　　　　C. 40　　　　　　D. 50
   答案：C

5. 在零担货物每件货物上贴标签_____张。
   A. 1　　　　　　　B. 2　　　　　　　C. 3　　　　　　　D. 4
   答案：B

二、多选题

1. 零担货物运输是相对于整车运输而言的，目前_____急剧增加，是为适应社会零星货物运输的需要而发展起来的运输方式。
   A. 零星用户　　　B. 零星车辆　　　C. 零星货物　　　D. 零星整车
   E. 零星城市
   答案：ACD

2. 公路承运的零担货物具有_____的特点。
   A. 数量小　　　　B. 批次小　　　　C. 品种不多　　　D. 包装相同
   E. 到站分散
   答案：AE

3. 零担货物运输的网络建设有_____网络。
   A. 乡镇　　　　　B. 县级　　　　　C. 城市　　　　　D. 省级
   E. 片区
   答案：BCDE

4. 固定式零担货运班车一般可分为_____零担班车。
   A. 直达式　　　　B. 非直达式　　　C. 中转式　　　　D. 沿途式
   E. 辐射式
   答案：ACD

5. 零担货源组织方法有_____。
   A. 实行合同运输　　　　B. 聘用货运信息联络员，建立货源情报网络
   C. 网上受理业务　　　　D. 委托社会相关企业代理零担货运业务
   E. 设立零担货运代办站
   答案：ABCDE

三、简答题

1. 零担货物运输具有什么特点？
2. 零担货物运输的网络如何建设？

3. 直达式零担班车具有什么特点？
4. 编制承运日期表需要什么资料？
5. 受理托运有哪些具体方法？

【案例分析题】

题例

日本大和运输的宅急便

一、宅急便的由来

日本的大和运输株式会社（Yamato Transportation）成立于1919年，是日本第二古老的货车运输公司。1973年日本陷入第一次石油危机的大混乱中，企业委托的货物非常少，这对完全仰赖于运送大宗货物的大和运输来说，无疑是一大打击。对此，当时大和运输的社长小仓提出了"小宗化"的经营方向，认为这是提高收益的关键。1976年2月，大和运输开办了"宅急便"业务。当时有人提出用Yamato-Parcel-Service（大和、包裹、服务，简称YPS）这一名词，但是未能决定是使用英文好，还是使用日文为好。对宅急便这个名称，起初也有人反对使用，认为当时已有了"急便"和"宅配"的用语。但最后小仓社长还是决定使用"宅急便"这个名称。

1976年，宅急便共受理了170万件货物，同年日本国铁受理包裹为6 740万件，邮局受理小包则达17 880万件。到1988年，宅急便已达34 877万件，超过了邮局小包的23 500万件。该年，在宅配便的业界中，宅急便的市场占有率已达40%，位居日本运输第一位的日本通运的"信天翁便"只占28%。到1995年，宅急便的受理件数多达57 000万，营业额为6 000亿日元。宅急便的员工人数由原先的300人增加到57 797人，拥有车辆由2 000辆增加到25 000辆。在日本，大和运输的宅急便已是无人不知、无人不晓，在马路上到处可见宅急便的车辆在来回穿梭。

二、黑猫商标

大和运输的象征商标，是一个黑猫叼着小猫的图案。1957年大和运输受理美国军人、军队的杂物运送，开始与美国的亚英德·莱斯运输公司一起合作输送。这家美国公司以"careful handling"为宣传口号，象征这个标语意义的，是以母猫叼着小猫小心运送的图案作为标志。大和运输认为，图案中那种小心翼翼，不伤及小猫，轻衔住脖子运送的态度，仿佛是谨慎搬运顾客托运的货物，这种印象正和公司的宗旨相符合。于是经过亚莱德公司的同意，并对图案作了进一步的造型设计，改为现在的黑猫标志，使这个图案给人更具象征的印象。大和运输又将Careful Handling译为"我做事，你放心"，并以此作为宣传标语。因此，人们又把大和运输称为"黑猫大队"。

三、一通电话翌日送达

宅急便类似目前的快递业务，但其服务的内容更广。在运送货物时，讲究三个"S"，即速度（Speed）、安全（Safety）、服务（Service）。大和在这三者之中，最优先考虑的是速度。因为有了速度，才能抢先顺应时代的需求，在激烈的竞争中取胜。而在速度中，宅急便又特别重视"发货"的速度。

宅急便的受理店多达20多万家（包括大和本身的近2 000家分店），是以米店、杂货店等地方上分布面广的重要的零售店设立的。1989年后，由于与"7-11"和罗森等大型便利店的合作，已调整为24小时全天候受理货物。大和对这些受理店，每受理一件货物，支付100日元的受理手续费。如果顾客亲自将货物送到，这位顾客就可以从所应付的运费当中扣除100日元。

大和本身的分店黑猫大队有一个保证翌日送达的输送系统。在受理店截止接收货物的时间之后，大和运输分区派出小型货车到区内各处将货集中运往称为"集货中心"的营业所，并迅速转送到称为"基地"的地点，进行寄往全国各地的货物分拣工作。然后，将经过分拣的货物，以发往的地区和货物种类为单元，装入统一的长110厘米、高185厘米的货箱内，一个货箱中大抵可以放进70~80件货物。宅急便由于采用了统一规格的小型货箱和不同吨级的货车，从而大大提高了运送效率，降低了物流成本。

利用夜间进行从出发地到目的地的运输，是宅急便得以在速度上取得优势的重要措施，从而做到了当日下午进行集货，夜间进行异地运输，翌日上午即可送货上门，得以保证在15~18小时内完成整个服务过程。宅急便还采取了车辆分离的办法，采用拖车运输。牵引车把拖车甲运到B以后，把车摘下来放在B，再挂上B点的拖车乙开向A。这样，车辆的周转率是最高的。

此外，又采取了设立中转站的办法。这种中转方法不是货车和货物的中转，而是司机进行交换的开车方式。

四、开拓业务　强化服务

宅急便受理货物的内容种类繁多，包括地方特产、企业文件、各种零件、划拨商品等，凡是各式各样的小货物，都可通过宅急便来运送。旅客乘飞机可以委托将行李在登机前运送到机场；居住在乡下的长者，可以寄送昆虫、金鱼等小动物给住在城市的儿孙辈。有一回长崎发生大水灾，严重影响水源问题，住在远地的亲朋好友就寄送饮用水给生活受困的受灾者。宅急便对礼品市场的扩展，也有相当的贡献。单是每年的情人节、母亲节，宅急便的需求量就呈巅峰状态，即使一盒巧克力，也可以利用宅急便来寄送。特别是在情人节的日子，没有勇气将巧克力亲手交给心中的女孩子时，宅急便就成为可爱的"恋爱之神"。宅急便也给企业活动带来了方便，有许多企业利用宅急便来传递紧急的文件，连百货公司也利用宅急便作为"送货到家"的运送管道。当今非常流行的邮购等通讯销售，若不是宅急便的普及，也就没有如此的快速发展。从利用宅急便运送货的客户来分析，法人占60%，个人占40%，法人利用的比率很高，由此可见宅急便对企业界的魅力。

日本人现在去打高尔夫球时，已经很少有人亲自背着高尔夫球杆去球场。大多数是利用高尔夫宅急便，将球具送到高尔夫球场，自己则空手前往。在打完球回程时，也是由宅急便送回自己家中，做到能够身轻如燕地去游玩。滑雪宅急便保证做到在滑雪的前一天将货物送达，一开始就得到顾客的好评，特别是深受体力单薄的女性顾客们的喜爱。1987年8月，大和又推出了冷藏宅急便。冷藏宅急便开发后，这一比例又急速升高，说明在日本生鲜食品的输送需求极其旺盛。此外，大和运输又开拓了书籍服务，读者直接向书籍服务公司订购后，可以利用宅急便的配送网络，尽早地把书籍送到读者手中。

宅急便还利用航空来运送货物，但由于在下午3点以前接受的货物若要翌日送达，飞机必须夜间飞行，困难较多，货运量不大，约占总运量的1%。同时，宅急便对运距在600千米以上的，采取通过铁路运输的办法，宅急便每天有54班车（往返）通过东京到北海道函馆之间的直达车运送货物。

五、黑猫大队的货物追踪系统

大和运输致力于电脑化的推进，成为运输界中最初采用条形码的公司，美国的大型运输公司"UPS"（United Parcel Service）也仿效使用，现今已成为运输业界的世界标准码。大和运输将宅急便的信息系统通称为"猫系统"。第一代猫系统始于1974年，以路线及货运为中心。在结构上，采用从设置在大和系统开发总公司的主电脑，以至到各营业所的终端机，全部以专用线缆来导引线路，以集中货物信息的方法进行处理。第二代猫系统始于1980年，此时初次登场的

POS终端机，简化了资料输入动作，任何人都可以简单操作，信息的处理速度也快。第三代猫系统始于1985年，重点在于开发了携带型POS，让所有的货车司机都拥有一台。大和将所有附随货物的信息，包括发货店密码、日期、负责集货公司的司机密码、到店密码、货物规格、顾客密码、顾客送来或是集货方式、运费、传票号码，以及滑雪宅急便或高尔夫宅急便的顾客游玩日等，全都输入电脑进行管理。大和在全国1 300所的分店、营业所、基地设置终端机，网络站的终端机数约2 000台，携带型POS突破20 000台。通过这个追踪货物系统，便能完全掌握所发生的各种信息。顾客如果询问邮局：托运的货物现今在何处？邮局必须花费2分钟才能作回答；而宅急便却能在40秒内作出答复（电脑的应答3~5秒）。由此可以查明：货物现在是在仓库，还是在分拣设施上，还是正在装车，还是已经送到顾客手中。这项优异的追踪系统的存在，进一步提高了顾客对宅急便的依赖度。

现在大和运输与美国UPS合作，建立了国际快递网络。UPS拥有世界175个国家和地区的配送网，大和已将这些国家和地区全部列入自己的服务区域。

分析提示：

1. 当时大和运输的社长小仓提出了"小宗化"的经营方向，为什么认为这是提高收益的关键？
2. 宅急便是如何开展快递业务的？

学习情境 3

特种运输

【学习目标】

素质目标：禁止运输物品、限制运输的物品、急件货物运输及其相关环节
知识目标：鲜活易腐物品运输的特点
技能目标：超大、超重货物运输的特点，危险物品的九大类及细分小类的特性
拓展目标：贵重物品的范围与运输特点

【引例】

引例文章

两货轮芜湖相撞险象环生 690 吨危险品紧急转移

2010 年 4 月 16 日，在长江芜湖段白茆水上加油站附近，一艘满载 690 吨邻二甲苯危险品的货轮和一艘满载 3 000 吨煤炭的货轮相撞，险象环生。经芜湖海事、消防以及长航警方等部门的协力救援，4 月 18 日上午，这起有可能会对长江水面造成污染的安全隐患终被排除。

4 月 16 日早上 6 时 50 分许，芜湖海事局接到报警，一艘装载 690 吨邻二甲苯的"赣荣顺化 01 号"货轮前往长燃芜湖白茆水上加油站加油时，因避让不及，撞向一艘满载 3 000 吨煤炭的"华航浦 8001 号"货轮，"赣荣顺化 01 号"货轮空气舱和泵舱瞬间进水。

芜湖海事局立即启动水上重大安全事故应急处置预案，海巡艇在第一时间赶到事发水域，同时将险情立即通报给巢湖市无为县政府。随即，来自芜湖海事、消防和长航公安局芜湖分局以及无为县政府等部门的有关领导迅速赶至事发地点，成立抢险指挥部，组织抢险救援，同时指挥船方积极采取措施进行自救。

救援人员发现，出事的"赣荣顺化 01 号"货轮位于加油站附近，必须尽快排除安全隐患。于是，长航公安局芜湖分局与芜湖海事、长燃芜湖白茆水上加油站等单位，共同研究制定危险品过驳排险方案。海事部门调派两艘打捞船赶至事发水域，控制船舶继续下沉。之后，救援人员在白茆水上加油站下游 50 米处，采取冲滩抢险措施，将"赣荣顺化 01 号"货轮拖带至长江北岸江滩。

4 月 17 日上午 9 时，救援人员调集"诚兴化 7 号"危化船靠上"赣荣顺化 01 号"货轮，对 690 吨邻二甲苯进行装卸转移。经过连续 14 小时的工作，4 月 18 日上午，690 吨邻二甲苯终于全部安全转移。

分析提示

1. 危险品包括哪些？
2. 危险品运输要注意什么？

【正文】

实训场景 1：禁止运输、限制运输物品与急件货物

知识点：特种货物的分类
关键技能点：禁止运输物品、限制运输的物品、急件货物运输

实例任务 1：认知禁止运输物品

禁止运输物品是指政府法令禁止运输的物品。如我国政府明令禁止运输的菌种有：鼠疫毒菌、霍乱毒菌、马脑脊髓炎病和鹦鹉病病毒等。禁止运输物品还包括承运人规定不予承运的物品，如航空公司规定在其国内航班上不承运的危险物品和带有传染性的物品。

思政：深入开展社会主义民主与法制教育

实例任务 2：认知限制运输的物品

限制运输物品是指政府法令规定只有符合限制条件才准许运输的物品。如：珍贵文物运输限制；鸦片、海洛因、吗啡等烟草毒品运输限制；罂粟壳运送限制；麻醉药品国内运输限制；金属矿砂类运输限制；炸药类运输限制；粮食运输限制；木材运输限制；濒危动、植物运输限制；政府限制运输的其他物品。托运限制运输物品，托运人必须提供公安、工商、动植物检疫等政府有关部门出具的准许运输的有效证明文件。

实例任务 3：熟悉急件货物的运输

急件货物运输是指托运人要求以最早航班或在限定时间内将货物运达目的站，并经承运人同意受理的一种运输形式。

实例任务 3-1：熟悉收运的工作环节
收运工作注意事项：
（1）急件货物运输应以直达航班为主。
（2）需经中转方能运至目的站的急件货物，应定妥全程航班、日期、吨位后方可收运。
（3）急件货物应在航班起飞当日按双方约定时间在机场办理托运手续。
（4）要求 24 小时之内运出的货物，必须经安全检查后方可装机。
（5）货运单储运注意事项栏内应注明"急件"字样。
（6）货外包装上应贴挂急件货物标签。

实例任务 3-2：熟悉运输的相关环节
运输工作注意事项：
（1）已订妥航班、吨位的货物，应按预订航班运出。
（2）没有预订航班吨位的急件货物，经安全检查后可安排最早的航班运出，当时未经安全检查的，最迟应在收运后 72 小时内运出。

实训场景 2：鲜活易腐物品

知识点：鲜活易腐物品

关键技能点：鲜活易腐物品运输的特点

实例任务1：认知鲜活易腐物品的概念

鲜活易腐物品是指在一般运输条件下，因气候、温度、湿度、气压变化或运输时间等原因，容易引起变质、腐烂或死亡的物品。如：肉类、水产类、水果、鲜花、蔬菜类、乳制品、植物等。

实例任务2：掌握收运的工作环节

托运人应当提供最长允许运输时限和储运注意事项。除另有约定外，鲜活易腐物品的运输时限不应多于24小时（从预定航班的预计起飞时间前2小时算起）。

托运人必须预先向承运人定妥航班、日期、吨位，按与承运人约定的时间、地点办理货物托运手续，并负责通知收货人到目的站机场等候提货。

政府规定需要进行检疫的鲜活易腐物品，托运人应当出具有关部门的检疫证明。

使用干冰作为冷冻剂的鲜活易腐物品，货运单货物品名栏内及货物外包装上应注明"干冰"字样以及干冰的净重。

在货运单储运注意事项栏内应注明"鲜活易腐物品"字样及运输中应注意的事项。

需特殊照料的鲜活易腐物品应由托运人提供必要的设施，必要时由托运人派人押运。

实例任务3：掌握包装的工作环节

鲜活易腐物品的包装应适合货物的特性，确保货物在运输过程中不致破损或有液体漏出而污染飞机、设备、行李、邮件及其他货物。每件货物的外包装上应当贴有"鲜活易腐物品"货物标签。写明收、发货人的姓名、地址、电话号码以及储运注意事项，如"冷藏""冷冻"等。

用于鲜活易腐货物的包装材料有：聚苯乙烯泡沫绝缘材料、泡沫箱；涂蜡的纸板箱；瓦楞纸箱；木桶、木箱、板条箱；聚乙烯布、袋；塑料箱、金属罐；吸湿纸。

实例任务4：熟悉装机与运输的工作环节

尽可能在接近航班的起飞时间前装机。

鲜活易腐物品应装在机舱内通风和温度状况最佳的位置上。

为避免鲜活易腐物品和其他货物相互污染，储运过程中应注意：

（1）种蛋不能与干冰相邻放置。

（2）鲜花、蔬菜不能与水果相邻放置。

（3）食品不能与毒性物质、感染性物质、灵柩或活体动物等相邻放置。

航空公司客机不能装载有不良气味的鲜活易腐物品。

鲜活易腐物品在运输过程中，承运人因采取必要的防护措施所发生的费用，由托运人或收货人支付。

鲜活易腐物品装机后，始发站应发报通知经停站和目的站。

实例任务5：熟悉交付的工作环节

鲜活易腐物品到达目的站后，目的站应在2小时内通知收货人提货。

货物在运输过程中发生腐烂变质或收货人未能及时提取，致使货物腐烂变质应当如实填写货物运输事故记录，视具体情况将货物毁弃或者移交检疫部门处理，并将处理结果通知托运人或者收货人。处理腐烂变质货物（除承运人原因造成的以外）所发生的费用应由托运人或收货人承担。

实例任务 6：掌握水产品运输包装的工作要领

水产品指海洋、江河、湖泊、滩涂、池塘中出产的鲜、活的动物，如鱼、虾、蟹、泥鳅、黄鳝、贝类等。

水产品运输包装的一般要求：

（1）妥善包装，不漏水、不渗水、不散发不良气味，保证在运输过程中不致损害货物、邮件、行李和设备。

（2）包装必须能承受气温和气压的突然变化。

（3）包装应有一定的抗压强度，保证在运输过程中不会损坏。

（4）冰块至少应有两层聚乙烯塑料包装。

（5）凡使用多个聚乙烯塑料袋的，聚乙烯塑料袋应分别封口。

（6）每箱水产品包装件的质量一般不应超过 30 千克。

包装材料有瓦楞纸箱、泡沫箱、聚氯乙烯贴布革水产袋、聚乙烯塑料袋、胶带及其他辅助材料。

包装前处理：

（1）将水产品的水或血尽量控干，减少运输过程中的渗漏。

（2）冰鲜、保鲜水产品可提前进行冷冻，减少运输过程中冰块的使用。

（3）活的水产品，包装时尽量减少包装中的水量。

各类水产品由内至外的包装顺序要求如下：

（1）冻鲜水产品、鱼苗类：（Ⅰ）两层聚乙烯塑料袋，（Ⅱ）泡沫箱，（Ⅲ）瓦楞纸箱。

（2）活鱼：（Ⅰ）聚乙烯贴布革水产袋，（Ⅱ）泡沫箱，（Ⅲ）聚乙烯塑料袋，（Ⅳ）瓦楞纸箱。

（3）活虾、贝类：（Ⅰ）两层聚乙烯塑料袋，（Ⅱ）泡沫箱，（Ⅲ）瓦楞纸箱。

注：其中Ⅰ与Ⅱ顺序可对换。

（4）螃蟹、甲鱼、蛙类、泥鳅、黄鳝、鳗鱼类：（Ⅰ）泡沫箱，（Ⅱ）聚乙烯塑料袋，（Ⅲ）瓦楞纸箱。

包装的封口，聚乙烯塑料袋及聚氯乙烯贴布革水产袋的封口应采用以下三种方法的一种。

（1）在开口处打一结。

（2）将开口处拧紧并折来用绳索或橡皮筋扎紧。

（3）将开口拧紧或折叠，再用胶带粘紧，泡沫箱箱盖应用胶带将四边密封好。瓦楞纸箱应用胶带密封。

蟹类等水产品的特殊要求。

进行蟹类等水产品运输时，应在泡沫箱内加上网袋、锯末等吸水性材料。需保证一定透气性的，可在泡沫箱两侧挖孔，挖孔位置应距底部 100 毫米，孔的直径不得超过 30 毫米，挖在对等两面，挖孔数目不得超过三个。

需要充氧的水产品，所充氧气的消耗量不应少于 24 小时。

实例任务 7：熟悉相关的补充规定

如遇航班延误、衔接脱班，因延长了运输时间而对货物的质量发生影响时，应立即通知托运人或收货人征求处理意见并尽可能按照对方意见处理。

在装机前或装机时，发现货物包装破损或有溢、漏现象，应立即将包装破损或有溢漏现象的货物卸下，采取补救措施如更换包装等。如无法或不能及时采取此种补救措施的，该货物应拉下作退货处理，严禁将此种货物装上飞机。如果已有液体流到飞机货舱内，监装监卸人员应立即会同现场机务人员进行相应的处理,或直接报告公司签派部门。

在卸机时,发现货物包装破损或有溢、漏现象,应立即将包装破损或有溢漏现象的货物卸下,如果有液体流到飞机货舱内,或影响到其他货物,监装监卸人员应立即会同现场机务人员进行相应的处理,或直接报告公司签派部门。

货物在运输过程中发生腐烂变质或收货人未能及时提取,致使货物腐烂变质,应当如实填写货物运输事故记录,并通知托运人或收货人征求处理意见,如未能收到其处理意见,则可视具体情况将货物毁弃或者移交检验检疫部门处理,并将处理结果通知托运人或者收货人。除承运人原因造成的以外,处理腐烂变质货物所发生的费用应由托运人或收货人承担。

非承运人原因造成的货物包装漏水或腐烂变质而给承运人带来经济损失或安全隐患,承运人有权向相应的责任人如代理人、托运人或收货人追究责任,也有权采取必要的措施如在某航线上停运鲜活易腐货物等。

实训场景 3:贵重物品

知识点:贵重物品的范围
关键技能点:贵重物品运输的特点

实例任务 1:熟悉贵重物品的范围

凡交运的货物,为下列物品中的一种或多种的,称为贵重物品。

(1)黄金(包括提炼或未提炼过的)、金锭、混合金、金币以及各种形状的黄金,如金粒、片、粉、线条、管、环和黄金铸造物。

(2)白金(即铂);白金类稀贵金属(包括钯、铱、钌、锇、铑)、稀贵金属和各种形状的铂合金,如箔、粒、锦、棒、锭、片、条、网、管、带等(以上金属及其合金的放射性同位素,还应按危险物品运输的有关规定办理)。

(3)各类宝石、钻石、玉器、珍珠及其制品。

(4)珍贵文物(包括书、画、古玩等)。

(5)现钞、旅行支票、有价证券、股票以及邮票。

(6)金、银、铂制作的首饰。

(7)金、银(不包括镀金、镀铂)制品。

(8)声明价值超过毛重2 000元/千克的物品。

实例任务 2:掌握收运的工作环节

一般规定:

(1)应使用坚固、严密的包装箱包装,外面加"井"字铁质包装带交叉加固。

(2)包装箱接缝处必须有铅封或火漆封志,封志要完好,封志上要有托运人的特别印记。

(3)包装箱的长、宽、高之和不得小于40厘米。

(4)外包装上必须使用挂签,不得使用贴签或其他粘贴物。托运人应在外包装上清楚地写明收货人、托运人的姓名、地址、电话。货物外包装上不得有任何显示货物性质的标志。

(5)包装箱内必须放有衬垫物,保证箱内物品不致移动和相互碰撞。

(6)在货运单货物品名栏内详细填写贵重物品的具体名称、净重或内装数量以及包装件的尺寸。同时,在储运注意事项栏内注明"贵重物品"字样。

(7)贵重物品与其他货物使用同一份货运单托运时,整票货物按贵重物品处理。

贵重物品的毛重按实际毛重计算，精确到 0.1 千克。计费重量以 0.5 千克为单位，0.5 千克以下按 0.5 千克计算，0.5 千克以上进升为整数。

托运人必须预先订妥全程航班、日期、舱位。

实例任务 3：掌握仓储与运输的工作环节

贵重物品必须存放在贵重物品仓库内。贵重物品仓库应设有专人负责，货物进出仓库应有严格的登记制度。

装机时需经机长同意，并与机长指定的机组人员一起清点。清点后应填写贵重物品交接单，最后交接双方都应在交接单上签字确认。

总重量在 45 千克以下，单件体积不超过 45 mm×30 mm×20 mm 的贵重物品，应放在机长指定的位置，有保险箱的应尽量放在保险箱内。超过上述重量和体积的应装在有金属门的集装箱内（装完后应加装铅封）或飞机散货舱内。贵重物品在装机或装集装箱过程中，至少应有三人在场，其中一人必须是承运人的代表。

航空公司不办理贵重物品的联程运输和空、陆联运。

实例任务 4：掌握交付的工作环节

批量较大或价值较高的贵重物品，托运人应负责通知收货人到目的站机场等候提取。

贵重物品运抵目的站后，承运人应立即通知收货人提取货物。交付货物时，应会同收货人严格查验货物的包装、封志。如发现包装破损或封志有异，应会同收货人复查，并按规定做出货物运输事故签证。

实训场景 4：超大、超重货物

知识点：超大、超重货物
关键技能点：超大、超重货物运输的特点

实例任务 1：认知超大、超重货物

超大、超重货物是对在体积和重量上超过一般标准货物的概括称谓。从体积来说：包括超高、超宽、超长的三超大件，以及体积不规整的普通大体积物品；从重量来说：主要是指超重货物。超大、超重货物是从业人员对物流货物体积和重量的一种感性认知，是一种相对概念，对于物流从业人员来说，一般是以相对物流的重量和体积来衡量的，没有非常确切指定大件物流的主体为多重，体积有多大，属于一种行业习惯称谓。

判断超大货物的标准有三条：一是一件货物装车后，在平直线路上停留时，货物的高度和宽度有任何部位超过机车车辆限界者，即为超大货物。二是一件货物装车后，在平直线路上停留虽不超限，但行经半径为 300 m 的曲线线路时，货物的内侧或外侧的计算宽度仍然超限的，也为超大货物。三是对装载通过或到达特定装载限界区段内各站的货物，虽没有超出机车车辆限界，但超出特定区段的装载限界时，也是超大货物。

实例任务 2：掌握收运的工作环节

承运人根据航线机型的最大载运能力、有关航站的装卸能力和设备条件决定可收运的超大、超重货物。

由国际中转至国内其他城市的超大超重货物，始发站应向中转站吨控部门发出吨位申请电

报，中转站在考虑航线机型和有关航站的装卸能力和设备条件后答复始发站。

超大超重货物的包装应有便于搬运装卸的设施，如便于叉车操作的底托，吊车用的把环等。仪器类的裸装超大货物，其精密部分应适当包装。

实例任务 3：掌握装机的工作环节

装机前应考虑超大、超重货物的尺寸、重量、飞机地板承受力等因素，当货物的重量超过机型的地板承受力时，应加垫板。

装机时，超大、超重货物应放在舱门附近（便于卸机站卸货），并按规定的程序捆绑牢固，防止货物在飞行过程中发生移动或翻滚，损坏飞机或设备，危害飞行安全。

吨控部门应将超大、超重货物的情况预先通知装卸部门。必要时应拍电报，将货物的装卸条件和注意事项通知卸机站。

实例任务 4：熟悉机舱地板承受力的知识

机舱地板单位面积所承受的重量为地板承受力。如果货物重量超过地板承受力，装机时应加垫板或对货物的底部进行处理。

每平方米机舱地板承受货物的重量，可按下列公式算出：

货物重量（千克）/货物底部面积（平方米）= 地板承受重量（千克/平方米）

在实际操作中，有些货物在箱底四边或四角装有木托或枕木，货物的重量是通过木托或枕木压在机舱地板上的。因此，在计算时，要根据木托或枕木的面积和货物的重量来求得每平方米机舱地板所承受货物的质量。

实例任务 5：熟悉垫板面积的知识

货物的重量超过机舱地板承受力的时候，应有 2~5 厘米厚的木板垫底。垫板面积可按下列公式求出：货物重量（千克）/地板承受力（千克/平方米）= 垫板面积（平方米）

垫板的宽窄、长短应适应货物的形状。如果没有整块木板，可用多块，但厚度和总面积要符合要求。

实例任务 6：熟悉卸机的工作环节

卸机站接到装机站有关电报或在卸机时发现有超大、超重货物，应注意组织好卸机工作，避免在卸机时发生意外或损坏飞机。如确因货物超大、超重或装卸条件较高，卸机站确定难以保证安全，应将情况及时通报始发站，征求处理意见，不得轻易将货物运回装机站。

实训场景 5：危险物品的分类

知识点：危险物品的九大类及细分小类
关键技能点：不同危险物品的特性

实例任务 1：认知爆炸品

爆炸性物质不包括主要危险性符合其他类危险物品定义的物质。

爆炸性物品不包括某些装置，该装置内含有爆炸性物质，但是由于其含量和性质的原因，在运输过程中被意外或偶然点燃或引发时，该装置的外部不出现抛射、起火、冒烟、放热或发出声响等情况。

上述未提到的，为产生爆炸或烟火实用效果而制造的物质和物品定义为爆炸品。

爆炸品的划分：

（1）具有整体爆炸性危险的物品和物质。

（2）具有抛射危险性，但无整体爆炸危险性的物品和物质。

（3）具有起火危险性、较小的爆炸和（或）较小的抛射危险性，但是无整体爆炸危险性的物品和物质。本项包括：可产生大量的辐射热的物品和物质；相继燃烧并产生轻度的爆炸和（或）抛射危险性较小的物品和物质。

（4）不存在显著危险性的物品和物质。上述货物在运输过程中被引燃或引发时无显著危险性（仅有轻微危险性），其影响基本被限制在包装件内，不会在较大范围内发生碎片的抛射，外部明火不会引起包装件内所装物品的瞬间爆炸。

（5）具有整体爆炸危险性而敏感度极低的物质。上述物质在正常运输条件下极不敏感，被火引爆的可能性极小，其最低要求是在灼烧试验中不发生爆炸。

（6）无整体爆炸危险性且敏感度极低的物品。本项只包括敏感度极低的爆轰炸药，经验证，其被意外引爆或传播爆炸的可能性极小。本项物品的危险性只限于单一物品的爆炸。

爆炸品分类的批准，在运输之前，任何一种新型爆炸性物质和制品的分类、配装组及运输专用名称的确定，必须经过生产国的主管部门批准，如有必要，还必须经过运输的主管部门批准。

实例任务2：认知气体

定义：

（1）具有以下性质，即在50 ℃下，蒸汽压高于300 kPa；或在一个标准大气压101.3 kPa时，在20 ℃下，完全呈气态的物质定义为气体。

（2）气体包括压缩气体、液化气体、溶解气体、深冷液化气体、气体混合物、一种或几种气体与一种或几种其他类别物质的蒸汽混合物、充气制品和气溶胶制品。

（3）气体在运输状态下根据其物理状态描述如下：压缩气体、液化气体、深冷液化气体、溶解气体。

根据运输中的主要危险性，将气体划分为以下三项：

（1）易燃气体。温度为20 ℃（680 °F），压力为标准大气压（101.3 kPa）情况下，与空气混合时，含量不超过13%的可燃性的气体；或与空气混合时，燃烧的上限与下限之差不小于12%（无论下限是多少）的气体。

气体的易燃性必须通过国际标准化组织（以下简称ISO）采用的试验方法或计算方法来确定。如果缺少这些方法的有关资料，必须采用国家主管部门所承认的等效方法进行试验加以确定。

（2）非易燃无毒气体。温度为20 ℃，压力不低于280 kPa情况下运输的气体或深冷液化气体，并且有窒息性，稀释或取代空气中正常含量的氧气；或有氧化性，该气体一般能够提供氧，助燃能力高于空气；或者不符合本类其他项定义的气体。

（3）毒性气体。毒性气体包括已知的其毒性或腐蚀性危害人体健康的气体；或LC50小于或等于5 000毫升/立方米，其毒性或腐蚀性可能危害人体健康的气体。

气溶胶制品是指盛装有压缩气体、液化气体或加压溶解气体的一次性使用的金属、玻璃或塑料制成的容器。无论里面是否装入液体、粉末或糊状物，每一个这样的容器都有严密的闸阀，当闸阀开启时，可以喷出悬浮着固体或液体小颗粒的气体，或喷出泡沫、糊状物、粉末、液体或气体。判断气溶胶制品的易燃性的方法见《危险物品规则》（IATA）3.2.5的规定。当气溶胶制品含有毒性气体及含有包装等级为Ⅰ级的毒性或腐蚀性物质时，应禁止空运。

气体的混合物，对于如何确定气体混合物（包括其他类危险性物质的蒸汽）的项别，见《危险物品规则》（IATA）3.2.4 的规定，在确定气体混合物的工作中必须遵循上述原则。

气体之间主要危险性的确定：

气体和气体混合物的危险性涉及一项以上时，其主要危险性可以依据如下方法确定。

毒性气体相对于易燃气体和非易燃无毒气体而言，优先定为主要危险性。

易燃气体相对于非易燃无毒气体而言，优先定为主要危险性。

实例任务 3：认知易燃液体

在闭杯闪点试验中温度不超过 60.5 ℃（1 410 ℉），或者在开杯闪点试验中温度不超过 65.6 ℃（1 500 ℉）时，放出易燃蒸汽的液体、液体的混合物、固体的溶液或悬浊液的物质，定义为易燃液体。

第三类危险品包括易燃液体和减敏液体炸药。

包装等级的标准，见表 3-8。

（1）Ⅰ级：初始沸点低于或等于 35 ℃。Ⅱ级：初始沸点高于 35 ℃，闪点（闭杯）低于 23 ℃。Ⅲ级：初始沸点高于 35 ℃，闪点（闭杯）高于或等于 23 ℃，但是低于或等于 60.5 ℃。

表 3-8 包装等级的划分

包装等级	闪点（闭杯）	初始沸点
Ⅰ	—	低于或等于 35 ℃
Ⅱ	低于 23 ℃	高于 35 ℃
Ⅲ	高于或等于 23 ℃ 但是低于或等于 60.5 ℃	高于 35 ℃

（2）对于具有危险性的易燃液体，应根据表 3-8 判断其包装等级，确定该易燃液体的类别和包装等级。

（3）闪点低于 23 ℃（730 ℉）的易燃黏稠物质，如油漆、清漆、瓷漆、大漆、黏合剂、擦亮油以及其他易燃黏稠物质一般划为Ⅱ级，但是，如果其符合《危险物品规则》（IATA）3.3.3 的规定，可以划为Ⅲ级。

实例任务 4：认知易燃固体、自燃物质和遇水释放易燃气体的物质

定义：（1）在正常运输的情况下，容易燃烧或摩擦容易起火的固体，容易进行强烈的放热反应的自身反应物质和其他相关物质，以及不充分降低含量可能爆炸的经减敏处理的爆炸品定义为易燃固体。

（2）在正常运输的情况下，能够自发放热，或与空气接触能够放热而随即燃烧的物质定义为自燃物质。

（3）与水接触放出易燃气体的物质定义为遇水释放易燃气体的物质。

易燃固体：

（1）易燃固体包括易燃固体、自身反应物质和减敏的固体爆炸品。

（2）易燃固体容易燃烧、摩擦起火。如果易燃固体是粉末、颗粒或膏状物，被明火（例如燃着的木柴）瞬时点燃，火势迅速蔓延，则更加危险，此种危险不仅来自火焰而且来自燃烧生成的有毒产物。金属粉末的起火更具危险性，因为灭火困难，使用二氧化碳、水等灭火剂只能增大危险。

(3) 自身反应物质及相关物质是指在运输过程中容易发生强烈热分解反应的物质。

(4) 减敏的爆炸品是指用水或酒精浸湿或者用其他物质进行稀释（冲淡）而抑制其爆炸性的物质。

自燃物质：

(1) 自燃物质包括自动燃烧物质和自发放热物质。

(2) 自发放热物质发生自燃现象的原因，是由于与空气中的氧发生反应并且热量不能及时散发。当放热速度大于散热速度并且达到自燃温度时，就会发生自燃。

(3) 所有自燃的液体和固体均划为Ⅰ级，但是符合《危险物品规则》（IATA）3.4.2 的规定的某些自发放热物质可划为Ⅱ级或Ⅲ级。

遇水释放易燃气体的物质：

(1) 遇水释放易燃气体的物质与水反应易自燃或产生足以构成危险的易燃气体。

(2) 某些物质与水接触可以放出易燃气体，这些气体与空气可以形成爆炸性的混合物。这样的混合物易被一般的火源引燃。产生的爆炸冲击波和火焰既会危及人的生命又会破坏环境。

实例任务 5：认知氧化剂和有机过氧化物

(1) 自身不一定可燃，但可以放出氧而引起其他物质燃烧的物质，定义为氧化剂。

(2) 含有过氧基的有机物定义为有机过氧化物，也可以将它看作是一个或两个氢原子被有机原子团取代的过氧化氢的衍生物。

氧化剂：

对于氧化剂，应根据《危险物品规则》（IATA）中有关标准试验进行判定。

有机过氧化物：

(1) 有机过氧化物遇热不稳定，它可以放热并因而加速自身的分解。此外，有机过氧化物还可能具有如下一种或多种性质：易于爆炸分解；速燃；对碰撞与摩擦敏感；与其他物质进行危险的反应；损伤眼睛。

(2) 有机过氧化物的特殊危险性。有机过氧化物遇热，与杂质（如酸、重金属化合物、铵）接触，受到摩擦或碰撞，容易引起热分解。分解的速度随温度的升高而加快并因其成分而异。分解时可能放出有害或易燃气体或蒸汽。有些有机过氧化物可以发生爆炸分解，在封闭的状态下尤为剧烈。许多有机过氧化物可以猛烈地燃烧。有机过氧化物会严重损伤眼睛和皮肤。

(3) 有机过氧化物的减敏处理。为了在运输和装卸中确保安全，多数情况下，可以使用有机液体或固体、无机固体或水对有机过氧化物进行减敏处理。

实例任务 6：认知毒性物质和传染性物质

(1) 在误食、吸入或皮肤接触后，进入人体可导致死亡或危害健康的物质，定义为毒性物质。

(2) 已知含有或有理由认为含有病原体的物质定义为传染性物质，又名感染性物质。

病原体为已知或有理由认为能对人类或动物引起传染性疾病的微生物（包括细菌、病毒、立克次式体、寄生菌、真菌）或重组微生物（杂化体和突变体）。

毒性物质：(1) 包装等级的划分。包括农药在内的毒性物质，必须根据它们在运输过程中的毒性大小，划分包装等级。如果某一毒性物质通过不同途径侵入人体表现出不同程度的毒性，必须根据其中最高的毒性来确定它的包装等级。对于经口摄入，经皮肤接触和吸入尘、雾的方式的毒性物质，其包装等级的标准在表 3-9 中列出。就某一毒性物质而言，如果吸入其蒸汽与吸入其尘雾所产生的毒性大小不同，必须按照两种情况中的最高毒性来确定它的包装等级。吸入蒸汽可导致中毒的Ⅰ级包装的液体毒性物质，禁止用客机和货机运输。

表 3-9　口服、皮肤接触及吸入尘/雾的毒性物质的包装等级

毫克/千克

包装等级	口服毒性 LD50	皮肤接触毒性 LD50	吸入尘、雾毒性 LC50
Ⅰ	小于或等于 5	小于或等于 40	小于或等于 0.5
Ⅱ	大于 5,但小于或等于 50	大于 40,但小于或等于 200	大于 0.5,但小于或等于 2
Ⅲ	固体:大于 50,但小于或等于 200 液体:大于 50,但小于或等于 500	大于 200,但小于或等于 1 000	大于 2,但小于或等于 10

（2）毒性物质系指进入肌体后，累积达一定的量，能与体液和组织发生生物化学作用或生物物理学变化，扰乱或破坏肌体的正常生理功能，引起暂时性或持久性的病理状态，甚至危及生命的物品。经口摄取半数致死量：固体 LD50≤500 毫克/千克，液体 LD50≤2 000毫克/千克；经皮肤接触 24 小时，半数致死量 LD50≤1 000毫克/千克；粉尘、烟雾及蒸汽吸入半数致死浓度 LC50≤10 毫克/升的固体或液体，以及列入危险货物品名表的农药。

LD 为 Lethal dose（致死剂量）的缩写，LD50 是半数致死计量，指使实验动物一次染毒后，在 14 天内有半数实验动物死亡所使用的毒物计量。LD50≤1 000毫克/千克就是说，人的重量如果是 70 千克的话，摄入 70 克就会中毒死亡。

传染性物质：（1）传染性物质定义：能够传染给人且/或传染给动物的物质，包括：遗传变异的微生物及生物、生物制品、诊断标本及临床废弃物和医疗废弃物。

（2）传染性物质的危险等级。Ⅳ级危险：对个体及群体具有极大危险性，通常引起严重的人类或动物疾病、易于直接或间接相互传染，且通常对其无有效的治疗和预防措施的病原体。Ⅲ级危险：对个体具有极大危险性，对群体具有较小的危险性，通常引起严重的人类或动物疾病，但一般不通过被传染者进行相互传染，且通常对其具有有效的治疗和预防措施的病原体。Ⅱ级危险：对个体具有中度危险性，对群体具有较小的危险性，通常引起严重的人类或动物疾病，虽然能够在接触中引起严重感染，但不可能具有严重危害，对其具有有效的治疗和预防措施，且传染和传播危险有限的病原体。Ⅰ级危险：《世界卫生组织实验室安全手册》将含有不可能引起人类或动物疾病，即对个体或群体没有或有极小危险性的微生物确认为Ⅰ级危险性物质。仅含此类微生物的物质，可不被视为传染性物质。

生物制品和诊断标本：

（1）生物制品是指从活生物中获取的制品，根据国家主管部门的规定制造和销售，并被用于对人类或动物疾病的预防、治疗或诊断，或用于与此内容相关的发展、实验和研究目的。生物制品包括但不仅限于疫苗和诊断用品等成品或半成品。

在某些情况下，有些特许的疫苗在世界的某些地区也会有生物传染危险。在此情况下，国家主管部门将要求这些疫苗须符合传染性物质的要求或实行其他限制。

（2）诊断标本是指人体或动物体上的物质，包括但不仅限于分泌物、排泄物、血液及其成分、组织及组织液。它们是为了诊断或研究目的而运输的。诊断标本不包括有传染性的活体动物。

（3）临床废弃物和医疗废弃物。临床废弃物和医疗废弃物是指人类或动物在医疗过程或生物研究过程中产生的废弃物。经过消毒处理的，曾经含有传染性物质的废弃物可以不按危险品处理，除非其符合其他类项危险物品的标准。

实例任务 7：认知放射性物质

放射性物质指所有包含放射性核素，同时货物的比活度和总活度大于《危险物品规则》中

的限值的物质。

实例任务 8：认知腐蚀性物质

如果发生渗漏情况，由于发生化学反应而能够严重损伤与之接触的生物组织，或严重损坏其他货物及运输工具的物质定义为腐蚀性物质。

腐蚀性物质包装等级的划分

（1）腐蚀性物质的包装等级是根据经验划分的。对于其他因素，也必须予以考虑。例如，吸入的危险性，与水的反应活性（包括生成危险性的分解产物的情况）。对于不常见的物质（包括混合物），可根据它与人体皮肤开始接触到皮肤出现明显坏死所需的时间来确定其包装等级。这一时间可以通过试验测定。但是，经测定不能导致皮肤严重损伤的物质，仍有可能引起金属表面的腐蚀。

（2）达到危险物品标准的物质和制品，同时具有吸入尘、雾毒性属于Ⅰ级包装而经口摄入或皮肤接触毒性属于Ⅲ级包装或更低的，必须划为腐蚀性物质类。

（3）划分包装等级时，必须考虑人们在意外事故中的经验，如果缺乏这些经验，必须根据指定实验的结果确定包装等级。

实例任务 9：认知杂项危险物品

不属于第 1 类至第 8 类任何一类危险物品，但是在航空运输中具有危险性的物品和物质定义为杂项危险物品。

杂项危险物品的范围

（1）航空限制的固体或液体：具有麻醉、令人不快或其他可以对机组人员造成烦躁或不适致使其不能正常履行职责的任何物质。

（2）磁性物质：为航空运输而包装好的任何物质，如果距离其他包装件外表面任意一点 2.1 米处的磁场强度不低于 0.159 A/米，即为磁性物质。

（3）高温物质：在托运或运输过程中温度等于或高于 100 ℃，而低于其闪点温度的液体状态的物质，以及温度等于或高于 240 ℃ 的固体状态的物质。

（4）其他物品和物质：石棉、固体二氧化碳（干冰）、某些消费品、危害环境的物质、救生器材、化学物品箱、急救箱、内燃机、机动车辆（易燃液体或易燃气体驱动）、聚合物颗粒、电池作动力的设备或车辆、连二亚硫酸锌，不属于传染性物质但能够以一种通常不属于自然更新结果的方式改变动物、植物或微生物物种的遗传变异生物和微生物。

【小结】

禁止运输物品、限制运输的物品、急件货物运输及其相关环节，鲜活易腐物品运输的特点，贵重物品的范围与运输特点，超大、超重货物运输的特点，危险物品的九大类及细分小类的特性。

【主要概念】

禁止运输物品　限制运输的物品　急件货物运输　鲜活易腐物品　贵重物品　超大、超重货物　机舱地板承受力　爆炸品　气体　易燃气体　非易燃无毒气体　毒性气体　气溶胶制品　气体的混合物　易燃液体　易燃固体　自燃物质　遇水释放易燃气体的物质　氧化剂　有机过氧化物　毒性物质　传染性物质　生物制品　诊断标本　放射性物质　腐蚀性物质　杂项危险物品

【技能训练题】

一、单选题

1. 我国政府明令禁止运输的有_____。
   A. 鸦片　　　　　　B. 罂粟壳　　　　　C. 霍乱毒菌　　　　D. 金属矿砂类
   答案：C

2. 急件货物运输是指托运人要求以最早航班或在限定时间内将货物运达目的站，并经承运人同意受理的一种运输形式，最迟应在收运后_____小时内运出。
   A. 24　　　　　　　B. 36　　　　　　　C. 48　　　　　　　D. 72
   答案：D

3. 鲜活易腐物品到达目的站后，目的站应在_____小时内通知收货人提货。
   A. 1　　　　　　　　B. 2　　　　　　　　C. 3　　　　　　　　D. 6
   答案：B

4. 每箱水产品包装件的质量一般不应超过_____千克。
   A. 10　　　　　　　B. 20　　　　　　　C. 30　　　　　　　D. 40
   答案：C

5. 螃蟹等水产品的包装需挖孔的，挖孔位置应距底部 10 cm，孔的直径 3 cm，挖孔_____个。
   A. 2　　　　　　　　B. 4　　　　　　　　C. 6　　　　　　　　D. 8
   答案：C

二、多选题

1. 托运限制运输物品，托运人必须提供_____等政府有关部门出具的准许运输的有效证明文件。
   A. 公安　　　　　　B. 工商　　　　　　C. 动植物检疫　　　D. 海关
   E. 税务
   答案：ABC

2. 用于鲜活易腐货物的包装材料有_____。
   A. 聚苯丙烯泡沫绝缘材料
   B. 瓦楞纸箱　　　　C. 木箱　　　　　　D. 聚甲烯布　　　　E. 金属罐
   答案：BCE

3. 爆炸品是具有_____的物品和物质。
   A. 抛射危险性，并且有整体爆炸危险性
   B. 起火危险性，有整体爆炸危险性
   C. 具有整体爆炸危险性而敏感度极低
   D. 具有整体爆炸性危险
   E. 较小的爆炸，无整体爆炸危险性
   答案：CDE

4. 气体包括_____。
   A. 气体混合物　　　B. 浅冷液化气体　　C. 溶解气体　　　　D. 固化气体
   E. 压缩气体
   答案：ACE

5. 杂项危险物品的范围有_____。
   A. 具有麻醉、令人不快的任何物质　　　B. 高温物质

C. 磁性物质 D. 固体一氧化碳
E. 木棉
答案：ABC

三、简答题

1. 鲜活易腐物品的水产品运输包装的工作要领有哪些？
2. 贵重物品包括什么？
3. 机舱地板承受力是如何计算的？
4. 危险物品分为哪几类？
5. 传染性物质定义与传染性物质的危险等级分别是什么？

【案例分析题】

题例

扬州加强世博期间危险品运输安全监管工作

2010年世界博览会正在上海召开，上海世博会是我国今年的一件大事、喜事，为推进世博会平安顺利举办，江苏、浙江、上海二省一市签订了《2010年上海世博会期间苏浙沪危险化学品道路运输安全监管联控协议》。按照省、市关于认真落实"协议"所提的各项工作要求，5月5日，市安监局、市交通局、市公安交巡警支队在市安监局会议室召开了扬州市世博会期间危险化学品道路运输安全监管联控会议，会议由市安委办副主任、市安监局副局长戚安宝主持。

各单位交流了目前危险化学品道路运输特别是世博会期间的安全监管工作情况。扬州市目前共有危险化学品道路运输单位42家，承运危险化学品车辆845辆，进沪危险化学品运输车辆85辆。扬州市交通运输局为确保世博会期间危险化学品道路运输的安全，先后实施了一系列工作措施，对涉及进沪的危险化学品运输车辆提出了六个方面的工作要求：一是驾驶员对车辆的技术状态实施每日一检；二是对所有驾驶员和押运人员再进行一次安全教育和培训；三是对进沪车辆的货物进行货单随车和上报；四是各危险品运输企业与驾驶员签订世博会期间的安全生产责任状；五是市运管处与各运输企业签订行政管理合同；六是在发车前由企业负责人对车辆进行检查和记录。各运输单位对进沪车辆的车次、客运人数、危险化学品品种和数量实施每周报告制度，运管部门实施24小时值班值守制度，世博会期间的安全要求在我市各危险化学品运输企业得到了有效落实。市公安交巡警支队加强了剧毒品道路运输通行证的严格控制和把关，对各道口的查验做了进一步的强化要求。市安监局强化源头控制，对我市危险化学品生产和使用单位严格落实企业安全生产主体责任，加强了工作督查力度。

戚局长最后要求，各单位要高度重视，积极推进危险化学品道路运输安全监管联控机制建设，通过建立危险化学品道路运输道口查验防线、安全预警防线和源头控制防线，5月份对我市危险化学品道路运输单位组织一次联合检查，以平稳的安全生产形势保障世博会的顺利举办。

分析提示：

1. 危险品有哪些？
2. 你认为应当如何对危险品运输进行安全监管？

学习情境 4

集装箱运输

【学习目标】

素质目标：集装箱的选用、检查，集装箱需用量的确定
知识目标：集装箱运输的相关术语，集装箱运输的特点，集装箱运输作业的主要活动，运输的组织
技能目标：集装箱的配载、装载要求，不同类型货物的装箱操作方法，集装箱相关单证
拓展目标：集装箱运输中的责任划分，集装箱运输货物交接方式，集装箱货物的流转程序

【引例】

引例文章

草原流出鲜奶新干线

2009年9月16日，"中铁集装箱一号"液态奶集装箱五定班列在呼和浩特铁路货场举行了开通剪彩仪式。至此，伊利集团、蒙牛集团两家牛奶大户的草原鲜牛奶，拥有了一条梦寐以求的广州直达铁路专线。

物流需求的召唤

随着市场需求的不断扩大，内蒙古草原上的两家牛奶大户——伊利集团和蒙牛集团的产量连年大幅递增。2002年，这两家企业销出的牛奶达60万吨，相当于3万TEU国际标准集装箱的运量。运量的扩大拉动了物流需求，伊利集团和蒙牛集团尝试了多种运输方式，把产品组织起来销往全国各地。

把草原鲜奶运往广州、上海、成都及柳州等重要市场，最便捷的途径就是铁路，但在2002年之前，伊利集团运往外地的奶产品有55%通过公路运输，35%通过铁路运输，10%通过海运运输。然而，根据伊利集团液态奶事业部物流中心一位负责人的估算，"伊利对铁路运力的需求，至少应当在产品总量的70%以上。"

据了解，伊利集团、蒙牛集团之所以没有更多地选择铁路，是由于铁路运输不够畅通，运输时间得不到保证，如果遇上节假日客运高峰，这条线路可能就会断流。此外，随着生产企业物流管理的深化，运输需求进一步细化。过去的铁路运输，无论在箱源、车源调配方面，还是在服务意识、内容和方式等方面，都已不能适应现代企业对综合物流运输服务的需要。

初尝合作的甜头

伴随铁路改革的步伐，铁路集装箱班列适时而动，这给伊利集团和蒙牛集团带来了新的生机。

2001年11月，蒙牛集团采纳了中铁集装箱中心货代公司为其设计的物流操作方案，通过不定期的集装箱班列，将鲜奶直接运出草原，铁路方面确保24小时承运时限，并对蒙牛集团的产品实行全程跟踪，每48小时提供一次跟踪信息，随时处理途中出现的各种问题。

2002年，蒙牛集团、伊利集团分别与中铁货代签订了物流服务协议。这项合作的开展，使

两家牛奶大户降低了运输成本，压缩了奶制品的在途时间，减少了受热、受冻及其他因素可能造成的损失。更重要的是，使它们看到了铁路运输外包的希望。基于这种合作，蒙牛集团开始将部分物流业务外包给铁路，将精力更多地投入到生产和销售中去，大大提升了企业运营的效率。

尝到了甜头之后，蒙牛集团决定把更多的产品通过铁路集装箱发运，伊利集团也逐步把运输方式转回到铁路上来。2002年，伊利集团、蒙牛集团通过中铁货代代理运输的奶制品共计6 000标准箱。

与此同时，铁路运输的资源也得到了充分开发。中铁货代通过积极参与服务项目的开发，推行全程控制管理，改善服务质量，缩短运输时间，提高生产效率，重新夺回了铁路在货运市场中的占有率。

未来之路

随着货运量的增加，开通牛奶五定班列的时机进一步成熟。

2003年，伊利集团、蒙牛集团从呼和浩特、包头地区组织货源，经铁路集装箱发运到珠江三角洲地区的奶制品运量，平均每周已达到63标准箱。而且，两家牛奶大户的生产销售规模还在不断扩大，根据预测，年运量需求将达到15 000~20 000标准箱。

目前的运量已完全能支撑每周开行两列五定班列，加之背后拥有不断扩大的市场需求，由呼和浩特开往广州的"中铁集装箱一号"可谓水到渠成。9月4日，铁路部门正式确定，由呼和浩特到广州的鲜奶集装箱班列每周二、周五在呼和浩特各发一班，抵达广州江村编组站。以前在旅途中颠簸15天的鲜奶，现在只需98小时就可以抵达广州。

从内蒙古草原产出的鲜牛奶，终于拥有了一条南北直通的铁路新干线。而这条新干线的开通，给合作双方带来了新的启示。

对于伊利集团、蒙牛集团来说，这条新干线的意义在于，生产商可以更加合理地安排生产和发运，在使运输简单化的同时做到心中有数；经销商可以随时掌握货物的运输情况和运输时间，以便合理地安排订货和使用资金，不至于造成市场断货或者资金周转不灵。

而对于铁路部门来说，这次班列的意义是将铁路服务加以延伸。对此，中铁集装箱公司王总表示，未来铁路将是多种运输手段的集合、多种作业方式的集约、多种运行系统的协调和多种服务手段的配套，可以满足城市的多种需要，最终形成能够提供综合物流服务的联合体，在即将到来的物流时代真正发挥出铁路的优势。

分析提示

1. 伊利集团、蒙牛集团奶制品企业对运输有哪些特殊要求？
2. 你认为铁路集装箱运输的服务要如何开展延伸？

【正文】

实训场景1：集装箱运输的相关术语

知识点：集装箱运输的相关术语
关键技能点：集装箱运输的相关术语

实例任务：掌握集装箱运输的相关术语

集装箱运输的相关术语见表3-10。

表 3-10　集装箱运输的相关术语

术语名称	术语内容
集装箱运输	是指以集装箱这种大型容器为载体，将货物集合组装成集装单元，以便在现代流通领域内运用大型装卸机械和大型载运车辆进行装卸、搬运作业和完成运输任务，从而更好地实现货物"门到门"运输的一种新型、高效率和高效益的运输方式
集装箱装卸区	是集装箱运输中，箱或货装卸交换保管的具体经办部门，一般由专用码头、前方堆场、后方堆场、货运站、指挥塔、修理部门、大门和办公室组成
集装箱前方堆场	是指在集装箱码头前方，为加速船舶装卸作业，暂时堆放集装箱的场地。其作用是：当集装箱船到港前，有计划有次序地按积载要求将出口集装箱整齐地集中堆放，卸船时将进口集装箱暂时堆放在码头前方，以加速船舶装卸作业
集装箱后方堆场	集装箱重箱或空箱进行交接、保管和堆存的场所。有些国家对集装箱堆场并不分前方堆场或后方堆场，统称为堆场。集装箱后方堆场是集装箱装卸区的组成部分，是集装箱运输"场到场"交接方式的整箱货办理交接的场所（实际上是在集装箱卸区"大门口"进行交接的）
空箱堆场	专门办理空箱收集、保管、堆存或交接的场地。它是专为集装箱装卸区或转运站堆场不足时设立的。这种堆场不办理重箱或货物交接。它可以单独经营，也可以由集装箱装卸区在区外另设
中转站或内陆站	海港以外的集装箱运输的中转站或集散地。它的作用除了没有集装箱专用船的装卸作业外，其余均与集装箱装卸区业务相同。包括集装箱装卸港的市区中转站、内陆城市、内河港口的内陆站
托运人责任	托运人在集装箱运输中应有的责任，这种责任是不完全同于传统海运方面的。拼箱货托运人的责任与传统海运相同。整箱货托运人的责任不同于传统运输的有：应保证所报货运资料的正确和完整；承运人有权核对箱内所装货物，因核对而发生的费用，由托运人承担；海关或其他权力机关开箱检查，其费用和由此发生货损货差，由托运人承担；如集装箱货不满，或是垫衬不良，积载不当，或是装了不适于集装箱运输的货物，因而引起货损、货差，概由托运人负责；如使用了托运人自有的不适航的集装箱，所引起的货损事故，应由托运人负责；在使用承运人集装箱及设备期间造成第三者财产或生命的损害，应由托运人负责赔偿
责任限制	集装箱运输中发生货损货差，承运人应承担的最高赔偿额。拼箱货的责任限制与传统运输相同。整箱货的赔偿按照目前国际上的一些判例实施：如提单上没有列明箱内所装货物的件数，每箱作为一个理赔计算单位；如提单上列明箱内载货件数的，仍按件数计算；如果货物的损坏和灭失不属海运，而是在内陆运输中发生的，则按陆上运输最高赔偿额办理；如集装箱是由托运人所有或提供时，遇有灭失或损失，其责任确属承运人应承担者，也应视作一个理赔计算单位
同一责任制	联运经营人对货物损害责任的一种赔偿责任制度。按照这种制度，统一由签发联运提单的承运人对货主负全程运输责任，即货损货差不论发生在哪一个运输阶段，都按同一的责任内容负责。如果能查清发生损害的运输阶段，联运承运人在赔偿以后，可以向该段运输的实际承运人追偿
网状责任制	联运经营人对货物损害责任的一种赔偿责任制度。按照这种制度，签发联运提单的承运人，虽然对货方仍然负全程运输的责任，但遇损害赔偿不像同一责任制那样，而是按发生损害的运输阶段的责任内容负责。例如，损害发生在海上运输阶段，按国际货运规则办理；如发生在铁路或公路运输阶段，则按有关国际法或国内法处理
航运公会集装箱规则	在一些国家集装箱船航线上，各航运公会为了垄断各自航线上的集装箱运输，都分别制定了供货方使用的集装箱运输规则。这些规则，是由各公会针对公会营运范围内的航线情况制定的
报关	是指货物、行李和邮递物品、运输工具等在进出关境或国境时由所有人或其代理人向海关申报，交验规定的单据、证件，请求海关办理进出口的有关手续。我国海关规定报关时应交纳的单据、证件有：进出口货物报关单、进出口货物许可证、商品检验证书、动植物检疫证书、食品卫生检验证书、提货单、装货单、运单、发票、装箱单等
结关	是指进口货物、出口货物和转运货物进入一国海关关境或国境必须向海关申报，办理海关规定的各项手续，履行各项法规规定的义务；只有在履行各项义务，办理海关申报、查验、征税、放行等手续后，货物才能放行，货主或申报人才能提货。同样，载运进出口货物的各种运输工具进出境或转运，也均需向海关申报，办理海关手续，得到海关的许可。货物在结关期间，不论是进口、出口或转运，都是处在海关监管之下，不准自由流通。清关即结关，习惯上又称通关

续表

术语名称		术语内容
集装箱运输的关系方	无船经营人	专门经营集装货运的揽货、装拆箱、内陆运输及经营中转站或内陆站业务,可以具备实际运输工具,也可不具备。对真正货主来讲,他是承运人,而对实际承运人来说,他也是托运人,通常无船承运人应受所在国法律制约,在政府有关部门登记
	实际承运人	掌握运输工具并参与集装箱运输的承运人。通常拥有大量集装箱,以利于集装箱的周转、调拨、管理以及集装箱与车船机的衔接
集装箱运输的关系方	集装箱租赁公司	专门经营集装箱出租业务的新行业,即所有人将空箱租给使用人的一项业务。集装箱所有人为出租的一方,集装箱使用人(一般是船公司或货主)为承租的一方,双方签订租赁合同。由出租人提供合格的集装箱交由承租人在约定范围内使用。集装箱的租赁,国际上有多种不同的方式,总括起来有:程租、期租、活期租用和航区内租赁等
	集装箱堆场	简称CY,指办理集装箱重箱或空箱装卸、转运、保管、交接的场所
	集装箱货运站	简称CFS,为拼箱货装箱和拆箱的船、货双方办理交接的场所。承运人在一个港口或内陆城市只能委托一个集装箱货运站的经营者。由它代表承运人办理下列主要业务:拼箱货的理货和交接;对货物外表检验如有异状时,就办理批注;拼箱货的配箱积载和装载;进口拆箱货的拆箱和保管;代承运人加铅封并签发站收据;办理各项单证和单证编制等

实训场景 2:集装箱的选用

思政:奋斗有我

知识点:集装箱的选用

关键技能点:集装箱需用量的确定

实例任务 1:熟悉集装箱的选用

在集装箱货物运输中,为了船、货、箱的安全,必须根据货物的性质、种类、容积、重量和形状来选择适当的集装箱,见表3-11。

表 3-11 货物适用集装箱表

货物分类	可选用的集装箱
清洁货物	杂货集装箱、通风集装箱、开顶集装箱、冷藏集装箱
污秽货物	杂货集装箱、通风集装箱、开顶集装箱、冷藏集装箱
易碎货物	杂货集装箱
易腐货物	冷藏集装箱、通风集装箱
冷藏货物	
笨重货物	开顶集装箱、平台式集装箱
动物或植物	动物集装箱、通风集装箱
危险货物	开顶集装箱、平台式集装箱
散 货	散货集装箱、罐集装箱
超高、超长、超宽货物	敞棚、板架、平板集装箱
贵重货物	干货集装箱

集装箱选用时应考虑的因素有:货物特性对集装箱有无特殊要求;货物总重量与集装箱装载量适应;货物密度与集装箱容重相适应。在集装箱规格尺寸的选择方面,一般需要综合考虑下列因素:考虑与国内外船公司、货主的合作问题;考虑货物的数量、运输批量和货物的密度;考虑全程(特别是内陆)运输的条件;考虑经济合理性。

实例任务 2：了解集装箱的检查程序

集装箱在装载货物之前，必须经过严格检查。发货人、承运人、收货人以及其他关系人在相互交接时，除对集装箱进行检查外，应以设备交接单等书面形式确认集装箱交接时的状态。通常，对集装箱的检查应做到：外部检查、内部检查、箱门检查、清洁检查、附属件的检查。

实例任务 3：掌握集装箱需用量的确定办法

对于集装箱需用量的确定，以充分利用集装箱容积为基本原则。

对于每单位体积相同的货物，先计算单位集装箱的货物装箱量，然后推算集装箱的需求量。其计算公式为：

某货物单位集装箱最大装载量＝（所选集装箱的容积×容积利用率×单位货物的重量）/单位货物体积

如计算出的货物单位集装箱最大装载量大于该集装箱的最大载货重量，则按集装箱的最大载货重量计算该货物所需集装箱需用数，其计算公式为：

某货物集装箱用量＝货物总重量/单位集装箱最大载货重量

如计算出的货物单位集装箱最大装载量小于该集装箱的最大载货重量，则按该货物的单位集装箱最大可能装载量计算货物所需集装箱总数，其计算公式为：

某货物集装箱用量＝货物总重量/单位集装箱最大载货的重量

对于单位体积不同的货物及拼箱货物，装箱前可先在装载图中进行规划，尽量使集装箱装载量和容积得到充分利用，同时进行轻、重合理搭配与堆放。

实训场景 3：集装箱的配装载

知识点：集装箱的配装载
关键技能点：集装箱的配装载、装载、不同类型货物的装箱操作方法

实例任务 1：掌握集装箱的配载知识

要编制集装箱配载图，它是集装箱船装箱的计划图，装卸区根据它进行装箱。配载图由外轮代理公司根据订舱清单、装箱单及堆场积载计划编制。并在船舶抵港征得船方同意后，即行装船。如系中途靠港，船上已装有集装箱，就应将有关资料电告船上配载，等回电后据以编制。配载图是由集装箱船各排每列和分层的横断面构成。

进行配载时，必须达到如下要求：保证船舶纵断面的强度和船舶的稳定性；保持理想的吃水差，使船舶取得最好成绩的航行性能，即具有良好的操纵性和快速性；最合理地利用船舶的载重量和舱容；保证集装箱在舱内完整无损及在甲板上的安全；要考虑便于装卸作业；多港装卸时，必须注意对之后靠港的装卸不要造成翻舱。

集装箱拼箱货在配载过程中，需要考虑的问题：

（1）集装箱装载量的掌握。①最大载重量：指可装在集装箱内的货物最大重量，也就是集装箱的总重量减去自重的重量。②最大装载容积：在国际标准化组织中虽然规定了最小内部尺寸，但如果采用容积来计算集装箱的最大装载量时，一般以集装箱的内部尺寸和实际货物尺寸

对比来计算。

（2）货物密度。货物密度指货物单位体积上的货物重量，以平均每立方英尺或每立方米货物体积的货重作为货物的密度单位，是普通杂货船上常用的货物积载因数的倒数。

（3）容积和装载量的充分利用。装载拼箱货物的集装箱，应该轻、重搭配，尽量使集装箱的装载量和容积都能满载；但是必须注意混装在一起的货物不会引起货损。

实例任务2：掌握集装箱的装载要求

集装箱货物装箱人在装箱前应按规定认真检查箱体状态，发现集装箱不适合装运货物时，应要求集装箱所有人重新提供适合货物装运的集装箱。集装箱货物的现场装箱作业，通常有三种方法：一是全部用人力装箱；二是用叉式装卸车（铲车）搬进箱内再用人力堆装；三是全部用机械装箱，如货板货（托盘货）用叉式装卸车在箱内堆装。这三种方式中，第三种方法最为理想，装卸效率最高，发生货损事故最少。

具体装箱时应注意以下事项，如图3-5所示。

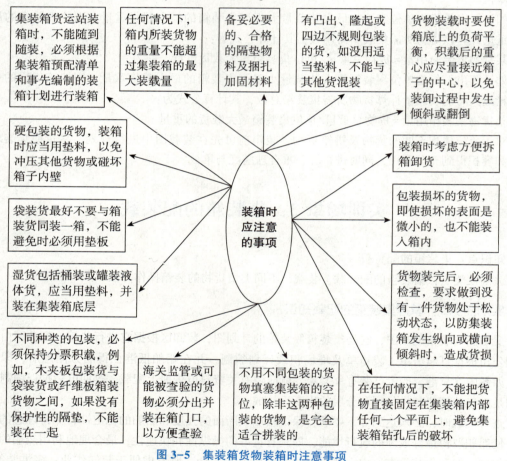

图3-5 集装箱货物装箱时注意事项

实例任务3：掌握集装箱不同类型货物的装箱操作方法

集装箱不同类型货物的装箱操作方法见表3-12。

表 3-12 不同类型货物的装箱操作方法

类型	说明	操作方法
纸箱货	纸箱是集装箱货物中最常见的一种包装，一般用于包装比较精细的和质轻的货物	装箱时从箱里往外装，或从两侧往中间装
		在横向产生 250~300 厘米的空隙时，利用上层货物的重量压住下层货物，最上层货物要塞满或加以固定
		如所装的纸箱很重，在集装箱的中间层需要适当地加以衬垫
		箱门端留有较大的空隙时，利用方形木条固定货物
		装载小型纸箱货时，为了防止塌货，采用纵横交叉的堆装法
		如包装为统一尺寸的大型纸箱，当空隙为 10 厘米左右时，不需要对货物进行固定，但当空隙很大时，需要按货物具体情况加以固定
		不同尺寸的纸箱混装，就纸箱大小合理搭配，做到紧密堆装
		拼箱的纸箱货应进行隔离。隔离时可使用纸、网、胶合板等材料，用粉笔作记号
		纸箱货不足以装满一个集装箱时，应注意纸箱的堆垛高度，以满足使集装箱底面占满的要求
木箱货	集装箱货物木箱包装种类繁多，尺寸和重量各异	装载比较重的小型木箱时，采用骑缝装载法，使上层的木箱压在下层两木箱的接缝上，最上一层必须加以固定或塞紧，如箱门端留有较大空隙，则必须利用木板和木条加以固定或撑紧
		重心较低的重、大木箱只能装一层且不能充分利用集装箱箱底面积时，应装在集装箱的中央，底部横向用方形木条加以固定
		对于重心高的木箱，不仅要紧靠底部固定，而且必须在上面用木条撑紧
		装载特别重的大型木箱时，会形成集中负荷或偏心负荷，故必须有专用的固定设施，防止木箱与集装箱前后端壁接触
		装载框箱时，通常是使用钢带拉紧，或用具有弹性的尼龙带或布带来代替钢带
托盘货	托盘上通常装载纸箱货和袋装货	纸箱货在上下层之间可用粘贴法固定
		袋装货装板后要求袋子的尺寸与货板的尺寸一致，对于比较容易滑落的袋装货要用粘贴法固定
		托盘尺寸如在集装箱内横向只能装一块时，则须放在集装箱的中央，并用纵向垫木等加以固定
		装载两层以上的货物时，无论空隙在横向或纵向，底部都应用档木固定，上层托盘货需用跨档木条塞紧
		如装载托盘为奇数时，应把最后一块托盘放中央，并用绳索通过系环拉紧
		托盘货装载框架集装箱时，必须使集装箱前后、左右的重量平衡
捆包货	捆包货	捆包货可横向装载或竖向装载，充分利用集装箱箱容
		捆包货装载时一般都要用厚木板等进行衬垫
		用粗布包装的捆包货，一般比较稳定而不需要加以固定
滚动货	卷钢	卷钢属于集中负荷的货物，但是热轧卷钢一般比电缆轻。装载卷钢时，使货物之间互相贴紧，并装在集装箱的中央
	盘元	盘元只能用机械装载的重货，一般在箱底只能装一层。装载时最好使用井字形的盘元架，大型盘元用直板系板、夹件等在集装箱箱底进行固定
	电缆	电缆是绕在电缆盘上进行运输的，装载电缆盘时应注意箱底的局部强度问题。大型电缆盘在集装箱内只能装一层，使用支架以防止滚动
	轮胎	普通卡车用的小型轮胎竖装横装都可以。横装时比较稳定，不需要特别加以固定。大型轮胎一般以竖装为多，应根据轮胎的直径、厚度来研究其装载方法，并加以固定

实训场景 4：集装箱运输的特点

知识点：集装箱运输的特点
关键技能点：高效益、高效率、高投资、高协作的运输方式

实例任务：熟悉集装箱运输的特点

集装箱运输的特点见表 3-13。

表 3-13 集装箱运输的特点

特点	体现方面	说　明
高效益的运输方式	简化包装，大量节约包装费用	为避免货物在运输途中受到损坏，必须有坚固的包装，而集装箱具有坚固、密封的特点，其本身就是一种极好的包装。使用集装箱可以简化包装，有的甚至无须包装，实现件杂货无包装运输，可大大节约包装费用
高效益的运输方式	减少货损货差，提高货运质量	由于集装箱是一个坚固密封的箱体，集装箱本身就是一个坚固的包装。货物装箱并铅封后，途中无须拆箱倒载，一票到底，即使经过长途运输或多次换装，不易损坏箱内货物。集装箱运输可减少被盗、潮湿、污损等引起的货损和货差，深受货主和船公司的欢迎，并且由于货损货差率的降低，减少了社会财富的浪费，也具有很大的社会效益
高效益的运输方式	减少营运费用，降低运输成本	由于集装箱的装卸基本上不受恶劣气候的影响，船舶非生产性停泊时间缩短，又由于装卸效率高，装卸时间缩短，对船公司而言，可提高航行率，降低船舶运输成本，对港口而言，可以提高泊位通过能力，从而提高吞吐量，增加收入
高效率的运输方式		普通货船装卸，一般每小时为 35 吨左右，而集装箱装卸，每小时可达 400 吨左右，装卸效率大幅度提高。同时，由于集装箱装卸机械化程度很高，因而每班组所需装卸工人数很少，平均每个工人的劳动生产率大大提高
高效率的运输方式		由于集装箱装卸效率很高，受气候影响小，船舶在港停留时间大大缩短，因而船舶航次时间缩短，船舶周转加快，航行率大大提高，船舶生产效率随之提高，从而提高了船舶运输能力，在不增加船舶艘数的情况下，可完成更多的运量，增加船公司收入，这样的高效率导致高效益
高投资的运输方式	船公司必须对船舶和集装箱进行巨额投资	根据有关资料表明，集装箱船每立方英尺的造价是普通货船的 3.7~4 倍。集装箱的投资相当大，开展集装箱运输所需的高额投资，使船公司的总成本中固定成本占有相当大的比例，高达 2/3 以上
高投资的运输方式	集装箱运输中的港口的投资也相当大	专用集装箱泊位的码头设施包括码头岸线和前沿、货场、货运站、维修车间、控制塔、门房，以及集装箱装卸机械等，耗资巨大
高投资的运输方式	需有相应的内陆设施及内陆货运站等配套建设	需要兴建、扩建、改造、更新现有的公路、铁路、桥梁、涵洞等，这方面的投资更是惊人。可见，没有足够的资金开展集装箱运输，实现集装箱化是困难的，必须根据国力量力而行，最后实现集装箱化
高协作的运输方式		集装箱运输涉及面广、环节多、影响大，是一个复杂的运输系统工程。集装箱运输系统包括海运、陆运、空运、港口、货运站以及与集装箱运输有关的海关、商检、船舶代理公司、货运代理公司等单位和部门。如果互相配合不当，就会影响整个运输系统功能的发挥，如果某一环节失误，必将影响全局，甚至导致运输生产停顿和中断。因此，要求搞好整个运输系统各环节、各部门之间的高度协作
适于组织多式联运		由于集装箱运输在不同运输方式之间换装时，无须搬运箱内货物而只需换装集装箱，这就提高了换装作业效率，适于不同运输方式之间的联合运输。在换装转运时，海关及有关监管单位只需加封或验封转关放行，从而提高了运输效率
复杂的运输系统工程		由于国际集装箱运输与多式联运是一个资金密集、技术密集及管理要求很高的行业，是一个复杂的运输系统工程，这就要求管理人员、技术人员、业务人员等具有较高的素质才能胜任工作，才能充分发挥国际集装箱运输的优越性

实训场景 5：集装箱运输的管理

知识点：集装箱运输的管理
关键技能点：作业的主要活动、运输的组织、责任划分、货物交接方式、货物的流转程序

实例任务 1：熟悉集装箱运输作业的主要活动

在集装箱运输作业过程中涉及许多活动，集装箱运输基本活动，实际上是指在集装箱运输流程中对货物或货物的载体（集装箱）所进行的一系列操作，包括货物的移动和货物与集装箱的连接与分离，由这些基本活动可构成一个完整的集装箱运输流程，这些基本活动在下文描述。

与集装箱连接和分离有关的装箱、拆箱、拼箱的操作，这些操作可以发生在收（发）货人所在地，也可以发生在整个运输路径的某个节点的货运站上。

与使集装箱发生位移的运输活动有关的活动：

主要包括将集装箱从始发地运往内陆某集散地；由集散地将集装箱经内陆集疏系统运往港口；集装箱的海上运输则将集装箱从目的港运往另一内陆集散地；从内陆集散地将集装箱运至收货人手中。上述各种运输活动还可进一步分解为更小的运输活动。

对集装箱箱体进行的操作活动包括空箱的领取与归还、集装箱堆存、对集装箱进行维修、加拆签封等。

集装箱交接活动，由于集装箱运输过程是由多个不同环节构成的，并由不同关系的人完成，因而集装箱交接在整个集装箱运输流程中占有相当重要的地位。

实例任务 2：熟悉运输的组织——集装箱货源组织

集装箱适箱货：根据国家《关于发展我国集装箱运输若干问题的规定》中规定的适箱货为 12 个品类，即家电、仪器、小型机械、玻璃陶瓷、工艺品、印刷品及纸张、医药、烟酒食品、日用品、化工品、针纺织品和小五金等杂货，贵重、易碎、怕湿的货物均属于集装箱运输适箱货。

集装箱货源从运输组织上分为整箱货和拼箱货两类。整箱货是指发货人需单独使用一个集装箱的货物，整箱货是由发货人负责装箱、计数并施封。拼箱货是指两个及其以上发货人的货物拼装在一个集装箱内的货物，拼箱货的装卸作业由承运人或有关运输代理部门负责。

日常货源组织工作，对于组织合理运输，充分利用现有设备能力，有着十分重要的意义，日常货源组织对于货物的品种、数量、流向、时间都有一定的要求。对于不同品种的货物要详细了解其尺寸、外形、重量和需要的集装箱类型及数量等；在流向上要提出货物到站、港，以便组织拼装货；在时间上按照运输作业的需要进行货源的组织工作。日常货源组织工作是一项十分重要又十分细致的工作，要产、运、销共同配合完成。

实例任务 3：熟悉运输的组织——集装箱运输工作组织

集装箱运输组织工作，可以分为发送作业、中转作业和交付作业三部分，下面以铁路集装箱运输组织工作为例。

（1）发送作业，是指在发站装运之前各项货运作业，包括集装箱承运前的组织工作和承运后至装运前的作业。具体包括货主要明确使用集装箱运输的条件及有关规定，如必须在指定的集装箱办理站，按站内规定承运日期办理；办理站受理、审核、装箱等。

（2）中转作业，集装箱运输除了由发站至到站的形式外，有一部分集装箱还要经过中转才

能至到站。中转站的任务是负责将到达中转站的集装箱迅速按去向、到站重新配装继续发往到站。

（3）交付作业，是指装运集装箱的货车到货场后需要办理的卸车和向货主办理交付手续等工作，具体包括卸车作业、交付作业，铁路货运员根据车站的卸车计划及时安排货位，核对运单、货票、装载清单与集装箱箱号、印封号是否一致，需要逐箱检查、卸车；完毕后填写到达记录，最后，由货运室通知发货人。门到门的集装箱由铁路货运员与收货人代理共同核对箱号，检查箱体封印，确认无误后，填发门到门运输作业单，并在作业单上签收。

实例任务 4：了解运输的组织——集装箱联运

集装箱运输是现代化发展的必然产物，集装箱运输的发展又必须进行集装箱的联运，单独靠一种运输方式开展集装箱运输已经不能充分发挥集装箱运输的优越性，达不到预期的效果。因此，组织铁路、水运、公路多种运输的集装箱联运已成为现代化运输的必然产物，当今集装箱运输被称为海陆空的主体运输，已由国内联运发展到国际联运，由在一个国家内的不同运输方式中进行，发展到几个国家甚至洲际范围内进行。集装箱联运就是通过各种运输方式主管部门相互配合共同努力而完成运输的全过程。

实例任务 5：熟悉集装箱运输中的责任划分

托运人在集装箱运输中应有的责任是不完全等同于传统海运方面的。拼箱货托运人的责任与传统海运相同。整箱货托运人的责任不同于传统运输的有：

（1）应保证所报货运资料的正确和完整。

（2）承运人有权核对箱内所装货物，因核对而发生的费用，由托运人承担。

（3）海关或其他权力机关开箱检查，其费用和由此发生的货损货差，由托运人承担。

（4）如集装箱货不满，或是垫衬不良、积载不当，或是装了不适于集装箱运输的货物，因此而引起的货损、货差，概由托运人负责。

（5）如使用了托运人自有的不适航的集装箱，所引起的货损事故应由托运人负责，若使用承运人集装箱及设备，其间造成了第三者财产或生命的损害，应由托运人负责赔偿。

责任限制是集装箱运输中发生货损、货差，承运人应承担的最高赔偿额。拼箱货的责任限制与传统运输相同。整箱货的赔偿参照国际上的一些判例：如果提单上没有列明箱内所装货物的件数，每箱作为一个理赔计算单位；如是单上列明箱内载货件数的，仍按件数计算；如果货物的损坏和灭失不属海运过程，而是在内陆运输中发生的，则按陆上运输最高赔偿额办理；如集装箱是由托运人所有或提供的，遇有灭失或损坏，且其责任确属承运人应承担者，也应视作一个理赔计算单位。

实例任务 6：集装箱运输货物交接方式

集装箱运输中，整箱货和拼箱货在船货双方之间的交接方式常见的有以下几种：

（1）门到门：由托运人负责装载的集装箱，在其货仓或工厂仓库交承运人验收后，由承运人负责全程运输，直到收货人的货仓或工厂仓库交箱为止。这种全程连线运输，称为"门到门"运输。

（2）门到场：由发货人货仓或工厂仓库至目的地或卸箱港的集装箱装卸区堆场。

（3）门到站：由发货人货仓或工厂仓库至目的地或卸箱港的集装箱货运站。

（4）场到门：由起运地或装箱港的集装箱装卸区堆场至收货人的货仓或工厂仓库。

（5）场到场：由起运地或装箱港的集装箱装卸区堆场至目的地或卸箱港的集装箱装卸区堆场。

（6）场到站：由起运地或装箱港的集装箱装卸区堆场至目的地或卸箱港的集装箱货运站。

（7）站到门：由起运地或装箱港的集装箱货运站至收货人的货仓或工厂仓库。

(8) 站到场：由起运地或装箱港的集装箱货运站至目的地或卸箱港的集装箱装卸区堆场。

(9) 站到站：由起运地或装箱港的集装箱货运站至目的地或卸箱港的集装箱货运站。

实例任务 7：集装箱货物的流转程序

集装箱货物的运输，要根据各国的运输法规和每条航线上的经济、地理等条件，决定其不同的流转程序、运输方式的组成。

集装箱货物是建立在大规模生产方式的基础上开展起来的。它必须将分散的小批量货物，预先在内陆地区的某几个点加以集中，等组成大批量的货源后，通过内陆、内河运输，将其运至集装箱码头堆场。这里，假设把内陆点作为集装箱货物运输中的第 1 枢纽站，装船港作为第 2 枢纽站。然后通过海上运输，将集装箱货物运至卸船港，卸船港作为第 3 枢纽站，最终目的地作为第 4 枢纽站。从运输成本分析，只有采用这样的货流组织方式，把小批量货流组成大批量货流后，才能使运输总成本减至最小。

在上述集装箱货物流通过程中，对于货物的交接主要有两种不同的形态：一种叫整箱货（FCL），另一种叫拼箱货（LCL）。

1. 整箱货

整箱货是指由发货人自行装箱，并负责填写装箱单、场站收据，并由海关加铅封的货。整箱货一般都是一个发货人、一个收货人。

整箱货的流转程序如图 3-6 所示。

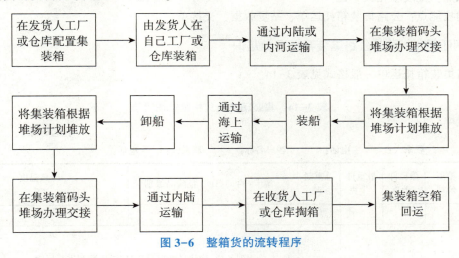

图 3-6 整箱货的流转程序

上述发货人至集装箱码头堆场，以及集装箱码头堆场运至收货人方面的内陆运输，可采用三种运输方式：

（1）货主自己拖运。由货主自己拖运指有关空箱的配置、实箱运输均由货主负责，在运至集装箱码头堆场门与船公司办理交接。

（2）承运人拖运。由承运人拖运指有关空箱的配置、实箱运输均由船公司安排，并支付运费。承运人的责任从发货人的工厂或仓库开始。

（3）混合拖运。混合拖运指由船公司负责并监管空箱配置，有关实箱的运输由货主安排，并支付运费。

2. 拼箱货

拼箱货是指由集装箱货运站负责装箱，负责填写装箱单，并由海关加铅封的货。拼箱货一般都是两个或两个以上的发货人与收货人。

拼箱货的流转程序如图 3-7 所示。

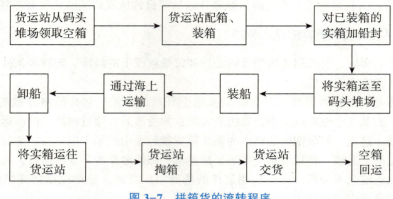

图 3-7　拼箱货的流转程序

实训场景 6：集装箱相关单证

知识点：集装箱相关单证
关键技能点：公路集装箱托运单、站场收据、交接单

实例任务 1：掌握公路集装箱托运单知识

公路集装箱托运单一般格式见表 3-14。

表 3-14　集装箱陆上货物运输托运单

运号　　　　　　　　　　　　　　　　　　　　　　　　　　　托运单编号：
托运单位：　　联系人：　　电话：　　客户名称：　　联系人：　　电话：

箱型只数规格	箱属公司	最轻件/千克	最重件/千克	总重量/吨	集卡/辆	危险品级别	冷藏温度/℃
起运地： 到达地： 千米： 要求运输起止时间（按 24 小时计）： 车队：			客户要求时间：	注意事项	1. 本单所列各栏，均请详细填写清楚，以便顺利进行运输 2. 如系危险品，请在委托事项栏内填明，以利运输安全 3. 如系轻泡货物或体形性质特殊，不能装足车吨者，请准确计算所需车辆吨 4. 起讫地点不同者，请分单填写，拼车例外 5. 有关注意事项，请在委托事项内填明			
营业站记事栏				委托单位盖章（请勿复写） 日期：　年　月　日		受理营业站及营业员盖章 　　　　　　年　月　日	

运单填写基本要求如下：
(1) 一张运单托运的集装箱货物或集装箱，必须是同一托运人、收货人、起运地。
(2) 托运拼箱货物要写明具体品名、件数、重量；托运整箱货物除要写具体品名、件数、重量外，还要写集装箱箱型、箱号和封志号，并注明空箱提取和交还地点。

(3) 易腐、易碎、易溢漏的货物、危险货物不能与普通货物以及性质相互抵触的货物用一张运单托运。

(4) 托运的整箱货物，应注明船名、航次、场站货位、箱位，并提交货物装箱单。

(5) 托运人要求自理装拆集装箱或自理装卸集装箱时，经承运人确认后，在运单内注明。

(6) 托运须经海关查验或商品检验、卫生防疫、动植物检验的集装箱时，应连同检验地点在运单中注明。

(7) 应使用钢笔或圆珠笔填写，字迹清楚，内容准确。

(8) 已填妥的运单，如有更改，必须在更改处签字盖章。

(9) 托运集装箱货物的品名、件数、重量、集装箱箱型、箱号、封志号等，应与运单记载的内容相符。

(10) 托运的普通集装箱货物中，不得夹带危险货物、易腐货物、流质货物、贵重物品、货币、有价证券等物品。

(11) 按照国家有关部门规定须办理准运证明文件和检验证明文件的货物，托运人托运时应将有关文件提交承运人检查核对，如需随货同行或委托承运人向收货人代递时，应在运单中注明文件名称及份数。

(12) 托运需要具备运输包装的货物，应按照国家规定的标准进行包装，对没有统一标准和要求的，应在保证运输、装卸作业安全和货物质量的原则下进行包装。

(13) 托运人如果不是自理集装箱的装卸作业，要办理在港站或其他场所的集装箱装卸作业的申请，并在运单中注明。

(14) 托运特种集装箱货物，托运人应按以下要求，在运单中注明运输条件和特约事项：①托运冷藏保温集装箱，托运人应提供冷藏保温集装箱货物的装箱温度和在一定时间内的保持温度；②托运鲜活货物集装箱，应提供最长运输期限及途中管理、照料事宜的说明书，货物允许的最长运输期限应大于汽车运输能够达到的期限；③托运危险货物集装箱，应按《汽车危险货物运输规则》办理。

实例任务2：熟悉站场收据

承运人委托集装箱装卸区、中转站或内陆站收到整箱货或拼箱货后签发的收据。站场收据由发货人编制。如同一批货物装有几个集装箱时，先凭装箱单验收，直到最后一个集装箱验收完毕时，才由港站管理员在站场收据上签收。站场在收到整箱货，如所装的箱外表或拼箱货包装外表有异状时，应加批注。站场收据的作用，相当于传统运输中的大副收据，它是发货人向船公司换取提单的凭证。

实例任务3：了解设备交接单

交接单是集装箱所有人或租用人委托集装箱装卸区、中转站或内陆站与货方即用箱人或其代表之间交接集装箱及承运设备的凭证。交接单由承运人或其代理人签发给货方，据以向区、站领取或送还重箱或轻箱。交接单第一张背面印有交接使用条款，主要内容是集装箱及设备在货方使用期中，产生的费用以及遇有设备及所装货物发生损坏、灭失的责任划分，及对第三者发生损害赔偿的承担。设备交接一般在区、站大门口办理。设备包括集装箱、底盘车、台车及电动机等。交接单分"出门"和"进门"两种。

【小结】

集装箱运输的相关术语。集装箱的选用、检查，集装箱需用量的确定。

集装箱的配载、装载要求，不同类型货物的装箱操作方法。集装箱运输的特点。

集装箱运输作业的主要活动，运输的组织——货源组织、运输工作组织、集装箱联运、集装箱运输中的责任划分，集装箱运输货物交接方式，集装箱货物的流转程序。

集装箱相关单证：公路集装箱托运单、站场收据、交接单。

【主要概念】

集装箱运输　集装箱装卸区　集装箱前方堆场　集装箱后方堆场　中转站或内陆站　空箱堆场　托运人责任　责任限制　同一责任制　网状责任制　航运公会集装箱规则　报关　结关　集装箱运输的关系方　无船经营人　实际承运人　集装箱租赁公司　集装箱堆场　集装箱货运站　集装箱的选用　集装箱需用量的确定　集装箱的配载　集装箱配载图　集装箱装载最大载重量　最大装载容积　货物密度　纸箱货　木箱货　托盘货　捆包货　滚动货　集装箱运输特点　作业的主要活动　运输的组织　集装箱货源组织　适箱货　整箱货　拼箱货　集装箱运输工作组织　发送作业　中转作业　交付作业　集装箱联运　责任划分　货物交接方式　货物的流转程序　集装箱运输货物交接方式　集装箱货物的流转程序　公路集装箱托运单　站场收据　交接单

【技能训练题】

一、单选题

1. 集装箱重箱或空箱进行交接、保管和堆存的场所是_____。
   A. 集装箱装卸区　　　　　　B. 集装箱前方堆场
   C. 集装箱后方堆场　　　　　D. 空箱堆场
   答案：C

2. 专门经营集装货运的揽货、装拆箱、内陆运输及经营中转站或内陆站业务的集装箱运输的关系方是_____。
   A. 无船经营人　　　　　　　B. 实际承运人
   C. 集装箱堆场　　　　　　　D. 集装箱货运站
   答案：A

3. 对集装箱的检查不需要做到_____。
   A. 内部检查　　　　　　　　B. 箱门检查
   C. 材质检查　　　　　　　　D. 附属件的检查
   答案：C

4. 集装箱货物的现场装箱作业，通常用_____装箱的方法最为理想。
   A. 人力　　　　　　　　　　B. 手动液压叉车
   C. 叉车　　　　　　　　　　D. 全部用机械
   答案：D

5. 集装箱内装的包装为统一尺寸的大型纸箱，当空隙为_____厘米左右时，不需要对货物进行固定。
   A. 10　　　B. 15　　　C. 20　　　D. 25
   答案：A

二、多选题

1. 集装箱装卸区是集装箱运输中，箱或货装卸交换保管的具体经办部门，一般由_____组成。
   A. 修理部门　　B. 货运站　　C. 办公室　　D. 木箱堆场
   E. 专用码头

答案：ABCE
2. 整箱货托运人的责任不同于传统运输的有_____。
   A. 承运人有权核对箱内所装货物，因核对而发生的费用，由承运人承担
   B. 如集装箱货不满，或积载不当，因而引起货损、货差，概由承运人负责
   C. 如使用了托运人自有的不适航的集装箱，所引起的货损事故，应由承运人负责
   D. 在使用承运人集装箱及设备期间造成第三者财产或生命的损害，应由托运人负责赔偿
   E. 海关或其他权力机关开箱检查，其费用和由此发生货损、货差，由托运人承担
   答案：DE
3. 杂货集装箱、通风集装箱、开顶集装箱、冷藏集装箱均可以适用于_____。
   A. 清洁货物　　B. 易碎货物　　C. 易腐货物　　D. 污秽货物
   E. 散货
   答案：AD
4. 集装箱运输作业过程中涉及_____活动。
   A. 集装箱交接　　　　　　B. 对集装箱箱体解体
   C. 使集装箱发生位移　　　D. 拼箱
   E. 拆箱
   答案：ACD
5. 集装箱适箱货有_____等。
   A. 针纺织品　　B. 中型机械　　C. 酒　　D. 仪器
   E. 新闻纸
   答案：ACD

三、简答题

1. 集装箱选用时应考虑的因素有哪些？
2. 如何推算集装箱的需求量？
3. 集装箱的配载与装载分别有什么要求？
4. 集装箱运输具有哪些显著的特点？
5. 集装箱运输货物交接方式有哪些？

【案例分析题】

题例

中远集团的集装箱运输与新亚欧大陆桥

随着中国北疆铁路与哈萨克斯坦上西铁路接轨，一条濒临东海连接我国主要港口，西出新疆阿拉山口，横穿亚欧大陆，终抵大西洋东岸西欧各港口的新亚欧大陆桥已全线贯通。这条新大陆桥的开通，对于形成亚欧非三大洲、太平洋、大西洋的物流新格局，促进我国中、西部地区的对外开放，加强我国远洋运输在国际集装箱运输中的地位，都具有重要的意义和作用。

一、中远集团的国际集装箱运输

作为中国最大的航运企业集团，中远集团在发展远洋航运事业方面紧跟世界科学技术前进的步伐，从船舶运输、国际物流、信息处理等方面，均运用了世界最先进的技术。目前，中远集团拥有各类大型运输船舶579艘1 662万载重吨，航行于世界150多个国家和地区的1 100多个港口，其中集装箱运输船队数量居世界各航运公司第二位，共拥有船舶156艘，总箱位17.4万标准箱。1995年完成集装箱运量307万余标准箱。中远集团是以中国远洋运输（集团）总公司为

核心,由中远集装箱运输总部、中远散货运输总公司、中远国际货运总公司、中国外轮代理总公司、中国船舶燃料供应总公司等大型企业组成,是以国际航运为中心,集多种业务为一体,跨国家、跨地区、跨行业经营的大型企业集团。

国际集装箱运输是中远集团的龙头产业之一。1994年以来陆续投入了技术先进的3 500~3 800标准箱全集装箱船13艘,服务航速比原有集装箱船提高近30%,可缩短交货期,提高了服务质量,降低了运输成本,使中远集团在世界三大航线的集装箱船的单船载箱量有了很大的提高。

中远集团于1994年年底又相继订造了世界最大的5 250标准箱超巴拿马型集装箱船6艘,这批船将于1996年下半年陆续投入营运,将大大提高中远集团运输国际集装箱的能力。

在大陆桥的利用方面,中远集团作为跨国运输公司,除已充分利用北美大陆桥实现国际集装箱运输的多式联运以外,在国内已通过全国八个最大的口岸站——天津、大连、广州、上海、青岛、满洲里、二连浩特、深圳等接运国际集装箱。为了促进新亚欧大陆桥集装箱运输的沟通,已试运过天津港经二连浩特至蒙古以及从阿拉山口出境的陆桥集装箱运输,收到了一定的效果。

二、国外大陆桥运输

大陆桥一般指利用贯穿大陆的多种运输方式作为连接海洋与大陆或大陆与海洋之间的"桥梁",构成国际间联合运输。目前世界上主要的大陆桥运输线路有两条:

1. 贯穿北美东西海岸的北美大陆桥

在跨越4 500多千米的美、加东西部有数条铁路线从太平洋岸到大西洋岸。美国柏灵屯铁路公司,每日从西雅图港开出八列双层列车,能连接美国其他铁路,妥善地回转集装箱,年运量达30余万标准箱。铁路公司可以帮助组织回头货源,整个大陆桥运输快捷,跨越美国西东两岸,从西雅图到纽约或孟菲斯运行时间仅100小时,从西雅图至芝加哥为62小时。北美另一家铁路公司,加拿大太平洋铁路公司也经营北美陆桥运输,经营铁路线里程达11 850千米,采用双层平板车运输进出口集装箱。服务的线路有温哥华—多伦多、蒙特利尔,温哥华—芝加哥等。列车运行时间分别为110小时和70小时,年运量达20余万标准箱。

中远集团已开辟中国—长滩、奥克兰,中国—西雅图、温哥华,以及中国美东航线,均为每周一班,采用大型集装箱干线班轮,3 500标准箱大型集装箱船已投入营运,世界最大的5 250标准箱集装箱船在年内也将投入该航线营运,年运量达数十万标准箱。其运输货物大多为运往北美内陆的消费品,并利用北美六桥进行转运,开展门到门的国际集装箱多式联运。

2. 沟通俄罗斯远东地区与欧洲地区间,跨越西伯利亚的欧亚大陆桥

该大陆桥是由日本和苏联两个国家发起开辟的。它发挥了地理的优势,加快了船舶和货车等运输工具的周转,大大提高了运输效率,得到稳步的发展,深受各国客户和转运公司欢迎。该大陆桥运输始于1967年,由于管理上的原因,1967年至1970年只运输了511个标准箱。1970年9月,日苏双方就组织日本与西欧间西伯利亚大陆桥运输,正式谈判达成协议。1971年3月30日开始营运,1972年得到了较快发展,当年又开辟了西欧与中国香港之间的西伯利亚大陆桥运输。1975年2月,从俄罗斯东部的纳霍德卡港至马尼拉的大陆桥运输也开始运营。

尽管西伯利亚大陆桥的运量在波动,但获利甚巨。根据有关资料可知:由日本各港至纳霍德卡港至西伯利亚大陆桥到布列斯特路径,年运7万箱可收入1.3亿美元,是一项创汇相当可观的运输收入。所以,俄罗斯目前正在采用一系列措施,发展西伯利亚大陆桥运输。据有关人士分析,到2000年,预计年过境运量可达30万标准箱。

西伯利亚大陆桥以日本至欧洲/中近东(伊朗、阿富汗)的集装箱运输为主。俄罗斯为了开办过境集装箱运输业务,成立了全俄过境运输总公司。全俄过境运输总公司作为总的组织者,安排日本各港到欧洲各收、交货点的运输。远东和欧洲的有关运输业者,则从事这一大陆桥的订舱

业务，并在两端开展转运服务，使之成为一种联运。日本各港至俄罗斯东部港口之间的运输，由日俄双方共同派船承担。西面铁路运输由 INTETCONTAINET 公司承担。公路运输由俄罗斯和波兰共同派汽车承担。全程运输天数合计约 35 天。

三、新亚欧大陆桥

为进一步扩大我国与东亚、中亚、西亚和欧洲的经济技术合作与交流，加快我国东、中、西部的经济发展，进一步寻求和开辟亚洲与欧洲之间的新大陆桥，已成为当今世界各国交通运输业和客商所共同注目的重大问题之一。其中最具有现实意义的是东起日照港、连云港、上海港，南连广州港、深圳港，经陇海线和兰新线横穿我国大陆，由新疆阿拉山口进入中亚地区，最终与黑海、地中海以及大西洋东岸的各港相衔接的新亚欧大陆桥。该大陆桥运输线的贯通，将进一步缩短亚欧之间的运输距离，运费将更低，时间将更短，以快速、安全的运输方式，来满足各国对过境集装箱运输的需要。特别是在俄罗斯西伯利亚铁路能力不足和东部港口冰冻期间，将对世界各国集装箱运输起可靠的保证作用。因此，新亚欧大陆桥的沟通，将对国际贸易和我国外贸事业的发展具有重大的意义。

据分析，新亚欧大陆桥目前处于一个非常有利的发展时期：

1. 经济一体化促进了集装箱运输市场容量的增长

世界经济全球一体化加速发展，使国际贸易的发展快于世界经济的增长；而世界贸易量的 90% 以上是通过港口和海运业来完成的。国际经济和贸易的发展使得件杂货的箱化率和箱货运输增长率也相应提高。箱货运量在整个海运贸易中的比重从 20 世纪 60 年代的 12%～14% 上升到目前的 23% 左右，从价值上讲，其比重则高达 80% 左右。

2. 国际集装箱多式联运业进入综合物流时代

随着跨国公司大规模向世界各地渗透，进行跨国生产、经营和销售，世界消费者的需求正变得越来越接近，从而将形成一个全球统一的贸易市场。另一方面，全球资源市场也趋向一体化。世界资源市场的集中性和产品市场的趋同性，朝着利于多式联运的方向发展，这就给世界运输业特别是远程多式联运产业带来了发展的机遇。国际多式联运的发展对其质量也提出了更高的要求。随着托运人对多式联运质量要求的提高，多式联运经营人要想在全球市场上生存与发展，就必须打破限制，将服务范围扩展到各种运输服务领域。集装箱船公司除了经营传统的海运业务以外，还必须介入陆上运输、内陆货运站、代理、仓储和流通领域，根据多式联运有关的广泛市场的动向以及需求者和托运者的各种需求来控制货物的运输过程，从而使国际多式联运产业进入了综合物流的新时代。面向 21 世纪，综合物流管理将成为推动世界集装箱多式联运业发展的最重要的力量。

中远集团为了推进新亚欧大陆桥的进程，在连云港成立了中远连云港远洋公司，并积极组织新亚欧大陆桥过境国际集装箱货物的试运。据统计，1994 年新亚欧大陆桥过境国际集装箱近 2 000 标准箱，载箱货物 14 000 余吨。

四、中远集团的集装箱运输与新亚欧大陆桥关系展望

通过对新亚欧大陆桥与我国国际集装箱运输的关系分析，对其前景展望如下：

1. 新亚欧大陆桥的特点

（1）大陆桥的两端桥头多。该大陆桥东端可同时由大连、天津、连云港、上海、广州、深圳等港口和车站上桥。路线多，可综合发挥各港站的中转换装作业能力与线路输送能力，机动灵活。西端桥头也多，主要有鹿特丹、汉堡、安特卫普、敖德萨、圣彼得堡等港口。

（2）吸引范围广。由于新亚欧大陆桥的腹地宽广，吸引范围大，预计将来的集装箱源是充足的。日本、韩国、东南亚各国以及大洋洲国家和中国香港、台湾等地区，均有可能利用它运输

集装箱货物，可形成过境的固定箱源。返程西欧、东欧、近东、中东至远东的货流也是非常充裕的。

(3) 沿陆桥两岸物资丰富。这座大陆桥在我国的骨干部分由陇海线和兰新线架起，途经各省区的资源蕴藏丰富，且亟待开发。它的沟通，对促进途经省区，特别是中原和西北省区的经济发展十分有利，故得到了这些省区的重视与支持。

(4) 地理位置适中，运距短。新亚欧大陆桥比西伯利亚大陆桥运距缩短了3 000千米，路径更便捷，运费更便宜。其竞争力更强。

(5) 自然条件优越，气候适宜。新亚欧大陆桥的东、南端桥头堡，均为不冻港，可全年不间断地作业。而西伯利亚大陆桥，一年中有三个多月的冰冻期，需破冰船协助作业，不仅成本高，且能力受限制。

2. 通过运量预估

如果各方面条件具备，每年运送7万～8万箱的运量是可能的，即每日对开列车。但据铁路部门估计，目前铁路全线虽已初通，但兰新线、陇海线的宝鸡—兰州段运能都已饱和，有待在线路上采用多种技术措施，如新修兰州—乌鲁木齐的石油管线和新修宝中线等分流措施。估计到2000年前后大陆桥才能发挥预期的作用。

3. 新亚欧大陆桥的贯通对我国经济发展也具有长远战略意义

它是我国中西部经济带形成的基础。根据国家总体战略部署，加速"大陆桥经济带"的开发，不断完善大陆桥的功能，是建设陆桥经济带的一项长期的共同的战略任务。从长远来说，将给国际集装箱海运带来深远影响，将进一步推进国际集装箱多式联运的发展和提高整个集装箱运输的经营效果。

4. 通过新亚欧大陆桥实现国际集装箱多式联运将给中远集团的集装箱运输带来挑战和机遇

首先，中远集团西欧航线的集装箱运输会受到一定的冲击。但在国际集装箱运输激烈竞争下，亦会促使中远集团的国际集装箱运输改善经营、降低成本，提高服务质量。其次，中远集团将抓住机遇，适应运输方式的变化，更快成为实力雄厚提供优质服务的国际多式联运的经营人和承运人，而进入"下海、登陆、上天"的综合物流时代。

分析提示：

1. 集装箱运输在大陆桥运输中扮演着什么角色？
2. 我国国际集装箱运输常有哪些线路？

学习情境 5

联合运输

【学习目标】

素质目标：联合运输的分类，联合运输的费用
知识目标：联合运输的概念与内容，联合运输的基本特征与优势
技能目标：联运作业组织的货源组织环节、配积载环节、理货环节、库场管理环节、验收环节、交接环节
拓展目标：联运运单的概念、组成与填写要求

【引例】

引例文章

中欧拟建新欧亚能源大通道

一条新的横跨欧亚的洲际铁路正在北欧四国（瑞典、丹麦、挪威、芬兰）、俄罗斯和中国之间酝酿，且成功建设的可能性很大。

2010年5月9日，在上海世博会瑞典馆的相关庆祝活动期间，瑞典企业、能源和交通部国务秘书（副部长）雷夫·泽特伯格透露：一条横跨欧亚之间的资源、能源运输大通道正在酝酿当中，这将是一条从上海到斯堪的纳维亚半岛地区的一条洲际铁路，全长达到7 000千米，被命名为"北东走廊"，即从北欧通往东方的中国。

该项目将涉及中国、俄罗斯及北欧瑞典、丹麦、芬兰、挪威四国，各国运输及铁路部门负责人将于今年6月进行相关磋商，"主要是谋求政治上达成一致"，而今年9月将在莫斯科就具体的工程问题进行磋商。

雷夫·泽特伯格表示："北欧四国及俄罗斯正在和中国洽谈合作项目，并就北欧的矿产资源如何运往中国展开研究。"

该项目的酝酿获得了多方推动。"过去几年中，瑞典及欧洲国家的包括DHL在内的运输公司提出了修建该铁路大通道的愿望，希望在水路运输方式之外能在陆路运输上取得更大的市场份额。"雷夫·泽特伯格说。

而瑞典作为现任欧盟轮值主席国，也在积极推动该项目，"因为对于欧盟来说该计划一旦成功，铁路线也将延伸到波罗的海的南部达到欧洲中心地区，对欧洲整体经济有利。"

此外，雷夫·泽特伯格透露，因为这条铁路将向中国运输包括高品质的铁矿石在内的各种资源，这正是中国目前十分需要的，所以，"该项目在多个方面取得了中方认可"。

雷夫·泽特伯格对该项目的最终通过并建设充满信心。"全球运输市场在增加，环境友好和低成本的运输，其实没有反对的声音，目前该铁路线的行政手续问题和管理问题需要通过政治手段来解决"，而且，"利用电子文件传送技术以及统一海关检查方法将使该铁路大通道的全程运输时间从原有的15天，压缩到7天左右。"

分析提示

1. 修建"北东走廊"的必要性有哪些？
2. 如何使"北东走廊"的价值利用最大化？

【正文】

实训场景1：联合运输概述

知识点：联合运输

关键技能点：联合运输的概念、内容、基本特征、优势

思政：加强发展理念

实例任务1：认知联合运输的概念

联运经营人以一个单一的运输合同，一次交付费用，办理一次保险，通过两种及以上运输工具（包括不同归属的同一种运输工具），负责将货物从发货地运到收货地的货物运输过程，一般称为联合运输。

经营联合运输业务的运输企业，一般称为联运经营人。

联合运输（亦简称"联运"）是综合运输思想在运输组织领域的体现，是综合性的运输组织工作，这种综合组织是指在一个完整的货物运输过程中，不同运输企业、不同运输区段、不同运输方式和不同运输环节之间的衔接和协调组织。

实例任务2：了解联合运输的内容

联合运输内容主要包括以下四个方面：

（1）全程运输中使用两种或两种以上运输工具（方式）的运输衔接。

（2）全程运输中使用同一种运输工具两程或两程以上的运输衔接。

（3）全程运输中使用一种运输方式多家经营和多种运输方式联合经营的组织衔接。

（4）全程运输中所涉及的货物生产、供应、运输、销售企业的协作组织。

联合运输是一种新的运输组织形式，是在货物多次中转的运输过程中，在不同运输区段、不同运输方式的结合部（中转、换装地点）发挥纽带、贯通和衔接作用。联合运输的运输组织工作，除上述衔接性工作外，还包括把原来由货主自己（或委托代理人）订立的运输合同，办理货物交接和各种手续及运输服务事宜，改由联运企业或联运管理机构统一组织办理。在联合运输组织业务中，联合是核心，衔接与协作是关键。

联合运输包括运输协作和联运两个部分，联运的生产活动是在"线"上进行的，运输协作是在"点"上进行的。联运组织工作过程，实际上是各种运输方式合理分工和协作的过程。在选择全程运输的运输线路和选择各区段的运输方式过程中，不仅要考虑每一种运输方式的技术经济特性，更应充分考虑各种运输方式之间优势互补和由不同运输方式组成的运输路线的整体功能，把不同运输方式的不同企业结合成一个整体，以提供优质、方便、高效的全程运输服务。

实例任务3：熟悉联合运输的基本特征

（1）全程性。联合运输经营人或联运管理机构要负责从接受货物托运、各区段运输、各区段运输衔接，直到货物交付期间的全部运输及相关服务业务，并对运输全程负责。

（2）简便性。货主只要与联合运输经营人订立一份运输合同，办理一次托运，一次结算全程费用，通过一张运输单据就可以实现货物的全程运输。与传统的分段运输比较，货主需要办理的手续大为简化，节约了发货方的人力与时间，提高了社会综合经济效益。

（3）通用性。联合运输中所使用的商务活动的模式与规则，运输所依据的国际、国内法规，合同的性质作用，使用的单证文件等都必须具有通用性，使之能适应不同运输方式、不同企业及其衔接的工作需要。

（4）代理性。联合运输企业（联合运输经营人）与发货方订立全程运输合同，对全程运输负有责任，是通过分别与其他运输企业（一般称为实际承运人）订立分区段的运输合同（一般称为分运或分包合同），借助其他运输企业的力量完成各段的运输。它的全程运输组织工作的主要内容是：提供服务与组织衔接，与运输代理企业的业务内容相似。

（5）协同性。搞好联合运输依赖于生产、供应、运输、销售、金融、通信等部门及集、装、运、转、卸、疏等环节的紧密协作与配合。这种协同性不仅体现在运输组织和管理上协调一致，而且也体现在技术装备（港、站、库、场、集疏运系统）的相互配套，同步建设和协调发展。这种协同性是联合运输发展的必要条件。

实例任务4：了解联合运输的优势

（1）责任统一，手续简单。联合运输方式下运输事项由联合运输经营人负责办理，货主只需办理一次托运，订立一份运输合同，办理一次保险，就履行了全部责任。一旦发生货物丢失或损害等问题，由联合运输经营人解决。与单一运输方式的分段托运、多头负责相比，手续更简便，责任更明确。

（2）减少中间环节，提高运输质量。联合运输通常是以集装箱为运输单元实现门到门运输，运输途中虽可能有多次换装、通关，但无须拆箱、装箱、理货，只要保证集装箱外表状况良好、铅封完整即可免检放行，大大减少了中间环节，加快了运达速度。货损、货差、货物被盗的可能性也大大减少，保证货物安全、迅速、准确、及时地运抵目的地。

（3）降低运输成本，节约运杂费用。联合运输全程使用一份联运单据和单一运费，简化了制单和结算手续，节省了大量人力物力。联合运输由专业人员组织全程运输，从而有利于选择最佳的运输路线，使用合理的运输方式，选择合适的承运人，实现最佳的运输衔接与配合，从而最大程度降低运输费用。

实训场景2：联合运输的分类

知识点：联合运输的分类
关键技能点：联合运输的分类

实例任务：熟悉联合运输的分类

联合运输的分类见表3-15。

表 3-15 联合运输的分类

分类标准	分类形式	备注
按照联合运输的组织方法分		协作式的联合运输
		衔接式的联合运输
按照联合运输的地域分		国内联合运输
	国际联合运输	由多式联运经营人按照国际多式联运合同,以至少两种不同的运输方式,将货物从一国境内接管货物的地点运至另一国境内指定的交付货物地点的一种运输方式
按照运输方式在运输中的组合分	多式联运	多式联运如海陆联运、公铁联运、空铁联运、海空联运等
		多程联运
按照联运货物的种类分		大宗物资联运
		零担货物联运
		集装箱联运
铁水干线货物联运		按照《铁路和水路货物联运规则》办理的联运。把全国的铁路运输网和沿海、长江以及部分内河干线的水运网,组成一个全国性的铁、水联运网。联运的主要形式有:水—铁、水—铁—水、铁—水—铁
海江河联运		按照《水路货物运输规则》中《海江河联运》办理,它是水路运输部门内各航区间的联运,主要形式为:江—河、江—海、江—海—河等
干支线(包括支线之间)联运		主要形式有:铁—公、海—公、河—公、公—航空、水—航空,地方铁路—铁路,地方铁路—公路等
百杂货干线联运		按干线联运规则办理,组织定期海、江班轮与铁路联运,其特点是把生产、供应、运输、销售有机地结合起来,纳入"一条龙"运输活动。其主要形式为:海—铁,江—铁

实训场景 3:联合运输的费用

知识点:联合运输的费用
关键技能点:运费、杂费、服务费、中转费

实例任务 1:了解联合运输的费用

联合运输的费用包括运费、杂费、服务费、中转费。

(1) 运费。货物联运运费,包括铁路运费、水路运费、公路运费、航空运费和管道运费五个类别。货物在联运过程中,通过哪种运输工具运输,即按照国家或各省、市物价部门规定的运价计算运费。联运服务公司向货主核收的运输费用包括:

①发运地区(城市)内的短途运输运费(接取费)。
②由发运联运服务公司至到达联运服务公司之间的全程运费。
③到达地区(城市)内的短途运输运费(送达费)。

(2) 杂费,包括:

①装卸费:分铁路装卸费、水路装卸费和公路装卸费,各种运输工具有不同的费率规定。
②换装包干费:是联运货物在港站发生的运杂费用。换装包干费按不同货物、不同港站,分一次性计费和分段计费。
③货物港务费:进口和出口分别征收一次性港务费。
④货物保管费:分港口货物保管费、铁路车站货物保管费和中转货物在流转型库场保管费,

并有各自不同的计费规定。

(3) 服务费。服务费是指联运企业在集中办理运输业务时支付的劳务费用。一般采取定额包干的形式，按不同运输方式、不同的取送货方式，规定不同的费率。服务费的组成一般包括业务费和管理费。业务费是指用于铁路、水路和公路各个流转环节所发生的劳务费用。管理费是指从事联运业务的人员工资、固定资产折旧和行政管理费等方面的支出。

(4) 中转费。中转费主要包括装卸费、仓储费、接驳费（或市内汽车短途转运费）和包装整理费等。其计算分实付实收和定额包干两种方式。实付实收货物在中转过程中发生各项运杂费用，采用实报实销的办法。这种方法除了收取固定的中转服务费，其他费用均属代收代付性质。定额包干是在货物中转过程中发生的各项运杂费，采用定额包干的方法。这种办法除按一种费率包干外，还有按运输方式包干、按费用项目包干、按地区范围包干之分。

联合运输费用的核收通常采用三种方式，即发付、到付和分付。

实训场景 4：联运作业组织

知识点：联运作业组织
关键技能点：货源组织环节、配积载环节、理货环节、库场管理环节、验收环节、交接环节

实例任务 1：掌握货源组织环节

由于不同的经济地理构成不同的经济区域，在不同的经济区域里，工农业生产和人民生活所需的原料和物资，总是按经济渠道构成货源，形成货流。货流是通过运输来完成的。货物的流量、流向是受生产布局、生产季节、价格以及供求关系的变化而变化的。研究货流的形成、掌握货流的变化规律，是办理联合运输业务的基础工作。联合运输企业是各种货流的组织者，必须掌握和研究货流变化的动态，以便根据社会的需要提供运输服务。

1. 货源组织的任务

(1) 组织货物按期发运。联合运输的计划性很强，在一定时期内根据货源的流量和流向配置相应的工具，组织换装和接力运输，不仅要求工具和货物相适应，而且要求工具和换装相协调。货源组织工作必须力求做到组织的货物能按期发运。

(2) 组织货物均衡发运。均衡发运总是相对的，而不均衡是绝对的：进得多，出得少；去得多，来得少；淡季少，旺季多；单程多，双程少。组织联合运输就是力求做到均衡发运，消除或减少不平衡因素，货源组织工作要掌握大量的第一手资料，及时地根据需要编制和调整货物的联合运输方案。

(3) 组织货物合理运输。合理运输要根据工农业生产配置、原材料供应、成品销售等情况，测出合理运输线路，根据有关的运输政策和物资运输的轻重缓急制定合理的流向运输图。联合运输货物要选择经济渠道，综合利用各种运输方式和运输工具，要选择最优路径，不仅是距离短、中转环节少，而且费用省、速度快、质量好。

2. 货源组织的方法

货源组织工作必须坚持贯彻国家的运输政策，坚持调查研究，坚持综合利用各种运输方式，充分利用各种运输工具。组织货物实行联合运输，要配备有一定水平的业务人员，负责货源组织工作。

(1) 搜集和掌握货源信息。要全面了解主要物资单位的产、供、销情况，掌握物资单位的原料和产品的进出数据。不仅要时时关心全国和地区的经济动态，而且要搜集有关货主的各种情报，并将这些动态资料和业务情报分类分户归档，以备查用。

（2）运用广告，宣传招揽货主，推销联合运输业务，组织货源，与货主签订常年联运、季节性联合运输或一次性联合运输协议，有条件的可签订联合运输承包合同。

（3）检查分析联合运输货物的兑现率，发现货源变化，要积极采取补救措施，要适时调整联合运输方案。要及时解决货物联合运输中的问题，不断提出巩固和扩大货源的措施，改进货源组织工作。

（4）经常走访货主，定期联系货主，与货主研究如何合作。要通过经常性的调查，对货主的联系人、联系方式、营业额、货物运量、流向、货主要求的运输方式、运费的结算方式的变化情况做出相应的反应。

实例任务 2：掌握配积载环节

货物的配积载是联合运输工作的重要环节。做好配积载工作，能使货物和运输工具密切衔接，提高效率，减少费用，保证货物安全。配积载是一项带有技术性的管理工作，要掌握运输程序，了解货物调运方法，熟悉货物运输的规章制度，掌握车船性能，熟悉车船载重的配载标准和车船容积的计算方法；要掌握货物性质，熟悉货物体积的计算方法和拼配要求。

1. 配积载的要求

（1）掌握发运程序，区别轻重缓急。要做到先急后缓，先重点后一般，先计划内后计划外，先远后近，先进先出、后进后出。

（2）掌握拼配范围，确保货物安全。拼配时要注意：危险品货物和普通货物不能随便拼配；发散气味的货物、易溶化的货物和普通货物不得拼配；贵重货物与一般货物不得拼配；易碎易染、流汁货物原则上不得与其他货物拼配，只有采取了隔离措施，确保货物安全时才能拼配。严格遵守收、发货人共同确认的拼配范围（如同一城市不同到站，同一到站不同收货人等），不得任意改变。

（3）掌握轻重配载原则，提高车船容积利用率。要做到车船容满，必须严格防止实重货物的单独配积载（实重货物是指每立方米超过 500 千克的货物）。

（4）掌握等级起票，节约运输费用。重点是在配积载零担、整车货时，要注意掌握运价等级（零担整车是以其中拼配货物最高的运价等级计费）。

2. 配积载的形式

（1）见单配积载，即在货物提交联合运输时，先集中托运单据，后集中货物。也就是在见到托运单据时先对货物进行配积载计划，待确定装车装船期限时，再将货物送到车站码头。见单配积载工作比较主动，一般不占用流转性的仓库，车站、码头货位的利用率高，但遇到大量货物发运时，短途运输压力大。

（2）见货配积载，即把需要联运的货物先集中到流转性的仓库或车站、码头货位上，再根据货物的流量、流向进行配积载。见货配积载可方便货主，减少货主负担，装车装船的时间有保证，短途运输压力小，但在运输不畅时，容易造成仓库堵塞。

3. 配积载的方法

（1）内河船舶配积载方法。根据重量和容积，按配积载的要求，区别船型、载重吨位，结合航道深浅、船舶吃水，统舱配载。配积载容积要考虑船型大小、装卸工人的操作技术。

（2）铁路整车配积载方法。由于整车运费重量按车辆标重计费，所以配积载重点应放在容积计算，准确估算货物体积方面。在计算时，除了根据货位估计，还要结合单证计算，更要按照包装形式折算。

4. 配积载的程序

（1）接单。提交联合运输的货物的托运单集中登记到账后，交给配载员进行配积载。

（2）理单。复核托运单的地区、品名、件数、签证及单据联数，对每份单据核对重量、体积,相符后按到站、到港归类。

(3) 制单。根据铁路、水路、公路的零担、整车、货物等级,不同的到站、到港,不同收货单位,填制联合运输货物运单。

(4) 编制配载单。配载单要按船、按车抄制清单,份数必须满足存查、计算费用、随货同行、中转等多种需要。

(5) 拆单。配积载完成后,必须按各份清单的用途分别拆开,交各承运方交接时使用。

货源组织和配积载工作是紧密相连的,只有做好货源组织工作,才能保质保量地做好配积载工作。要做到统筹兼顾,合理安排。

实例任务 3:熟悉理货环节

货物在联合运输过程中,都离不开理货工作。对理货工作总的要求,是保证货物质量,使货物在联合运输的过程中如期、如质、如量,准确地运到目的地,交给收货人。理货是一项艰苦细致的工作,理货工作的好坏,直接关系到联合运输质量和企业的信誉。要搞好理货工作,必须要有高度的责任感和一定的业务能力,要坚持专业理货。理货人员必须掌握联合运输的基本知识,熟悉货物的性质(物理性质和化学性质),了解联合运输货物的业务流程和车船的性能,执行联合运输的规章制度,做好联合运输货物的验收、保管、到达、交付和联合运输单证的管理。

1. 库场理货

库场包括库房、货棚与货场。库场是进出口货物分理交付的场所,必须把好联合运输货物的验收关和交付关。库场是组织车船衔接、换装的重要环节,必须保证货物进出库场不错、不乱、不损、不差。库场理货要做好以下几项工作:

(1) 合理安排货位。货位安排要有利于提高库场的利用率和有利于货物进出作业。一张运单的货物应安排在一个货位或相邻的货位;对有互抵性的货物应按货物的性质分别堆放;要充分利用库容,要做好货物进出库计划。

(2) 货物堆码要根据货物的包装、性质、库场条件等具体情况确定;要按单堆码,分隔清楚;堆码要做到标志向外、箭头向上、包口向里;重货不压轻货,木箱不压纸箱;堆码要整齐、牢固,便于点数;残损货物要剔出,另行堆放。允许露天堆放的货物,下面要垫花格板,上面盖油布;要定时检查货物的完好状况。

(3) 要把好货物检验关、交付关,严格执行"三查""三对""三交""三不转"。"三查"是指查包装、查标志、查单货相符。"三对"是指验收、交付核对货票,装前卸后核对货票,堆放保管核对货票。"三交"是指交件数、交质量、交注意事项。"三不转"是指破来不破转(整理后再转),错来不错转(查清后再转),混来不混转(清理后再转)。

(4) 货物配积载后,交付应坚持按积载顺序发货,做到一票一清。退装货物,原则上不能退装一票货物的"部分"。如确有原因须退装一部分时,应查清退装货物的运单,将运单抽出,同时在交接清单内划去,编制退装记录随货同行,并详细填写报告。补运时,要填写补运货票。

(5) 交付完毕,要认真检查货位、通道,发现掉件、漏件,要争取随原批带走。如确有困难,要立即编制记录,报业务部门并通知到达地。补运时,要填写补运货票。

(6) 建立台账,编制记录,妥善保管好货运单据、票证。

(7) 无法交付的货物必须标明进库日期,单独堆放。

(8) 经常检查库场的技术状况,保持库场清洁,做好防火、防盗、防雨、防湿、防破坏工作。

2. 现场理货

(1) 掌握车船动态,货位情况和货物性质,协同商定积载图表,加强联系,掌握作业进度。

(2) 指导装卸班组按积载顺序作业,指导装卸班组按大票分隔(整批货物)、小票集中(零星货物）进行作业。要求一票一清、堆码整齐，残损的货物要剔出整理，作业完毕要检查道路、库场、车船有无掉件及漏装漏卸的货物。如有该情况，要及时检归原批。

（3）负责组织好现场作业，办理货运票据交接手续，及时解决现装现卸中的问题。

（4）坚持在现场交清件数，分清标志，检查包装有无异状。

（5）计划配装货物，应尽量做到不退装；如退装，须与有关方面协商同意。同一张运单的货物原则上不能退装其中部分货物。如需要部分退装货物时，应在交接清单内注明退装件数、重量，并编制内部记录，随货同行。

（6）办好交接手续，检查装卸质量，正确编制记录。

实例任务4：熟悉库场管理环节

库场的一切生产活动都应该为货物的联合运输服务。必须根据库场管理中经常出现的问题，建立一套行之有效的管理制度，缩短货物在库场的平均堆存天数，提高库场的利用率，增加库场的通过能力，扩大联合运输服务范围。为解决个别货物被遗忘未及时转出、已配载的货物被围在死角不能交付、单货不符或单单不符，以及货物错发、漏发、搬运中掉件未及时收归原批等问题，应对库场进行严格管理。

库场管理的具体要求：

（1）认真把好验收关。交付关验收货物时，要按运单检查货名、包装、标志，点清件数，做好抽称检斤工作，剔出残损货物，安排货位，按票堆码，防止货物混货、混票。发货时，要按运单核对车次（船次）、日期、货名标志、件数、流向、收货人。

（2）合理安排货位。货位安排要求做到运距短，便于出货，充分利用库场的堆存能力。

（3）要建立健全台账。货物进出要建立台账，货与账要每天进行清理核对，查明库存时间，做好催提、催配工作，防止货物在库积压。

（4）管理好联合运输票据。要做到账、货、票相符，配载后的货物要做到票货相符、票货同行。

（5）库场堆码，要按整批和零星货物的流向分货位堆放。小票货物集中堆码，不能插花，不能混堆，要能点清总件数，又能点清每票货的件数。对于流汁品、易碎品、污秽品及有互抵性的货物必须分别堆码。

（6）货物的分理、整修。混堆货物必须按票分理核对无误后，才能交付。货物包装破损应修补包装，标志脱落应添补上标志才能交付。发现货物异状应立即报告并及时处理，发生事故应及时编制记录。

（7）根据库场条件，在保证货物安全，便于货物进出的情况下，留出通道、垛距、灯距、高压线距、消火栓距、路距；要配备足够的消防设备，保持库场整洁，做好安全保卫工作。

实例任务5：掌握验收环节

验收联合运输货物的目的是与货主分清责任，和承运部门办理交接。联合运输的货物来自各方，运输方式、运输路径、货物性能、运输标志、包装、品种规格、单据式样均不相同，因此一定要仔细核对，才能做到准确无误。验收方法可采取"三核对"和"全核对"的方法。

"三核对"方法是指核对货物的件数、核对收货单位的标记、核对货物票签上的品名、规格、件数。

为避免规格和等级上的差错，对有些货物可采取"全核对"的验收方法。"全核对"的方法就是在进行"三核对"的同时核对所有项目，目的是保证单货相符，准确无误。

验收工作必须根据运输方式的不同要求，做好准备工作，保证现场作业顺利进行。准备工作一般包括安排好收货库场的货位；准备好垫盖物料（垫舱板或垫木和篷布）；预备好有关用具

（收货回单图章、日期戳、存放单据盒、粉笔、黑板、拦垛用具、包装加固材料和备用票签等）。

货物验收是交接双方划分责任的界限。要在运输过程中做到完好无损，必须对联合运输货物实行数量、质量、包装三方面的验收。

（1）数量验收。由于车站、港口库场条件不同，情况复杂多变，应采取灵活机动的方法，完成货物验收工作。但必须在收货的当时与货主办妥件数的交接手续，切勿先签收待货主离开后再点数，或采取不点数而以单数顶替件数的"信用交接"的办法。

验收的方法一般有"先点后卸""先卸后点""边卸边点"等方法。

①先点后卸，即先验收后卸货，是指理货员接到随货同行的清单，在车、船边点数验收清单所列货物，在确认地点、件数、票签与清单无误后，直接将货物卸放到指定库场的货位上。这种方法适用于单一大宗货物或一车（船）件数不多的联合运输货物。

②先卸后点，即先卸货后验收，是指将货物卸入指定库场的货位，分品种、规格、收货单位归好类并将标志朝外后，理货员按清单所列项目验收。这种方法适用于小吨位车（船）、运送数量不多的联合运输货物。

③边卸边点，即边卸货边验收，是指理货员站在车、船旁边或货位旁边，卸一件货物验收一件货物。边卸货边验收时可以通过听声响、看异状发现问题，分清责任。这种方法适用于货物标记没有刷在包装两端的货物和体积大、分量重的货物。

数量验收还包括验收细数及散装、畸形货物的验收。

①细数是指货物包装内部的数量（一般是指货物的价格计算单位），如："双""条""只""支""瓶""个""根""副"等的数量。在运输交接上，除贵重物品、个人搬家货物、个人家具等在申明清单和申明价值得到认可时方需验收细数之外，一般都按件为记数单位，不验收细数。

②验收散装货物是对无包装的货物而言。论斤计量的货物要测量其重量后验收。联合运输货物一般按大件进行交接验收，必要时可进行抽称检斤。

③畸形货物是指不规则箱装货物，如机器设备或单个的零部件。

（2）质量验收。为便于划清责任，防止货物在运输过程中发生损失或扩大损失，必须在验收货物时注意质量验收。由于验收时间和库场条件限制，一般采用"看""闻""听""摇""拍""摸"等感官检验方法，但检查范围也只局限于货物包装的外表。

①容器盛装液体货物，在包装外表染有污渍（包括干渍、油渍和湿渍等），不论内容是否破损，都要调换包装或拆箱检查，弄清破损情况，并采取相应措施。必要时还要做好记录，判明责任。

②玻璃制作的货物，验收时需件件摇动或倾倒细听声响。如不属流汁的易碎货物应在卸车卸船堆码时将货物翻身晃动，倾听有无破碎声响。发现有破碎声响，应当场拆箱检查破碎细数和程度，做好记录，明确责任。

③验收日用化妆品类货物除了听声响外，还要在箱子封口处闻一下气味是否正常，如果闻到刺鼻异味，可开箱检查内部有无破碎、渗漏、外溢，并采取补救措施，做好记录，以防扩大损失。

④怕潮湿货物，要检查外包装表面有无水渍。对有些不易发现的干渍，如布匹、针纺织品，可以用手在包装布上轻轻拍打，细听内衬纸的回响，如回响是清脆声音，则说明没有受潮湿，如回响是扑扑的酥脆声则说明受过潮湿；还可通过摸的感觉判明是否受潮。确认受潮时，应在验收交接时做好记录，分清责任。

⑤注意检查有有效期的货物和有运输期限的货物。办理联合运输的货物是发往全国各地的，由于各地季节气候变化较大，供需要求不同，有有效期的货物和季节性供应的货物一定要按出厂时间和发送时间上的规定组织发运，防止货物的失效和延误供应时令。

(3) 包装验收。验收货物包装是为了保证货物在运输过程中的安全。商品包装是为了保护商品本身不受损坏，在正常的保管、装卸、运输中，经得起颠簸挤压、摩擦、污染等的影响。包装验收应根据有关规定进行验收。

①木箱（包括纤维板箱，木格箱）：箱板不腐朽、不断折、不损坏裂开，腰箍不脱落，箱板表层没有潮湿或潮湿的干渍。

②纸箱：封条不破裂，箱盖（底）牢固，纸箱内包装或内货不外露，捆扎不松散，腰箍不脱落，纸箱未受过潮湿或潮湿的干渍。

③布包、麻包：包头布缝线紧密，搭头处不外露，包头布不破，捆扎牢固，绳子不缺道（无明显的压痕或无缺"支""股"），包皮布未受过潮湿或潮湿的干渍，无霉花斑点。

④竹篓、柳条箱：竹条、柳条不霉烂、不发脆，无虫蛀，经得起压，受得住挤，箱盖关闭牢固，内货无外露、外漏，捆孔紧密。

⑤草包：稻草无霉烂、不生虫、不发脆，捆扎牢固，内货不外露。

实例任务6：掌握交接环节

1. 作业流程

联运货物送到流转性仓库时，其作业流程一般如下：

（1）理货员"接单"，审验单据是否有效、单据联次是否缺页、字迹是否清楚、内容是否正确。

（2）按指定货位进行卸货并进行数量、质量、包装的验收。

（3）在核对单货相符的基础上签发回单，盖验收章，盖日期戳。使用分运单时，除分批验收签发回单外，还要在收齐后签发总回单。

（4）在堆码齐垛后，按垛头标明总件数，在收货间隙要勤结单、勤轧垛，确保单货相符。

（5）办理交接手续，填写货物验收日报。

2. 交接事项

在验收过程中，为了做到单货相符，防止差错，应认真办理交接手续，以便分清责任。办理交接时应注意下列事项：

（1）交接时，必须是在票、货、标签三相符的情况下，实行面对面交接，杜绝"信用交接""白条交付""以件代件"。

（2）坚持一票一清，一票货物交接一次。特殊情况下一票货物分批交接时，必须在有关单证上逐项批注清楚。双方交接必须由交接双方共同签证。

（3）交接时发现标志脱落或模糊不清的货物，必须查明确定无误后再行交付，防止错交错收。

（4）货物交接必须认真做好交接记录，交接责任划分应遵循交前交方负责，接后接方负责的原则。

（5）发生短少、差错、破损、包装改变等商务事故时，应在交接时根据事故性质编制内部记录、普通记录、货运记录，并且由责任方在规定期限内实行理赔。

实训场景5：联运运单

知识点：联运运单

关键技能点：联运运单的概念、组成与填写要求

实例任务：掌握联运运单的知识

联运运单的概念：

货物联运运单是参加货物联运的运输方、发货人、收货人之间缔结的运输合同，格式见表 3-16。它体现了参加联运的组织和发货人、收货人之间在货物运送上的权利、义务、责任和豁免，对运输方和发货人、收货人都具有法律效力。

表 3-16　货物联运运单

中铁集装箱运输有限责任公司							
货物制定于　月　日搬入		**集装箱货物运单**				承运人/托运人装车	
货位：							
运到期限　日		托运人→发站→到站→收货人				货票号码：	
发站		到站(局)		车种车号		货车标重	
到站所属省(市)自治区						国内运输□	海铁联运□
发货地点		交货地点		运输方式	班列运输□	
托运人	名称		电话			站到站□	站到门□
	地址		邮编	E-mail			
收货人	名称		电话			门到站□	门到门□
	地址		邮编	E-mail			
货物品名	集装箱箱型	集装箱箱类	集装箱数量	集装箱号码	施封号码	托运人确定重量(千克)	承运人确定重量(千克)	运输费用
合计							
托运人记载事项：		添附文件：		货物价格：		承运人记载事项：	
注：本运单不作为收款凭证　"托运人、收货人"须知见背面		托运人盖章签字		承运日期戳		交付日期戳	
				年　月　日			

货物联运运单由下列各张组成：①运单正本；②运行报单；③运单副本；④货物交付单；⑤货物到达通知单。此外，还有一定份数的补充运行报单。

联运运单发货人填写的各栏说明如下：

第 1 栏，发货人及其通信地址。填写发货人的名称及其通信地址。发货人只能是一个自然人或法人。

第 2 栏，合同号码。填写出口单位和进口单位签订的供货合同号码。

第 3 栏，发站。填写运价规程中所载发站全称。

第 4 栏，发货人的特别声明。发货人可在该栏中填写自己的声明，例如关于对运单的修改及易腐货物的运送条件等。

第 5 栏，收货人及其通信地址。注明收货人的名称及其通信地址，收货人只能是一个自然人或法人。

第 6 栏，对铁路无约束效力的记载。发货人可以对该批货物做出记载，该项记载仅作为对收货人的通知，铁路不承担任何义务和责任。

第 7 栏，通过的国境站。注明货物应通过的发送路和过境路的出口国境站。如有可能从一个出口国境站通过邻国的几个进口国境站办理货物运送，则还应注明运送所要通过的进口国境站。根据发货人注明的通过国境站确定过境路线。

第 8 栏，到达路和到站。

第 9 栏，记号、标记、号码。填写每件货物上的记号、标记和号码。货物如装在集装箱内，则还要填写集装箱号码。

第 10 栏，包装种类。填写包装的具体种类，如纸箱、木桶等，不能笼统地填"箱""桶"，如用集装箱运输，则记载集装箱。

第 11 栏，货物名称。货物名称应按国际货协规定填写；两国间的货物运送，可按两国商定的直通运价规程品名表中的名称填写。在"货物名称"字样下面专设的栏内填写通用货物品名表规定的六位数字代码。填写全部事项时，如篇幅不足，则应添附补充清单。

第 12 栏，件数，注明一批货物的件数。用敞车类货车运送不盖篷布或盖有篷布而未加封的货物，其总件数超过 100 件时，或运送仅按重量不按件数计的小型无包装制品时，注明"堆装"，不注件数。

第 13 栏，发货人确定的重量（千克）。注明货物的总重量。

第 14 栏，共计件数（大写）。用大写数字填写第 12 栏中所记载的件数。

第 15 栏，共计重量（大写）。用大写数字填写第 13 栏中所载的总重量。

第 16 栏，发货人签字。发货人应签字证明列入运单中的所有事项正确无误。发货人的签字也可用印刷的方法或加盖戳记处理。

第 17 栏，互换托盘。该栏内的记载事项仅与互换托盘有关。注明托盘互换办法，并分别注明平式托盘和箱式托盘的数量。

第 18 栏，种类、类型。在发送集装箱货物时，应注明集装箱的种类和类型。

第 19 栏，所属者及号码。运送集装箱时，应注明集装箱所属记号和号码。

第 20 栏，发货人负担下列过境铁路的费用。如发货人负担过境铁路运送费用，填写所负担过境铁路名称的简称。如发货人不负担任何一个过境铁路的运送费用，填写"无"字。

第 21 栏，办理种别。办理种别分为：整车、零担、大吨位集装箱，并将不需要者划消。

第 22 栏，由何方装车。发货人应在运单该栏内注明由谁装车，将不需要者划消。

第 23 栏，发货人添附的文件。注明发货人在运单上添附的所有文件的名称和份数。

第 24 栏，货物的声明价格。用大写注明以瑞士法郎表示的货物价格。

第 25~30 栏的一般说明。用于记载使用车辆的事项，只有在运送整车货物时填写。至于各栏是由发货人填写还是由铁路车站填写，则视由何方装车而定。

第 31 栏，铅封个数和记号。填写车辆或集装箱上施加的封印个数和所有记号。至于铅封的个数和记号，视由何方施封而由发货人或铁路车站填写。

第 32 栏，确定重量方法。注明确定重量的方法，例如，"用轨道衡""按标准重量""按货件上标记重量"等。由发货人确定货物重量时，发货人应在该栏注明确定重量的方法。

【小结】

联合运输的概念与内容，联合运输的基本特征与优势，联合运输的分类，联合运输的费用。

联运作业组织：货源组织环节、配积载环节、理货环节、库场管理环节、验收环节、交接环节。

联运运单的概念、组成与填写要求。

【主要概念】

联合运输　联运经营人　联合运输的内容　联合运输的基本特征　联合运输的优势　联合运输的分类　联合运输的费用　联运作业组织　货源组织　货物的配积载　配积载的形式　见单配积载　见货配积载　配积载的方法　配积载的程序　库场理货　现场理货　库场管理　验收　交接环节　联运运单

【技能训练题】

一、单选题

1. 联运经营人以一个单一的运输合同，一次交付费用，办理一次保险，通过_____运输工具（包括不同归属的同一种运输工具），负责将货物从发货地运到收货地的货物运输过程。
   A. 一种　　　　　B. 两种　　　　　C. 三种　　　　　D. 两种及以上
   答案：D

2. 联合运输按照_____标准分为协作式与衔接式的联合运输。
   A. 联合运输的组织方法　　　　　B. 联合运输的地域
   C. 运输方式在运输中的组合　　　D. 联运货物的种类
   答案：A

3. 货物联运运费，包括_____个类别。
   A. 2　　　　　　B. 3　　　　　　C. 4　　　　　　D. 5
   答案：D

4. _____配积载工作比较主动，一般不占用流转性的仓库，车站、码头货位的利用率高，但遇到大量货物发运时，短途运输压力大。
   A. 见货　　　　　B. 见船　　　　　C. 见单　　　　　D. 见客户
   答案：C

5. 验收的方法一般不包括_____方法。
   A. 信用交接　　　B. 边卸边点　　　C. 先卸后点
   D. 先点后卸
   答案：A

二、多选题

1. 联合运输的综合组织是指在一个完整的货物运输过程中，不同运输_____之间的衔接和协调组织。
   A. 行业　　　　　B. 区段　　　　　C. 方式　　　　　D. 环节
   E. 企业
   答案：BCDE

2. 联合运输具有_____基本特征。
   A. 通用性　　　　B. 区段性　　　　C. 复杂性　　　　D. 代理性
   E. 协同性
   答案：ADE

3. 联合运输的费用包括_____。
   A. 中转费　　　　B. 服务费　　　　C. 杂费　　　　　D. 运费
   E. 燃油附加费

答案：ABCD

4. 联合运输费用的核收通常采用_____方式。
   A. 预付　　　　　B. 发付　　　　　C. 到付　　　　　D. 第三方付
   E. 分付
   答案：BCE

5. 配积载程序的正确顺序是_____。
   （1）接单　　（2）理单　　（3）制单　　（4）编制配载单
   （5）拆单
   A. 13425　　　　　B. 13245　　　　　C. 12345　　　　　D. 12435
   E. 13425
   答案：C

三、简答题

1. 简述联合运输的内容。
2. 联合运输的费用有哪些？
3. 联运作业货物的配积载有什么要求？
4. 库场理货要做好哪几项工作？
5. 质量验收和包装验收分别要注意什么？

【案例分析题】

7条国际铁路通道　5条国际铁海联运通道

自2019年《西部陆海新通道总体规划》印发实施以来，在四川、重庆、广西等西部省区市的通力合作下，新通道展现出强大的动力和十足的活力。

数据显示，从北部湾港往返西部省区市的海铁联运班列，开行量已从最初的178列增长到2020年的4 607列，增长近25倍。截至7月25日，今年班列到发3 294列，同比增长63%。班列辐射区域由2017年的4省4市10站拓展为10省36市71站。

9月23日至24日，2021年泛珠三角区域合作行政首长联席会议将在成都召开，与会嘉宾将就高水平共建西部陆海新通道、深化陆海双向开放等议题进行深入探讨。"作为会议举办地，近年来，成都市坚持发挥陆海新通道的基础性、战略性和先导性作用，以'陆海统筹、双向互济'为统领，推动西部陆海新通道高质量发展，已取得积极进展。"成都市发改委相关负责人说。

通道：互联互通
成都加快推进重要铁路建设、织密南向高速公路网络

记者了解到，为构建枢纽支撑、运转高效、衔接顺畅的陆海互联互通通道，近年来，成都加快推进重要铁路建设、织密南向高速公路网络，同时在航空枢纽建设、拓展国际班列通道能级等方面发力。

加快推进重要铁路建设，除推动成自宜高铁建设外，成都还启动了成渝铁路成都至隆昌段扩容改造方案研究，加快推动成都与北部湾地区物流承载能力，通道能级显著提升。

加快织密南向高速公路网络，成都交投积极参与G7611线四川西昌至云南香格里拉高速公路建设。该项目建成后，将实现成都至川滇界泸沽湖至云南迪庆州、大理州、德宏州全程高速化，全面提升成都至缅甸陆上通道运载能力和效率。"当前，成都还加快推进成都南向泛珠区域大通道天眉乐成都段项目相关工作。"成都市发改委相关负责人介绍。

今年，随着天府国际机场正式投运，成都"一城双场、两场一体"的国际航空枢纽形态正

式确立。在此基础上，成都巩固提升与泛珠三角区域重点城市干线航线运行效率，加密开行成都—南宁、成都—南昌—宁波、成都—大理、成都—桂林等客运支线航线，并新开通成都—伦敦、成都—阿姆斯特丹等全货机航线。

据悉，成都已形成7条国际铁路通道、5条国际铁海联运通道，构建南拓东盟、北上蒙俄、西进欧洲、东联日韩的成都国际班列线路网络和全球陆海货运配送体系。

创新：优服降费
成都创新通道服务方式，持续优化完善通道营商环境

高水平建设西部陆海新通道，离不开优质的营商环境。为此，围绕"服务能力更优、多式联运更便捷、物流和通关效率大幅提升"目标，成都创新通道服务方式，持续优化完善通道营商环境。

这一过程中，为加快推进多式联运"一单制"，成都以铁路为重点建立健全内外贸多式联运单证标准，升级完成"中欧e单通"2.0版本，实现提单签发电子化，与国际货代协会合作签发全国首张跨欧亚大陆桥CIFA（中国国际货运代理协会）多式联运提单。

持续推进通关便利化，成都发挥自贸试验区政策叠加优势，提升班列通关便利化水平，推行延时服务、预约服务，通关效率提升75%；海关监管场所和区域基础作业"零收费"，成都—波兰罗兹线路纳入"安智贸"试点；航空、铁路、公路口岸全面实行"7×24小时"通关和预约通关保障。

值得一提的是，在积极推动优服降费创新改革中，2020年成都新增改革案例22个。其中，"创新国际物流运输模式"入选国务院服务贸易创新发展"最佳实践案例"，中欧e单通模式、运费分段结算估价改革2个案例通过商务部"全国最佳实践案例"初选，锌精矿先放后检、木材循环质押融资、跨境电商质押担保融资等改革事项落地。

合作：开放协同
成都积极推进与西部陆海新通道沿线各地的商贸合作

西部陆海新通道建设同样离不开沿线地区的协同合作。秉持共商共建共享，以开放引领发展，成都积极推进与西部陆海新通道沿线各地的商贸合作，培育壮大开放型经济。

四川与广西的合作中，川桂国际产能合作产业园区立势见效，川桂产业合作示范园项目有序推进。今年以来，由成都芯谷产业园和广西北海电子信息产业园合作共建的川桂产业合作示范园进一步强化招商合作，通过共享招商信息、相互推荐招商项目，成功引进中国信息通信研究院成渝研究院等7个项目，协议总投资21亿元。

推动省内城市合作，成都与德阳、南充等13个城市签订"蓉欧+"业务合作框架协议，建设国际班列省内集货基地13个，服务省内企业超过100家，实现省内货源占南向通道总运量的83%，2020年发送货价值达30亿元，同比增长15%，有力带动了省内化工、机械、医药、家电等企业拓展南向市场。

在与先发地区合作中，成都与重庆围绕中欧班列价格联盟、通道口岸互联等4个领域，在20个层面开展了深入合作，共同举行"中欧班列（成渝）10000列发车仪式"。以"蓉欧+"物流通道建设为抓手，组织开行成都至广东深圳的"深蓉欧"、成都至广东广州的"广蓉欧"国内班列。

推动国际友城合作，成都与东盟贸易主要城市开展友城合作，精准招引培育国际企业，建设进口贸易促进创新示范区和物流商贸集结点，拓展进出口贸易产品类型，探索发展中转贸易，组织企业参加国际贸易活动，多形式、多渠道拓展国际市场。

今年9月，国家发展改革委印发《"十四五"推进西部陆海新通道高质量建设实施方案》，对建设成都国家重要商贸物流中心、强化成都铁路主枢纽功能等提出明确要求。成都市发改委

相关负责人表示，下一步，成都也将按照《方案》提出的要求，严格贯彻落实，努力为高水平共建西部陆海新通道做出更大贡献。

（本文来源：成都日报 发布时间：2021-09-23 00∶00　https：//baijiahao.baidu.com/s？id=1711625810644257104&wfr=spider&for=pc）

分析提示：

1. 《西部陆海新通道总体规划》文件的出台，对于发展地方经济有什么帮助？
2. 成都创新通道服务方式，是如何持续优化完善通道营商环境？
3. 集装箱的五定班列（五定：定点、定线、定车次、定时、定价）对国际铁海联运通道的成功启运，有什么帮助？

【拓展阅读】

航空交通

模块四 运输管理实训工作页

学习情境 1
公路运输实训工作页

项目 1 掌握集装箱箱型与数量的选择

背景材料：某批货物为规格相同的纸板箱包装的洗衣机，共 800 台，单台体积为 0.64 立方米，单箱重量为 70 千克，表 4-1 为可供选用的集装箱资料。

表 4-1 箱容利用率为 80% 的集装箱

集装箱种类	最大载货重量/千克	集装箱容积/立方米	单位容重/(千克·立方米)
20 ft 杂货集装箱	21 790	33.2	820.4
40 ft 杂货集装箱	27 630	67.8	?

工作目标：掌握集装箱箱型与数量的选择。
任务实施：

项目 2 认知公路运输托运单与货物清单的格式、内容

背景材料：某专营公路运输的物流公司营业网点来了顾客，其欲委托运输一批物品。
工作目标：认知公路运输托运单与货物清单的格式、内容。
任务实施：

项目 3 熟悉公路运输托运单内容的审批和认定

背景材料：某专营公路运输的物流公司营业网点来了顾客，其欲委托运输一批物品。

工作目标：托运单内容的审批和认定。
任务实施：

项目 4　熟悉公路运输的运价类别

背景材料：某专营公路运输的物流公司营业网点来了顾客，其欲委托运输一批物品。
工作目标：熟悉公路运输的运价类别。
任务实施：

项目 5　认知公路运输大型物件与超限货物的内涵

背景材料：某顾客到公路运输企业联系委托运输一座旅游景区的雕塑，重量180吨、高度4.5米。
工作目标：认知公路运输大型物件与超限货物的内涵，大型物件级别是多少？
任务实施：

项目 6　掌握公路运输招标公告的拟写

背景材料：黄伟是康师傅公司物流部门新进的大学生，应公司发展需要，华中地区"康师傅"方便面公路运输业务要对外招标。黄伟是物流专业的高才生，但因为毕业没多久，所以工作经验不是很丰富。那么他应该如何完成此次任务呢？
工作目标：掌握公路运输招标公告的拟写。
任务实施：

项目 7　掌握标签张贴规范

背景材料：某物流公司新开一营业网点，该营业网点的员工对工作标准化不甚了解。
工作目标：掌握标签张贴规范。
任务实施：

项目 8　掌握公路运输营业网点的 6S 及货物码放标准

背景材料： 某物流公司新开一营业网点，该营业网点的员工对服务标准化不甚了解。
工作目标： 引导员工掌握公路运输营业网点的 6S 及货物码放标准。
任务实施：

项目 9　掌握出发货物的操作流程

背景材料： 某物流公司新开一营业网点，该营业网点的员工对工作标准化不甚了解。
工作目标： 掌握出发货物操作流程。
任务实施：

项目 10　掌握到达货的操作流程

背景材料： 某物流公司新开一营业网点，该营业网点的员工对工作标准化不甚了解。
工作目标： 掌握到达货物操作流程。
任务实施：

项目 11　掌握关于制单差错造成损失的案例分析

背景材料：

1. 案件经过

单号：07379489，此货为薄膜（共 12 件），东莞虎门营业部于 2017 年 8 月 9 日　18:36:00 开单走货，走合肥快线从东莞发往安徽合肥转芜湖，此货原目的站为上海市金山区吕巷干巷张泾村 2118 号，因东莞虎门营业部制单差错，将此货与单号 07379488 互相发错，导致此单发往上海，单号 07379488 发往安徽，且开单部门未及时意识到错误，直至 2017 年 8 月 11 日　14:33:59 货物到达上海金山朱泾营业部后，才在系统备注此货发错，此时已产生运费 1 605 元，后客户以延误时效为由，拒付此款，因开单部门的违规开单直接致公司损失高达 1 605 元。

2. 造成后果

制单差错，给公司直接造成经济损失 1 605 元。

工作目标：掌握如何进行案例分析。
任务实施：

项目 12　认知公路运输普通货物的分类

背景材料：某专营公路运输的物流公司营业网点来了顾客，其欲委托运输一批物品。
工作目标：认知公路运输普通货物的分类。
任务实施：

项目 13　认知公路运输特种货物的分类

背景材料：某专营公路运输的物流公司营业网点来了顾客，其欲委托运输一批物品。
工作目标：认知公路运输特种货物的分类。
任务实施：

学习情境 2

水路运输实训工作页

项目 1　掌握班轮运费的计算标准

背景材料：某进出口公司以为新来的业务员，要求了解海运班轮运费的计算标准。
工作目标：掌握海运班轮运费的计算标准。
任务实施：

项目 2　掌握海运班轮运费的构成

背景材料：某进出口公司以为新来的业务员，要求了解海运班轮运费构成的情况。
工作目标：掌握海运班轮运费的构成。
任务实施：

项目 3　熟悉海运运价本的结构

背景材料：某进出口公司以为新来的业务员，要求了解海运运价构成的情况。
工作目标：掌握海运运价本的结构。
任务实施：

项目 4　掌握水运运费的计算 1

背景材料：某轮船从上海装运 10 吨共 33.440 立方米茶叶到伦敦，要求直航。
工作目标：掌握水运运费的计算流程，计算全程收运费多少？
任务实施：

项目 5　掌握水运运费的计算 2

背景材料：上海运往肯尼亚蒙的门锁一批计 100 箱。每箱体积为 20 厘米×30 厘米×40 厘米。每箱重量为 25 千克。当时燃油附加费为 40%，蒙巴萨港拥挤附加费为 10%。

中国—东非航线等级费率表见表 4-2。

表 4-2　中国—东非航线等级费率表

单位：港元

货　名	计算标准	等级	费率
农业机械	W/M	9	404.00
棉布及棉织品	M	10	443.00
小五金及工具	W/M	10	443.00
玩具	M	20	1 120.00

基本港口：路易港（毛里求斯）、达累斯萨拉姆（坦桑尼亚）、蒙巴萨（肯尼亚）等

工作目标：掌握水路运费的计算。

任务实施：

项目 6　掌握集装箱船舶箱位的编号原则

背景材料：某顾客看到一海上运输企业的集装箱在船上的积载号：0402D1。

工作目标：掌握集装箱船舶箱位的编号原则，知道"0402D1"的含义。

任务实施：

学习情境 3

铁路运输实训工作页

项目 1　掌握铁路货物运费的内容及计算

背景材料：某公司欲将产品通过铁路运输方式从生产厂甲地运往销售市场乙地的仓库。
工作目标：掌握铁路货物运费计算的基本流程，熟悉铁路货物运费所包含的主要内容及计算注意事项。
任务实施：

项目 2　掌握铁路货物杂费的内容及计算

背景材料：某公司欲将产品通过铁路运输方式从生产厂甲地运往销售市场乙地的仓库。
工作目标：掌握铁路货物杂费计算的基本流程，熟悉铁路货物杂费所包含的主要内容及计算注意事项。
任务实施：

学习情境 4

航空运输实训工作页

项目 1　熟悉航空货物运费的计费重量与计算运费

背景材料：某公司分别航空货运如下货物：
1. 103.001 千克、103.501 千克、65.5 千克。
2. 航空运输的计费重量，以实际毛重表示时，计费重量的最小单位是(　　)。
　　A. 0.5 千克　　　　B. 0.1 千克　　　　C. 2 千克　　　　D. 5 千克
3. 一批货物的实际重量是 43.8 千克，体积是 253 200 立方厘米。

工作目标：计算 "1" 与 "3" 的计费重量，进行 "2" 的单项选择。

任务实施：

项目 2　掌握航空运费的计算

背景材料：刘磊是上海必达物流有限公司运输部门的调度员，2017 年 10 月接到商务部门的运输任务，现有一件洗浴香氛样品 5.3 千克，要从上海运往日本大阪。刘磊是物流专业的高才生，但因为毕业没多久，所以工作经验不是很丰富。那么他应该如何完成此次运输任务呢？

公布运价如下：

SHANGHAI	CN		SHA
Y. RENMINBI	CNY		KGS
OSAKA	JP	M	230.00
		N	30.22
		45	22.71

燃油附加费为 4.0 人民币/千克；战争险费为 1.2 人民币/千克。

工作目标：掌握航空运费的计算。

任务实施：

项目 3 掌握航空运输的普通货物运价率与计算运费

背景材料：北京运往新加坡一箱水龙头接管，毛重 35.6 千克，公布运价如下。

BEIJING		CN		BJS
Y. RENMINBI		CNY		KGS
SINGAPORE	SG		M	230.00
			N	36.66
			45	27.50
			300	23.46

工作目标：计算其航空运费。
任务实施：

项目 4 掌握航空运输的货物等级运价率与计算运费

背景材料：从北京运往温哥华一只大熊猫，重量 400.0 千克，体积尺寸为：150 厘米×130 厘米×120 厘米。公布运价如下。

BEIJING			CN		BJS
Y. RENMINBI			CNY		KGS
VANCOUVER	BC	CA	M	420.00	
			N	59.61	
			45	45.68	
			100	41.81	
			300	38.79	
			500	35.77	

工作目标：计算其航空运费。
任务实施：

项目 5 熟悉航空运输的货运单

背景材料：某顾客要通过航空运输物品，接触货运单。
工作目标：熟悉航空运输的货运单。
任务实施：

学习情境 5

综合运输实训工作页

项目 1 掌握运输方式的选择

背景材料：邓国宝是某 TPL 公司调度部门新进的大学生，应不同物品发送不同地区，需要填制表单（见表 4-3），那么他应该如何完成此次任务呢？

表 4-3 选择合适的运输方式

货物种类	起点至终点	运输方式
1 000 吨石油	大庆—大连	
500 000 吨石油	伊朗—日本	
两箱急救药品	上海—南昌	
一吨河鱼	郊区—市区	
8 000 吨煤	大同—杭州	
2 600 束鲜花	广州—天津	
5 000 吨海盐	天津—广州	
1 000 吨大米	武汉—南京	
5 万立方米木材	伊春—北京	
20 吨日用品	合肥—安庆	

工作目标：请选择最合适的运输方式完成上述表格。

任务实施：

项目 2 掌握供应商运输方式的选择与预期获利的计算

背景材料：位于匹兹堡的一家设备制造商需要从两个供应商那里购买 3000 箱塑料配件，每箱配件的价格是 100 美元。目前，从两个供应商采购的数量是一样的。两个供应商都采用铁路运输，平均运输时间也相同。但如果其中一个供应商能将平均交付时间缩短，那么每缩短一天，制造商会将采购订单的 5%（即 150 箱）转给这个供应商。如果不考虑运输成本，供应商每卖出一箱配件可以获得 20% 利润。供应商 A 正在考虑将铁路运输改为航空运输或者公路运，是否可以获得更多的收益。各种运输方式下每箱配件的运输费率和平均运输时间见表 4-4。

表 4-4　运输费率和平均运送时间

运输方式	运输费率/(美元·箱$^{-1}$)	运送时间/天
铁路运输	2.5	7
公路运输	6.00	4
航空运输	10.35	2

工作目标：供应商 A 将如何选择何种运输方式？
任务实施：

项目 3　掌握不同运输方式的成本比较选择方法

不同的运输方式产生不同的运输成本。所以对运输方式的选择，也可以通过比较运输服务成本与服务水平，导致的相关间接库存成本之间达到的平衡程度进行选择。如果选择速度慢、可靠性差的运输服务，物流运输过程中就会需要更多的库存。这时，由于库存增多而可能使成本升高，就会抵消选择运输服务水平降低的成本。因此，最佳的运输服务方案是既能满足客户的需要，又能使总成本最低。

背景材料：某公司欲将产品从甲厂运往乙厂自有的库存，年运量（q）为 70 万件，每件产品的价格（p）为 30 元，每年的库存成本（m）为产品价格的30%。各种运输方式的有关参数见表 4-5。

表 4-5　四种运输方式参数统计表

运输方式	每件运送费用 k/元	运输时间 t/天	平均存货量 n/万件
铁路运输	0.10	21	10
水路运输	0.15	14	5×0.93
公路运输	0.20	5	5×0.84
航空运输	1.4	2	5×0.81

工作目标：最佳的运输服务方案的选择。
任务实施：

项目 4　掌握运输方案的选择

背景材料：在某电器有限公司要从 X 市的工厂直接将 500 台电器送往位于 Y 市的一个批发中心，这批货物价值 180 万元。Y 市的批发中心确定这批电器的标准运输时间为 2.5 天，如果超过了标准时间，电器的机会成本为 30 元/台·天，电器有限公司的物流主管设计了三种运输方案；
A 公司是一家长途货运公司，可以按优惠费率 0.05 元/千米·台来承运这批电器，装卸费为 0.10 元/台。X 市到 Y 市的公路运价里程为 1 100 千米，估计需要 3 天时间，因为装卸货物会占用较长时间。

B 公司是一家水运公司，可以提供水路联运服务，即先用汽车从电器工厂的仓库将货物运至 X 市码头（20 千米），装船运至 Y 市码头（1 200 千米），再用汽车运至批发中心（17 千米）。由于中转多次，估计需要 5 天才能运到。询价后得知，陆运运费率为 0.06 元/千米·台，装卸费为 0.10 元/台，水运运费率为 0.60 元/千米·百台。

C 公司是一家物流公司，可以提供全方位物流服务，报价 22 280 元。该公司承诺在标准时间内运到。但是准点的概率为 30%。

工作目标：掌握运输方案的选择。
任务实施：

项目 5 计算与掌握积载模型最优解

项目 5-1 n 种不同物品的状态

关于配送、运输中最典型的装货积载的问题，用数学语言可以描述为：假设配送车辆的最大装载量为 G，用于运送 n 种不同有物品，此 n 种不同物品的重量分别为 w_1, w_2, $\cdots$, w_n，容积分别是为 v_1, v_2, $\cdots$, v_n，每一种货物的价值系数（可表示为价值、运费、重量等）分别用 p_1, p_2, $\cdots$, p_n 表示。另设 x_k 表示第 k 种物品的装入数量，则在 $\sum_{k=1}^{n} w_k x_k \leq G$ 的约束条件下，要求 $f(x) \sum_{k=1}^{n} p_k x_k$ 最大。

举例说明如下：

背景材料：假设某物流企业要用某种型号的卡车运输一批货物到达某地，该卡车的容积 V = 50 立方米，载重量 W = 20 000 千克，这些货物的体积、重量、件数和运输收益见表 4-6。

表 4-6 该批货物体积、重量、件数和运输收益

货物品种	体积/立方米	重量/千克	件数/个	运输收益/(元·千克$^{-1}$)
甲	0.9	30	300	3
乙	0.8	15	600	2
丙	0.5	20	400	4

工作目标：甲、乙、丙的决策，哪个才能使该企业收益最大？
任务实施：

项目 5-2 两种物品的状态

背景材料：某配送中心需要为某企业配送水泥和玻璃两种货物，水泥单位重量的体积为 0.9 立方米/吨，玻璃单位重量的体积为 1.6 立方米/吨，车辆额定载货容积为 15 立方米，额定载重量为 11 吨。

工作目标：为使车辆的载重量和载货容积都能得到充分利用，这两种货物应分别装多少？
任务实施：

项目 6　掌握运输市场的货运质量

背景材料：李华是鼎盛公司的采购主管。2017 年 10 月，李华到山西考察期间，在山西运城某供应商处订购了一批教学模拟设备，准备通过铁路将该设备以篷车装运至鼎盛的山东分公司。他作为办理发货人填写在货物单"到站"栏里的到站名称是济南铁路局"黄台"站。李华办理完托运手续，交付一切费用，考察期也刚好结束，于是他带着"领货凭证"返回单位等候催领通知。但李华在运到期限内未收到货，于是打电话查询，才得知货物下落。这批货被发到湖北"黄石"。经过一番折腾，李华终于收到这批价值 23 万元的货物。但货物运到时间比正常时间晚了 20 天，而且货物表面有磨痕。

工作目标：如果你是李华，该怎么挽回自己的损失？
任务实施：

项目 7　熟悉国际多式联运经营人、无船承运人和传统货运代理的异同比较

背景材料：某进出口公司以为新来的业务员，要求了解物流服务提供商的情况。
工作目标：熟悉国际多式联运经营人、无船承运人和传统货运代理的异同比较。
任务实施：

项目 8　掌握集装箱标志的构成与识别

背景材料：某顾客接触到这样一个集装箱：COSU 001234 ☐2 RCX2030。
工作目标 1：掌握集装箱标志的构成与识别。
工作目标 2：掌握方框内核对号"2"的检验。
任务实施：

项目 9　掌握运输决策

背景材料：B、D、F、H 各有物资 80 吨、150 吨、170 吨、100 吨，A、C、E、G 各需物资 110 吨、130 吨、100 吨、160 吨，如图 4-1 所示。

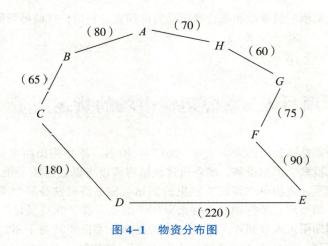

图 4-1 物资分布图

工作目标：设计一个合理的调运方案，使总运费最少。要求分析过程完整，计算步骤与结果正确。

任务实施：

项目 10　掌握运输方式的选择

背景材料：某制造商分别从 3 个供应商（A、B 和 C）购买了 4 500 个配件，每个配件单价 100 元。目前这些配件是由 3 个供应商平均提供的，如供应商缩短运达时间，则将得到更多的交易份额，每缩短一天，可从总交易量中多得 6% 的份额，即 270 个配件。供应商在每个配件上可赚得占配件价格 25% 的利润。各种运输方式的运输费率和运达时间见表 4-7。

表 4-7　运输方式的运输费率和运达时间表

运输方式	运输费率/(元·件$^{-1}$)	运达时间/天
铁路	2.50	10
水路	4.00	7
公路	6.00	4
航空	10.80	2

工作目标：根据以上资料，选择使供应商 A 获得最高利润的运输方式。要求分析过程与计算步骤完整清晰。

任务实施：

项目 11　掌握运输成本的核算

背景材料：个体运输经营者汪益亮的车是解放牌前双后单三轴车，核载 8 吨。该车全部贷款购买：145 000 元，五年，年息 6.58%，利息总额 25 309.12 元。他们常走的路线是四川夹江至云南昆明，行程 1 000 千米左右。运价单程约 300 元/吨，平均运价为 0.30 元/吨千米。往返一趟平均 7 天，每月总收入约为 300 元/吨×8 吨×8（每月 4 个来回，8 个单程）= 19 200 元。每个单程加油 2 000 元、燃油税 320 元、过路费 500 元、罚款 200 元。工资为运价的 10%，每月需支付司机工资 19 200 元×10% = 1 920 元（每辆车配备 2 名司机，每名司机的月工资仅为 1 920 元÷2 = 960元）。修理费每月 2 000 元，货运信息费（货运中介收取）每月 800 元，车船使用税每月 48 元，交强险每月 258 元，商业险每月 665 元，不考虑营业税。

工作目标：请根据所学知识，算算他的单趟标载运输成本（折算成吨千米），要求根据给定资料，确定计算对象，列出成本项目，正确算出各项成本，正确填写成本汇总表（见表 4-8），进行相关分析并写出分析过程。

表 4-8 成本汇总表

	成本		价格/元	备注
单程长途干线成本	车辆固定成本	车辆折旧费		
		司机工资、福利等		
		车辆保险		
		车辆使用税		
		固定成本合计		
	变动成本	燃油费		
		燃油税		
		修理费		
		过桥过路费		
		货运信息费		
		罚款		
		变动成本合计		
	单程长途干线成本合计			
	折算为吨千米			

任务实施：

项目 12　掌握运输计划的编制

背景材料：2017 年 3 月 20 日，百路通物流有限公司（简称百路通）客服人员刘柳收到编号为 KH002 的郑州华德永佳地毯有限公司（简称华德地毯）的发货通知：将一批地毯运至连云港的办事处。华德地毯的地址是河南省巩义市紫荆路北段 1 号，联系人李丽，电话 0371-64351003。连云港办事处的地址是江苏省连云港市苍梧路 23 号，联系人钱春。

托运货物是：羊毛簇绒地毯 20 箱，总重 1 000 千克，体积 5.6 立方米。

尼龙地毯 10 箱，总重 500 千克，体积 2.8 立方米。

拼块地毯 10 箱，总重 600 千克，体积 2.8 立方米。

要求：要求 3 月 25 日之前送到目的地，客户签字的运单作为回执单，予以结清运费。

刘柳根据华德地毯的发货信息编制作业通知单并下达指令给公司的运输部调度程润。

程润又收到要求在3月24到货的三单作业指令：

（1）郑州华丰纸业有限公司（河南新密市开阳路12号，成军，电话0371-56348790）的50箱A4纸送至徐州销售处（徐州市泉山区建国西路13号，王广），重500千克，体积0.8立方米。

（2）郑州辉煌印务有限公司（郑州市中原区大学北路43号，张宇，电话0371-56372387）作业本50箱送至徐州销售处（徐州市中山南路10号，戴晨），重1 000千克，体积1.8立方米。

（3）郑州宏图广告印刷有限公司（郑州市金水区农业路39号，蔡司，电话0371-56358901）的手提袋50箱运至连云港办事处（连云港市新浦区市海连西路17号，君玉），质量300千克，体积3.2立方米。

20日，程润根据收到的作业指令，编制YSDH001运输计划。郑州到徐州400千米，徐州至连云港240千米。公司送货的车辆编号HB001，车牌豫A39027，车容20立方米，载重6吨，司机张大宇，联系方式13251556785。

21日，程润编制取（派）通知单QTZD001，安排随车货运员蒋玉、司机王广云去取货，取货车辆是9.6米厢式货车，载重8吨，车容20立方米。预计8小时完成取货作业回到场站。

华德地毯的货物运单号是YD001，华丰纸业货物运单编号YD002，辉煌印务货物运单编号YD003，宏图广告货物运单号YD004。3月21日20时完成集货作业回到场站。

货物于2017年3月22日7时装车，林南宇负责装车发货。9时发车出站，当日18时到达徐州，23日8时从徐州出发，预计12时到达连云港。

工作目标：请根据以上资料，以物流公司业务员身份，填写下面的运输计划单证（带＊部分，必填），见表4-9。

表4-9 运输计划单

发运时间：		年		月		日	编号：				
＊车牌号			核载/吨		＊车容/立方米		—	始发站		经停站	目的站
计费里程/千米			司机		联系方式			到达时间			
＊全行程/千米			备用金/元		＊预计装载量			发车时间			
经停站											
＊发货人	发货地址	货物名称	包装	＊数量/件	重量/千克		体积/立方米	＊收货人	收货地址	收货时间	备注
目的站											
发货人	＊发货地址	货物名称	包装	数量/件	＊重量/千克		体积/立方米	收货人	＊收货地址	收货时间	备注

任务实施：

项目 13　熟悉运输车辆车厢内的相关参数

背景材料：查询常见运输车辆车厢内的相关参数，填写表 4-10。

表 4-10　运输车辆车厢内尺寸、容积、载重表

	车型	长/米	宽/米	高/米	容积/立方米	装卡板数（平铺）	载重/吨
国内车辆	3T						
	5T						
	东风 8T						
	五十铃 8T						
	12T						
	40 尺						
中国香港车辆	3T						
	5T						
	8T						
	20 尺						
	40 尺						
	40HQ						
	45HQ						

工作目标：查阅资料，填写如上表格。

任务实施：

项目 14-1　掌握运输作业计划的编制

背景材料：

（1）公司向天津市康隆食品公司订购商品一批，供应商送货上门，入库任务单见表 4-11。

表 4-11　入库任务单

入库任务单编号：R20140625			计划入库时间：到货当日		
序号	商品名称	包装规格（长×宽×高）/（毫米×毫米×毫米）	单价/(元·箱$^{-1}$)	重量/千克	入库/箱
1	白砂糖	400×250×250	150	20	26
2	康师傅方便面	500×400×300	120	15	12
3	复印纸	500×400×200	120	15	20
4	西瓜	400×250×300	90	35	18
合计	—	—			76

供应商：　　　　　　　　　　　　　　　　　　　　　　　　　　供应商 A

(2) 公司向济南供应商 B 采购大宗商品，本企业上门提货，采购订单见表 4-12。

表 4-12 采购订单

采购单编号：R20140625			计划到货时间：2016 年 06 月 10 日		
序号	商品名称	包装规格（长×宽×高）/（毫米×毫米×毫米）	单价/(元·套$^{-1}$)	重量/千克	订购数量/箱
1	五金工具 25 件套	460×260×180	112	6	2100

供应商：　　　　　　　　　　　　　　　　　　　　　　　　　　供应商 B

(3) 天津—济南线路信息：①天津到济南高速公路全程 338 千米，过路过桥费 258 元；②天津到济南国道 480 千米，无过路费；③天津到济南省道 520 千米，无过路费。

(4) 油耗：平均油耗 9.7 升，油价 8.5 元/升；车辆：同成本列表（见表 4-13）中车辆。

表 4-13 车辆成本列表

名称	主要参数	数量	成本	备注
大车租赁	车厢内尺寸：长 1.5 米、宽 0.9 米、高 0.8 米；车辆外尺寸：长 1.60 米、宽 1.05 米、高 0.9 米；车厢侧拉门 1 个，后双开门 1 个		450 元/辆	
小车租赁	车厢内尺寸：长 1.35 米、宽 0.89 米、高 0.88 米；车辆外尺寸：长 1.41 米、宽 0.97 米、高 0.94 米；车厢侧拉门 1 个、后双开门 1 个。以上数据误差在±0.02 米		300/辆	

供应商信息：

本企业供应商 A 资源信息见表 4-14。

表 4-14 供应商 A 资源信息表

供应商名称	供应商 A	供应商属性	本地供应商
法人代表	张磊	电话	022-78432441
联系人	王小二	传真	022-65478322
地址	天津市滨海新区	邮箱	Fasite@163.com

本企业供应商 B 资源信息见表 4-15。

表 4-15 供应商 B 资源信息表

供应商名称	供应商 B	供应商属性	异地供应商
法人代表	李建	电话	028-78432441
联系人	王小二	传真	028-65478322
地址	济南市历下区	邮箱	Fasite@163.com

工作目标： 根据上述资料，编制运输作业计划。

任务实施：

项目 14-2　掌握运输作业计划的编制

背景材料：

1. 采购通知

（1）公司向天津市供应商 A 订购商品一批，供应商送货上门，具体入库时间为 2017 年 6 月 25 日，具体采购信息见入库任务单，见表 4-16。

表 4-16　入库任务单

入库任务单编号：R20150625			计划入库时间：到货当日		
序号	商品名称	包装规格（长×宽×高）/（毫米×毫米×毫米）	单价/（元·箱$^{-1}$）	重量/千克	入库/箱
1	Kinder 牛奶巧克力	330×400×200	120	12	36
2	蛋糕	500×300×400	290	20	15
3	干脆面	300×200×300	87	8	59
4	洗涤剂	600×400×300	460	35	15
合计：					125
供应商：供应商 A					

（2）公司向武汉市供应商 B 采购大宗商品，本企业上门提货，具体派车提货的时间定为 2017 年 6 月 25 日，采购信息详见订单内容，见表 4-17。

表 4-17　采购订单

采购单编号：R20140625			计划提货时间：2017 年 6 月 25 日		
序号	商品名称	包装规格（长×宽×高）/（毫米×毫米×毫米）	单价/（元·套$^{-1}$）	重量/千克	订购数量/箱
1	五金套件	460×260×180	50	35	1000
供应商：供应商 B					

2. 运输线路及车辆、油耗信息

（1）运输线路情况。物流公司运输调度员了解到，从天津发往武汉整体行程时间为 2 天，的运输线路有高速公路、国道、省道三条，每条，每条线路的具体信息详见下文：高速公路：1 010 千米，路桥费 598 元。国道：1 227 千米，路桥费 412 元。省道：1 610 千米，路桥费 298 元。

（2）油耗及油价情况百公里油耗 15 升；油价为 6.68 元/升。

（3）运输车辆信息公司内现有大小不同的两种运输车辆，具体车辆信息如下：车型 1：载重 10 吨，车辆容积 45 立方米；车型 2：载重 5 吨，车辆容积 30 立方米。

3. 供应商信息

（1）供应商 A。本企业供应商 A 资源信息见表 4-18。

（2）供应商 B。本企业供应商 B 资源信息见表 4-19。

表 4-18　供应商 A 资源信息

供应商名称	供应商 A	供应商属性	本地供应商
法人代表	蒋韩雪	电话	022-24908807
联系人	李寅	传真	022-24908809
地址	天津市滨海新区	邮箱	lliyin@163.com

表 4-19　供应商 B 资源信息

供应商名称	供应商 B	供应商属性	外地供应商
法人代表	温华晨	电话	027-46700931
联系人	高海源	传真	027-46700902
地址	武汉市武昌区	邮箱	GAOhy@163.com

工作目标：根据上述资料，编制运输作业计划。

任务实施：

项目 15-1　掌握车辆运用效率——时间利用指标

背景材料：龙潭运输股份有限公司 2017 年 4 月月初有营运车辆 200 辆，16 日新增 20 辆，21 日报废 18 辆，其中 15 辆由于大修，有 10 天未参加运输生产，有 25 辆因无生产任务有 20 天未参加生产，累计出车时间为 42 301 小时，出车运行时间为 31 726 小时。

工作目标：4 月份该公司车辆时间利用的有关指标：总车日、非完好车日、完好车日、工作车日、车辆工作率、车辆完好率、平均每日出车时间、出车时间利用系数、昼夜时间利用系数。

任务实施：

项目 15-2　掌握车辆运用效率——速度利用指标

背景材料：虎潭运输股份有限公司 2017 年 4 月份在册营运车辆数为 200 辆，车辆累计总行程为 270 万千米，累计出车时间为 33 750 小时，运行时间为 30 000 小时，工作率为 90%。

工作目标：掌握车辆速度利用指标的计算。

任务实施：

项目 16 熟悉物流的竞标活动

背景材料：2017 年下半年，由某地三九物流公司和英和物流公司找到某第三方物流公司，请该公司作为他们的"二级代理商"为其办理某化工有限公司的铁路、公路运输等物流业务。获此信息后，该公司认为此项目本公司可以胜任，不应坐失良机，应抓紧时间去投标。于是该公司立即起草自荐信函，并通过邮政寄发给某化工有限公司，希望能直接为他们提供物流服务。然而此时，该化工公司的物流代理招标已经进入了第三轮。早在第一轮招标时就有 13 家国内外物流管理和物流实体公司参与竞标，其中有 9 家进入第二轮竞标；第二轮以后只剩 4 家企业闯入第三轮。上述的英和公司则幸运过关，进入第三轮，英和公司为了取得此竞标的胜利，才找到该公司作为其合作的伙伴。

工作目标：分析此公司竞标失败的原因；如何才能避免上述情况的再次发生。

任务实施：

项目 17 掌握调运问题——表上作业法

背景材料：设有 5 个产地 A1、A2、A3、A4、A5 和 4 个销地 B1、B2、B3、B4 的运输问题，他们的供应量、需求量及单位运费见表 4-20。

表 4-20 供应量、需求量及单位运费表

产地 \ 单位运费 /[元·(吨·千米)$^{-1}$] \ 销地	B1	B2	B3	B4	供应量/吨
A1	10	20	5	7	10
A2	13	9	12	8	20
A3	4	15	7	9	30
A4	14	7	1	0	40
A5	3	12	5	19	50
需求量/吨	60	60	20	10	150

工作目标：计算其最小运输成本。

任务实施：

项目 18 熟悉运输法规

背景材料：龙腾汽车运输公司承运了一批活物海鲜，并由承托双方签订了运输合同：运输期

限为 4 天，运费为 7 000 元，由托运方人员小刘押运。起运时，小刘由于家中突遇特殊情况不能随车，在未征求承运方领导意见的前提下，找到过去较为熟悉的，正好承运该批活物的承运方司机小李，私自出价 300 元，请求小李在途中代为照料海鲜，小李应允。货运途中，遇寒流，小李不懂在紧急情况下对活物的特殊处理，造成其中一部分海鲜死亡，由此损失海鲜本身价值 4 000 元。路途中因雨造成路阻，小李在得知道路近期无修复可能，而当时又无通信设施，不能及时请求公司领导的前提下，决定改道行驶，因此增加运费 1 500 元。由于绕道，运达目的地是已经延误两天，而海鲜的延滞造成托运方间接经济损失为 8 000 元。另外，由于活物的性质要求，装车前对车辆进行消毒处理，所花费用为 400 元；卸货后又对车辆进行清洗，花费 200 元。由此，在费用结算时，引起了一些争执。请根据有关规定，正确分析，处理好此次货运事故。

工作目标：

1. 因司机小李不懂紧急情况处理的技术造成海鲜本身损失 4 000 元，其责任（　　）。
   A. 由司机小李承担　　B. 承运方不承担
   C. 由承、托运双方共同承担　　D. 由仲裁机关仲裁
2. 由于路阻改道增加的 1 500 元运费应由（　　）。
   A. 托运方承担　　B. 承运方承担
   C. 承、托双方共同承担　　D. 运输合同管理机关协调处理
3. 由于运输期限延滞造成托运方间接经济损失 8 000 元，其责任由（　　）。
   A. 承运方承担　　B. 托运方自行承担
   C. 承、托运双方共同承担　　D. 仲裁机关处理
4. 装车前和卸货后对车辆所花费的消毒费和清洗费，其责任为（　　）。
   A. 消毒费 400 元由托运方承担，清洗费 200 元由承运方承担
   B. 消毒费和清洗费共计 600 元，均由承运方承担
   C. 消毒费和清洗费共计 600 元，均由托运方承担
   D. 消毒费和清洗费共计 600 元，由承托运方双方各负担 300 元
5. 通过此次货运事故，该运输企业在今后的管理工作中，应引起注意的是（　　）。
   A. 加强对本企业职工的思想教育，树立良好的企业形象
   B. 做好对客户的宣传工作
   C. 进一步签订好运输合同
   D. 配比一定的无线设备，提高企业管理水平

任务实施：

参 考 文 献

[1] 武剑. 仓储与运输管理 [M]. 北京：中国人民大学出版社，2010.
[2] 陈昊平. 货物运输操作 [M]. 北京：北京理工大学出版社，2010.
[3] 高明波. 物流运输管理实训 [M]. 北京：中国劳动社会保障出版社，2006.
[4] 宋文官. 运输管理实务 [M]. 北京：高等教育出版社，2010.
[5] 武德春，武骁. 集装箱运输实务 [M]. 北京：机械工业出版社，2007.
[6] 王学锋，姜颖晖，施欲晖，等. 集装箱管理与装箱工艺 [M]. 上海：同济大学出版社，2006.
[7] 方芳. 运输管理 [M]. 北京：高等教育出版社，2005.
[8] 石磊. 物流运输管理 [M]. 上海：上海交通大学出版社，2008.
[9] 朱强，阎子刚. 运输管理实务 [M]. 北京：中国物资出版社，2006.
[10] 张远昌. 物流运输与配送管理 [M]. 北京：中国纺织出版社，2004.
[11] 杨庆云. 物流运输管理 [M]. 北京：中国轻工业出版社，2006.
[12] 刘艳霞，杨丽. 物流运输管理 [M]. 北京：机械工业出版社，2008.
[13] 朱新明. 物流运输管理 [M]. 大连：东北财经大学出版社，2008.
[14] 陈克勤. 物流运输实务 [M]. 北京：中国物资出版社，2006.
[15] 朱隆亮，万耀明. 物流运输组织与管理 [M]. 北京：机械工业出版社，2004.
[16] 吴玉贤，高和岩. 物流运输管理与实务 [M]. 北京：北京大学出版社，2007.
[17] 刘小卉. 运输管理学 [M]. 上海：复旦大学出版社，2005.
[18] 王艳艳. 集装箱运输管理 [M]. 北京：北京理工大学出版社，2007.
[19] 林自葵. 货物运输与包装 [M]. 北京：机械工业出版社，2005.
[20] 李勤昌. 国际货物运输实务 [M]. 北京：清华大学出版社，2008.
[21] 梁军，刘长利. 运输与配送 [M]. 杭州：浙江大学出版社，2004.
[22] 胡列格，何其超，盛玉奎. 物流运筹学 [M]. 北京：电子工业出版社，2005.
[23] 万耀明，熊青. 物流运输组织与管理 [M]. 北京：机械工业出版社，2009.
[24] 张理，李雪松. 现代物流运输管理 [M]. 北京：中国水利水电出版社，2005.
[25] 郝毓. 货物运输与保险实用教程 [M]. 天津：南开大学出版社，2008.
[26] 华细玲，张凤玉. 现代物流概论 [M]. 北京：中国商业出版社，2006.
[27] 苏波辉. 国际货物运输 [M]. 大连：东北财经大学出版社，2007.
[28] 王崇鲁. 如何进行运输与配送管理 [M]. 北京：北京大学出版社，2004.
[29] http://www.gov.cn/gzdt/2009-04/29/content_1299492.htm
[30] http://wenku.baidu.com/view/a4f05a27a5e9856a561260ca.html
[31] http://www.chinahighway.com/
[32] http://www.5Laws.cn
[33] http://JCTRANS.COM
[34] http://hi.baidu.com/a_taxpayer/blog/item/1baa66dd55be50ea77c63831.html
[35] http://www.chinaqw.com/

[36] http://zhidao.baidu.com/question/106930208.html
[37] http://www.moc.gov.cn/
[38] http://www.chinaacc.com/new/2005_1/5011313025872.htm
[39] http://wenku.baidu.com/view/a4f05a27a5e9856a561260ca.html
[40] http://www.lyggjhy.com/news/news/view.asp?id=754
[41] http://bbs.xhistory.net/simple/?t14453.html
[42] http://www.tworker.cn
[43] http://hi.baidu.com/a_taxpayer/blog/item/1baa66dd55be50ea77c63831.html
[44] http://www.chinaqw.com/
[45] http://zhidao.baidu.com/question/106930208.html
[46] http://www.chinaacc.com/new/2005_1/5011313025872.htm
[47] http://wenku.baidu.com/view/a4f05a27a5e9856a561260ca.html
[48] http://www.lyggjhy.com/news/news/view.asp?id=754
[49] http://bbs.xhistory.net/simple/?t14453.html
[50] http://www.100ye.com/news/992378-8463870.html
[51] http://www.yunshu.org/Zhys_Get/comprehensivecomment/20050830135356.htm
[52] http://www.gtjt.com.cr/qywh/20070423/151257.htm
[53] http://www.cworksafety.com/101810/102052/92046.html
[54] http://wenwen.soso.com/z/q173846950.htm
[55] http://baike.baidu.com/view/91235.html
[56] http://www.hudong.com/wiki/%E6%89%98%E7%9B%98
[57] http://www.gtariff.com/index.php?act=article_info&id=5154
[58] http://baike.baidu.com/view/91235.html
[59] http://www.hudong.com/wiki/%E6%89%98%E7%9B%98
[60] http://www.chinaforklift.com/zt/25/1711.html
[61] http://www.linkshop.com.cn/Web/Article_News.aspx?ArticleId=89782